RANGE

WHY GENERALISTS TRIUMPH IN A SPECIALIZED WORLD

跨能致勝

顛覆一萬小時打造天才的迷思，
最適用於AI世代的成功法

大衛·艾波斯坦 DAVID EPSTEIN——著
林力敏、張家綺、葉婉智、姚怡平——譯

「他不想專精一處，寧可看整體而非細部……尼古拉的這種做法獲致最佳成果。」

——托爾斯泰（Leo Tolstoy），《戰爭與和平》(*War and Peace*)

「沒有工具是處處皆宜。沒有能開所有門扉的萬能鑰匙這回事。」

——史學家湯恩比（Arnold Toynbee），《歷史研究》（*A Study of History*）

獻給伊莉莎白，這本與每一本書

目錄

目錄

好評推薦

「身為人資工作者，我並不是完全同意內文的分析；同時我也發現這本書的理論，有兩派不同看法的人資工作者。正因為這樣，我覺得這本書很符合磨練『讀者的批判性思維』，由你自己決定書裡的通才或專才理論，是否符合你的求職處境，讓自己替自己找出最合適的答案。」

——蘇盈如 SandySu，暢銷書《2030 轉職地圖》作家

「艾波斯坦告訴我，原來我先前所有想法都是錯的——而我莫名享受這種恍然大悟。我好愛這本書。」

——麥爾坎．葛拉威爾（Malcolm Gladwell），《引爆趨勢》（*The Tipping Point*）、《異數》（*Outliers*）作者

「我們已經相信單一成功之道太久了，認為要盡早起步，追求專精，著重效率。然而在這本石破天驚的大作裡，艾波斯坦指出大多數領域的成功之道其實截然不同，反而是廣泛涉獵，四處經歷，多繞遠路，多方嘗試。這本書至關重要，無比切時，無論主管、家長、教練或想提升表現的人都該好好一讀。」

——丹尼爾・品克（Daniel H. Pink），《動機，單純的力量》（*Drive*）、《什麼時候是好時候》（*When*）作者

「我想把這本書交給所有想學打鼓卻被逼練琴的孩子，所有暗自想當心理學家的程式設計師，所有希望人類在機器人時代昂首昌盛的人。這本書洋溢驚奇，滿是希望，堪稱二十一世紀的求生手冊。」

——亞曼達・瑞普立（Amanda Ripley），《教出最聰明的孩子》（*The Smartest Kids in The World and how they got that way*）作者

「這本書逼你重新思考學習、思維與生命的本質，並反思對選修教育與職涯規畫的

認知。」

——瑪莉亞・柯妮可娃（Maria Konnikova），心理學家、《福爾摩斯思考術》（*Mastermind*）作者

「歸功這本傑作，艾波斯坦擠身當代頂尖科普作家之列。這本書視野廣闊，觀點獨到，令人嘆為觀止。我把書中所學幾乎應用到生活的各方各面。」

——賽巴斯提安・鍾格（Sebastian Junger），知名記者、《超完美風暴》（*The Perfect Storm*）作者

「閱讀艾波斯坦這種天才作家的作品真是很享受，尤其書中道盡有關表現、成功與教育的真知灼見，讀來更是無比享受。」

——蘇珊・坎恩（Susan Cain），《安靜，就是力量》（*Quiet*）作者

前言

愈早刻意練習，還是花時間多元嘗試？

我們先從體壇的兩則故事開始。

刻意練習的經典案例

第一則，你大概聽過。在故事中，這男孩的父親早早發覺兒子的與眾不同。男孩六個月大時，父親抱著他在家裡走動，他竟然能站在父親的手掌上維持平衡[1]。七個月大時，父親給他一根推桿，他坐在學步車裡拖著它到處遊走。十個月大時，他從寶寶餐椅爬下來，一搖一擺走向為他打造的小高爾夫球桿，模仿著在車庫看到的揮桿姿勢。由於父親還沒辦法跟他用言語溝通，所以靠畫圖教他球桿的握法。「這孩子小到還不會講話，要教他怎麼推桿真是不容易。」父親後來說[2]。

兩歲，按美國疾病管制與預防中心的劃分，是學會「踢球」與「踮腳」等重要肢體動作的時候，他卻已經登上全國性電視節目，拿著高及肩膀的球桿，一路推球，經過嘖嘖稱奇的美國老牌喜劇演員鮑伯．霍伯（Bob Hope）面前。同一年，他參加第一場比賽，贏得未滿十歲組的冠軍。

時間浪費不得。這男孩才三歲，就在學沙坑救球的方法。他父親明白兒子是天生好手，天命在此，而指導兒子是他的責任。想想看：如果你這麼確知前方的路，或許也會教三歲兒子怎麼面對必然湧至的媒體記者。他扮演記者，教兒子怎麼扼要回答，沒問就別講。那年在加州的球場，男孩以四十八桿完成九個洞，高於標準桿僅十一桿。

在男孩四歲時，早上九點父親會在高爾夫球場放他下車，八小時後再來接他；有時練球的錢不需自掏腰包，而是從蠢到質疑他的傢伙身上賺來的。

八歲時，男孩首次贏過父親，但父親不以為意，畢竟他確信兒子天賦異稟，而他格外能助兒子一臂之力。他自己曾是優秀的運動員，經歷艱辛；大學打棒球時，他是全場唯一的黑人球員。他懂人，懂紀律，主修社會學，加入陸軍特種部隊時在越南服役，後來擔任預備軍官們的心理戰術教官[3]，自知沒顧好前任婚姻的三個孩子，但現在能將功贖罪，顧好這第四個孩子，目前也都按計畫進行著。

這男孩進史丹佛大學時已經成名。不久後，他父親開始講著他有多重要，能比曼德拉、甘地和佛祖更影響深遠：「他比他們的施展空間更大，是東方與西方的橋梁，循著指引前途無量。我還不知道是怎樣的橋，但他是天選之才。」[4]

多方嘗試也不阻礙發展

第二則故事你大概也知道，只是乍看還想不到。

他母親是教練，卻從沒訓練他。他學走路時，會繞著她踢球。在兒時的週日會跟父親打壁球，還學滑雪、拳擊、游泳和滑板，打籃球、手球、網球和桌球，利用鄰居的圍籬打羽球，還在學校踢足球。日後他認為正是大量接觸各種運動，鍛鍊出運動能力和手眼協調性。

他什麼運動都碰，只要有球就好。「有球的話，我會特別興致勃勃。」他回憶道[5]。他是很愛打球的孩子，但父母對他的體育之路倒沒什麼想法，母親後來說：「我們沒有打算讓他往這走，或往那走。」**她跟孩子的爸就只是鼓勵他多方嘗試，而事實上這是必要的選擇。**

按她所言「這孩子要是得坐太久，會坐立難安」[6]。

雖然他母親在教網球，卻不想陪他練球：「他總會惹我不爽啊。他都試些稀奇古怪的打法，從不規規矩矩把球打回來。對當老媽的來說，這樣很沒意思。」《運動畫刊》（*Sports Illustrated*）的記者認為，這對父母從未強行逼迫，而是「循循善誘」。在這孩子十歲出頭時，開始對網球產生格外濃厚的興趣，「若說他們有影響他什麼，那就是想試著讓他別對網球一頭熱」。當他跟別人較量，母親常開溜去和朋友聊天。父親則只有一條規則：「不要作弊。」他沒有，而且開始打得可圈可點。

他十多歲時，球技好到受當地報社採訪。根據那份報導，當記者問他，以後領到網球比賽的第一筆獎金打算拿來買什麼，他的回答是「買賓士（Mercedes）」，母親一讀感到愕然。後來記者給她聽訪談的錄音檔，才發現這純屬烏龍，他是以瑞士德語回答：「買更多CD（More CDs）。」[7]

這孩子無疑很在行，但當網球教練決定把他調去跟更高年級的球員對戰，他卻要求調回來，這樣才能跟朋友一起打球。畢竟有一部分樂趣是在上完音樂課、專業拳擊課或足球課之後，可以跟朋友玩在一起。

當他終於放棄其他運動項目（主要是足球）並專注於網球之際，其他同儕老早跟體能教練、運動心理師和營養師合作已久，然而這並未阻礙他的長期發展。在他三十五歲前後，明明已屆許多傳奇網球巨星的退休年齡，卻仍笑傲網壇，獨占世界第一寶座。

兩位世界冠軍養成之路天差地別

二〇〇六年，老虎伍茲（Tiger Woods）和羅傑·費德勒（Roger Federer）首次見面，兩人正如日中天。伍茲搭私人飛機去看美國公開賽的總決賽，費德勒因此分外緊張，但仍贏得比賽，連續三年抱得冠軍。伍茲在更衣室跟費德勒一起慶功，兩人英雄惜英雄。「我所遇過的人裡，就屬他最懂何謂所向披靡。」後來費德勒這麼說。他們很快就結為朋友，愛爭論誰才是最打遍天下無敵手的王者。

不過費德勒仍發覺兩人的差異。二〇〇六年，他向一位傳記記者說：「他的人生故事跟我截然不同。他從小志在打破大滿貫的紀錄，我則只夢想跟德國金童鮑里斯·貝克（Boris Becker）見上一面，或是有朝一日登上溫布頓的賽場。」[8]

費德勒兒時父母是採「循循善誘」的教育方式，起初他也沒把打球多當一回事，日後卻稱霸球壇，堪稱史上第一，這種歷程似乎非常罕見。費德勒跟伍茲不同，起步得比成千上萬個孩子更晚。相較之下，伍茲的成長過程堪稱專業養成暢銷書的典範，甚至他父親艾爾就寫過一本熱銷的育兒手冊。伍茲兒時不只是打打高爾夫，還經過不懈的「刻意練習」，即一萬小時定律的那種苦練。

根據這個如今眾所周知的「定律」，無論在何種領域，專業能力只來自長期的高度專業化訓練。這定律源自針對三十位小提琴家的研究，刻意練習是指「得到相關最佳做法的明確指導」，有人從旁個別監督，「立即獲得意見回饋與表現評估」，並且「反覆進行相同或類似的練習」。有關專業能力培養的研究顯示，相較於次級運動員，頂尖運動員每週花更多時間在高度專業的刻意練習。（見左頁圖表）[9]

談到憑刻意練習而成功的案例，伍茲堪稱代表人物——而且驗證愈早練習，成就愈好。這種及早專精的壓力遠不只見諸體壇。我們都常聽到，如今世界愈趨錯綜複雜，愈趨競爭激烈，所以我們統統得更加專業化才行，而且得盡早起步。許多耳熟能詳的成功典範都是很早就嶄露頭角——莫札特（Wolfgang Amadeus Mozart）從小彈琴鍵，Facebook 創辦人馬克·祖克柏 (Mark Zuckerberg) 從小彈鍵盤。放眼各領域，當人類知識日益浩瀚，世界日益環環相扣，大家愈趨投入專業。腫瘤科醫師不再是懂各種癌症，而是專精特定癌症，這種趨勢方興未艾。印裔美籍醫生作家阿圖·葛文德（Atul Gawande）說，當醫生們開玩笑時提及左耳科醫師，「我們得詳查資料才確定真的沒有這種醫師」。[10]

英國記者馬修·施雅德（Matthew Syed）在暢銷書《一萬小時的神奇威力》（*Bounce*）裡提到，他認為英國政府失之於未採用老虎伍茲式的專業分工法，把政府高官在不同部門之間輪調，「這就跟把老虎伍茲從高爾夫輪調去打棒球、足球和冰球一樣可笑」。

然而，英國近年在夏季奧運戰果輝煌，擺脫先前數十年的泥淖，靠的正是召募成年選手試新運動，替起步晚的人開一條路，如這些計畫背後官員向我所

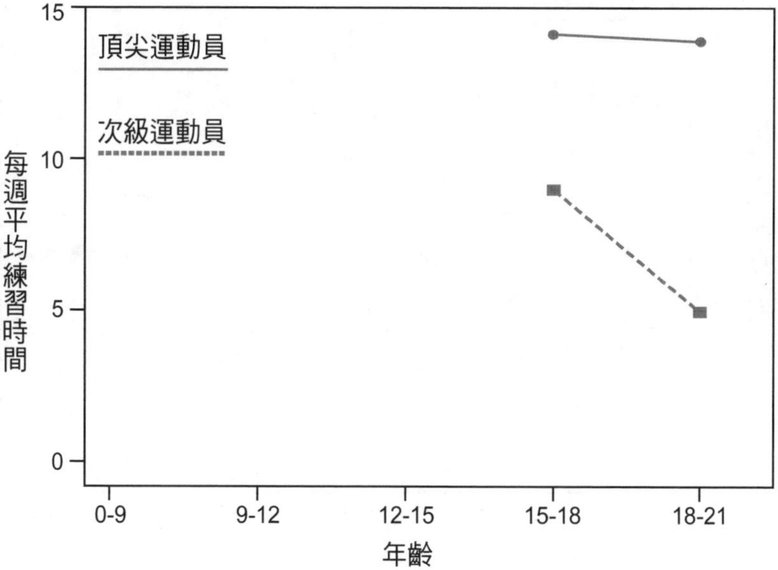

▲ 專業培養練習時間，頂尖運動員多於次級運動員

言，助「半路出家的人」一臂之力。顯然，就算是志在出類拔萃的運動員，也能走費德勒的路，多方嘗試不同運動，這樣的做法沒那麼荒謬。頂尖運動員在生涯巔峰確實比次級運動員花上更多時間專注於刻意練習，但當研究人員檢視運動員從兒時開始的整段運動生涯，見下方圖表。

頂尖運動員起先通常花較少時間刻意練習日後專精的運動項目，反而經歷研究人員所稱的「抽樣階段」，接觸各形各色的運動，通常是經過漫無計畫的嘗試，最後建立各種運動能力，明白自身能力與偏好，之後才投入特定項目全力練習。

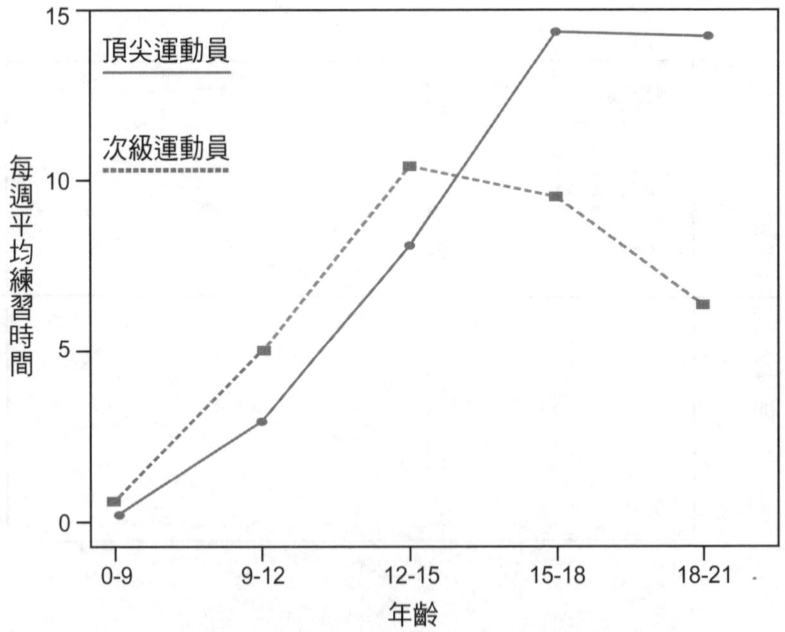

▲ 頂尖運動員比次級運動員花更多時間刻意練習

一篇有關運動員在個人項目表現的研究論文即在標題稱「延後專攻」為「成功關鍵」，另一個研究的標題則是「團隊運動的卓越之道：晚起步，勤精進，展決心」。[12]

當我開始寫下這些研究時，既遇到認真批評，也遇到全然否定。球迷常說：「也許其他運動是這樣，但我們這種運動不是這樣。」全球最風靡的運動是足球，來自足球圈的批評聲浪也最大。後來在二〇一四年尾，一支德國研究團隊碰巧發表論文指出，在剛贏得世界盃的德國國家代表隊裡，多數球員比業餘聯盟的球員還晚起步，遲至二十二歲以後才好好投入團隊足球，兒時與少時只是隨興踢球或練習別種運動。兩年後，另一篇有關足球的研究論文發表，比較兒童在十一歲時的表現，再往後追蹤兩年，發現參加多種球隊或隨興踢球（「而非接受整套足球訓練」）的人進步較大。如今許多球類運動都有類似研究結果，從冰球到排球皆然。

這類對過度專業化的提倡，有時變成一種龐大的行銷機器，成功推波助瀾，有時立意良善，影響甚至遍及體壇之外。然而，其實費德勒這條路普遍得多，伍茲這條路少見得多，只是像費德勒這種選手的故事乏人問津，甚至根本未獲報導。你也許知道一部分這類選手的大名，但大概不曉得他們走過的歷程。

我開始撰寫這篇前言，是在二〇一八年美式足球超級盃甫結束之際。在超級盃賽場上，四分衛湯姆．布蘭迪（Tom Brady）先前打過職棒，對手尼克．福爾斯（Nick Foles）試過美式足球、籃球、棒球和空手道，大學時在籃球與美式足球之間做出選擇。

同一個月，捷克運動員埃絲特爾．萊德茨卡（Ester Ledecká）參加冬季奧運，成為冬奧史上首位在不同運動項目（滑雪與單板滑雪）摘金的女選手。萊德茨卡先前試過多種運動（現在仍在打沙灘排球與練風帆衝浪），專注於學校課業，十來歲時從沒得過半面金牌。在她二度奪金的隔天，《華盛頓郵報》報導：「在運動專業化的時代，萊德茨卡堪稱多方發展的楷模。」[13]

在萊德茨卡剛創紀錄之際，烏克蘭拳擊手瓦西里．洛馬琴科（Vasyl Lomachenko）創下以最少比賽在三個量級奪下世界冠軍的紀錄。他兒時少練四年拳擊，跑去學烏克蘭傳統舞蹈：「我年輕時試過各式各樣的運動，像是體操、籃球、網球和美式足球，這些經歷最終都增進了我的足上功夫。」[14]

美國著名運動學者羅絲．塔克（Ross Tucker）一語道出這領域的研究結果：「**我們知道早期的嘗試是致勝關鍵，多元也是。**」

不少頂尖人物靠多方涉獵成功

二〇一四年，我寫出我的第一本書《運動基因》（*The Sports Gene*），在後記提到有關較晚才選專攻項目的數個運動研究。隔年，我獲邀談這些研究，演講對象讓我出乎意料——不是選手或教練，而是退役軍人。在準備之際，我細讀有關專業訓練與職涯轉換的非體育類論文，結果令我驚訝。一項研究指出，較早投入專業的人在大學畢業後收入較高，但較晚起步的人後來居上，原因是找到更符合自身技能與個性的工作。**許多研究顯示，在科技領域提出創新發明的人往往多方涉獵與投入，主動捨棄深度而取廣度，從而提升創意，不像其他人只專攻一個領域。另一項藝術創新的研究，結論幾乎一模一樣。**

我也開始發覺，無論是兒時棄音樂課而選繪畫與棒球的作曲家艾靈頓公爵（Duke Ellington），還是原本夢想寫小說卻成為數學界諾貝爾獎首位女性得主的瑪麗安．米爾札哈尼（Maryam Mirzakhani），這些我極欣賞的高手大多是走費德勒這條路，而非伍茲這條路。

我深入探究，發現**不少頂尖人物是靠多方涉獵與廣泛興趣而成功**：某位執行長在同輩紛紛退休之際找到第一份工作；某位藝術家換過五個行業才找到天職，改變世界；某位發明家抱持反專業化的哲學，把一家十九世紀的小公司經營得蒸蒸日上，躍居家喻戶曉的全球巨擘。

當年，我只有初涉非體育類的相關研究，所以跟那一小群退役軍人演講時，幾乎都以體壇為例，其他研究只蜻蜓點水帶過，但他們聽得心有戚戚焉。演講結束後，觀眾紛紛上前介紹自己，原來他們全部是起步較晚或換過職業，且我發覺他們都對此有點擔心，甚至引以為恥。

這場演講是由帕特・蒂爾曼基金會（Pat Tillman Foundation）所辦。這個基金會在紀念已故球星帕特・蒂爾曼（Pat Tillman），他離開美式足球聯盟之後，加入美國陸軍遊騎兵，卻死於阿富汗戰場。如今基金會提供獎學金給退役、現役軍人及軍眷，協助他們轉換工作或重返校園。現場觀眾都是獎學金得主，原先是傘兵和翻譯人員，現在想當老師、學者、工程師和企業家，一個個躍躍欲試，卻暗藏恐懼，他們的履歷上沒有據說是雇主所要的線性職涯規畫，也許正開始跟比他們年輕（許多）的同學一起讀研究所，也許正比同輩晚轉換跑道，只因先前在累積無可替代的人生與領導經驗。這本該是獨特優勢，在他們腦中卻淪為負債。

演講結束的幾天後，一位當天會後找我聊過的前海豹部隊隊員寄信給我：「我們都正在轉換跑道。在你離開之後，我們很多人聚在一起討論，聽完你的演講是多麼令人鬆了一口氣。」這位前海豹部隊隊員在大學主修歷史和地科，在達特茅斯學院（Dartmouth College）

攻讀商學碩士，在哈佛攻讀公共行政碩士，卻需要我來肯定他的人生選擇，我不禁有些困惑不解。不過他正如在場的其他人，直接或間接聽說轉換跑道是件危險之舉。

這場演講迴響熱烈，所以基金會邀我在二〇一六年的年會進行主題演講，然後到各城市進行小型演講。每次演講前，我詳讀更多研究，跟更多學者交談，更加明白**擴展個人與職業之路需要時間，還時常得放棄贏在起跑點這件事，卻相當值得**。

我看到研究指出，資歷優秀的專家可能變得眼光狹隘，經驗反成阻礙，卻還日趨自滿——這著實危險。我跟認知心理學家交談時也赫然發現，原來根據許多備受忽視的研究指出，**學習本身最好慢一點，知識才能扎根，雖然會在衡量立即學習成效的考試上表現不佳。換言之，最有效的學習會看起來缺乏效率，落居人後**。

中年尋求職涯第二春也可能看似如此。祖克柏有句名言：「年輕人就是比較聰明。」[15]然而**在科技業，五十歲的創業者更可能創辦大為轟動的成功公司，機率比三十歲的創業者高出將近一倍，三十歲的創業者也勝過二十歲**。西北大學、麻省理工學院和美國普查局的研究人員檢視蓬勃成長的新創科技公司時，發現創辦人的平均年齡為四十五歲。[16]

祖克柏說那句話時是二十二歲，傳播那樣的觀念符合他的利益。同理，以年輕球員為主的運動聯盟會宣稱，全年投入單一專業是成功的必要條件，儘管研究顯示恰巧相反。然而專業化概念不只影響個人，還影響整個系統，各專業團體見樹不見林，眼界愈來愈小。

二〇〇八年，全球金融危機爆發，我們得以窺見大型銀行裡各部門的隔閡程度。各專業部門只依自身風險做最佳運用，各自為政，導致整間銀行的災難。雪上加霜的是，各界反應仍凸顯對專業化的偏執。二〇〇九年，一項聯邦計畫獎勵銀行替尚能勉強支付部分房貸的屋主調降每月還款金額，這主意乍聽不錯，實行結果卻不然：房貸部門替屋主調降還款金額，同一銀行的抵押部門卻發覺屋主突然少繳房貸，判定為違約，於是查封他們的房子。「沒人想像得到銀行內部有這樣的穀倉效應。」一位政府顧問事後說。[17] **由於專業分工使然，即使個人分別做出最合情合理的舉動，整體卻唯恐釀災。**

健保單位高度專業化，可能推出「你手上有槌子，什麼都像是釘子」* 這類的方案，硬是想讓專業有用武之地，連其實派不上用場的地方都想插手。介入性心導管醫師太習慣靠心導管解決胸痛問題，連大量研究證實不適合的病例也想用心導管來治療。一項新研究發現，在美國心臟醫學會議舉行期間，數以千計心臟科醫師不在醫院，心臟病患的死亡率反而下降，原因可能是這段期間較少進行效果不明的常見手術。[18]

某位蜚聲國際的學者（在書末會提到）告訴我，專業化風潮導致「平行壕溝的系統」，不利於創新。人人埋首挖自己的壕溝，雖然問題的解方也許就在一旁，但絕少站起來望一望旁邊的壕溝。這位學者打算在訓練未來的研究人員時，減少他們的專業化程度，期盼這最終能遍及各領域的人才訓練。他個人雖被逼著追求專業，卻從觸類旁通裡獲益良多。如今他再次擴大視野，設計一套訓練，給別人背離伍茲之路的機會。「這也許是我這輩子做過最重要的事情。」他跟我說。

我希望這本書能助你明白箇中理由。

世界需要更多有廣度、多元、跨界的人才

當帕特蒂爾曼基金會的獎學金得主們講著擔憂，怕轉換跑道是錯誤決定時，我內心深知不是這麼回事。當年我大學畢業，在太平洋的科學研究艇上做研究，確認了我想當的不是科

＊西方諺語，被喻為「鎚子法則」，意旨當你只有一種解決方法時，你會想方設法套用在每個你所遇到的問題上，最後造成專業沉淪或被自己的經驗所蒙蔽雙眼。

學家，而是作家。我從沒想過，這般棄理從文之後，我會在紐約某家報刊當夜間犯罪版記者，不久後成為《運動畫刊》的資深作家，卻又出乎自己意料的旋即離開，開始懷疑我無法好好做一份工作，這整個職涯的決定實屬錯誤。

然而，後來我學到廣度的重要性，學到延後投入專業的重要，從而改變看待自己與世界的方式。相關研究涵蓋人生各階段，從兒童在數學、音樂和體育的發展，到找尋出路的大學畢業生，到必須做出改變的中年專業人士，再到尋求新事業的待退休人士。

世界日趨鼓勵並要求高度專業，此刻我們都面對一個挑戰，亦即如何保有廣度、多元經驗和跨界思維，延後一腳踏進專業的時間。當科技把世界變成環環相扣的複雜系統，人人只能管窺一隅，有些領域無疑需要老虎伍茲這樣及早起步的人，這樣專心致志的人，但我們也需要更多費德勒：**立足寬廣，經驗多元，觀點多樣，足以跨能致勝的人才**。

第 1 章

贏在起跑點的迷思

二戰的歐洲戰場以無條件投降告終後的一年又四天，拉斯洛．波爾加（Laszlo Polgar）在匈牙利的小鎮出生了——如新家庭的火種。他沒有爺爺奶奶，沒有外公外婆，沒有堂表兄弟姊妹，所有親人在大屠殺無一倖存，連同他父親的第一任太太與五個孩子。波爾加長大後決定絕對要組成家庭，一個非凡的家庭。

波爾加在大學裡為當父親做足準備，方法是讀蘇格拉底和愛因斯坦等傳奇思想家的傳記。他認為傳統教育分崩離析，得靠他讓孩子一開始就走對路，他們才能成為天才。這樣還能證明一個關鍵：任何孩子都能教成出類拔萃，在哪都能出人頭地；只是他需要一個願意配合計畫的妻子。[1]

波爾加的母親有個朋友，那朋友有個女兒叫克拉拉。一九六五年，克拉拉來到布達佩斯，和波爾加見到面。波爾加沒有猛烈追求她，只說他打算生六個小孩，一一教成天才。克拉拉返回家裡，平淡地告訴父母，她「遇到一個很有意思的傢伙」[2]，但可沒打算嫁給他。

他們繼續通信。兩人都是老師，並認為學校系統太過想一體通用，如波爾加所言是在生產「大量乏味的庸才」[3]。雙方通信一年半後，克拉拉覺得這筆友真是獨樹一格。波爾加終於寫了情書，最終跟她求婚。兩人結婚後，搬到布達佩斯工作賺錢。一九六九年，長女蘇珊出生，育兒實驗於焉展開。

波爾加為這個第一位天才選了西洋棋。一九七二年，在蘇珊展開訓練的前一年，美國棋王鮑比．費雪（Bobby Fisher）在「世紀大戰」擊敗俄國棋王鮑里斯．斯帕斯基（Boris Vasilievich Spassky），東西半球都把這當作冷戰的交鋒，西洋棋因此突然進入流行文化。此外，照克拉拉的說法，西洋棋有一個特殊好處：「西洋棋非常客觀，容易衡量能力。」[4] 無非是贏棋、輸棋與和局，加上一套衡量棋力高低的計分系統。波爾加決定要讓女兒成為西洋棋冠軍。

波爾加很審慎，有耐心，和蘇珊先從「士兵大戰」開始，棋盤上只放士兵，先到最後一排的人獲勝。沒多久，蘇珊研究起殘局與陷阱，樂在其中並進步神速。他們練棋八個月後，波爾加帶她到布達佩斯一間菸霧瀰漫的棋館，叫館裡的大人們跟她下棋看看，而那時她才區區四歲，雙腳懸在椅子上踩不到地。結果她贏得第一場棋賽，輸給她的男子氣急敗壞而去。之後她參加布達佩斯的女子棋賽，在十一歲以下的組別奪冠，四歲的她一場棋也沒輸。

蘇珊六歲時讀寫皆行，數學超前好幾年級。波爾加和克拉拉決定在家自行教她，白天讓她練棋。匈牙利警方出面警告波爾加，如果他不讓女兒受義務教育，就準備吃牢飯。波爾加為此花了好幾個月說服教育部批准她自學。蘇珊的大妹蘇菲亞日後也在家自學，即將出生的小妹茱迪亦然，而波爾加和克拉拉差點打算把茱迪取名為贊妮，即匈牙利語的「天才」之意。她們三姊妹全加入這個大實驗。

平日，她們早上七點就在桌球室和教練練桌球，十點回家吃早餐，然後下一整天的棋。波爾加發現自己力有未逮之後，並聘棋手訓練三個女兒，花其他時間從西洋棋雜誌裡陸續剪下二十萬筆棋戰結果，包括許多未來對手，依自己發明的「卡托法」（cartotech）用牌卡歸檔。在電腦棋局風行前，波爾加家堪稱有世上最大的棋戰資料庫，或許僅次於蘇聯的機密檔案庫。

蘇珊十七歲時，成為第一個有資格參加男子世界冠軍賽的女選手，雖然世界西洋棋聯盟基於性別不讓她參賽（由於她戰績斐然，規則限制不久後改掉了）。兩年後，一九八八年，世界女子西洋棋奧運舉行，蘇菲亞十四歲，茱迪十二歲，匈牙利代表隊共有四位隊員，她們家姊妹就占了三位。自從這比賽舉辦以來，蘇聯隊在十二屆裡贏了十一屆，戰績無比輝煌，這次卻敗給匈牙利隊。蘇珊說，她們三姊妹成為「國寶」。

隔年，共產政權瓦解，她們能到世界各地比賽。一九九一年一月，蘇珊二十一歲，跟男性棋手一較高下，成為首位摘下西洋棋特級大師頭銜的女性。同年十二月，茱迪以十五歲又五個月之齡，成為史上最年輕的西洋棋特級大師。在電視訪談上，蘇珊被問到想在男子或女子世界冠軍賽稱霸，她聰明地答說想「完全制霸」。[5]

三姊妹最終沒有達到波爾加心中的最高目標，成為不分性別的世界冠軍，但都棋力過人。一九九六年，蘇珊參加女子世界冠軍賽並奪冠。蘇菲亞稱霸西洋棋國際大師排行榜，這頭銜僅次於特級大師。茱迪成就最高，二〇〇四年在不分性別的全球總排名裡登上第八名。

波爾加的實驗無比成功，所以他在一九九〇年代早期宣稱，如果把這一套盡早投入專業訓練的方式應用於上千名兒童，人類能攻克癌症和愛滋等問題。[6] 畢竟，從西洋棋就見微知著，這套的確管用。如同老虎伍茲的故事，波爾加一家的故事也由流行文化不斷重複傳頌，變成無數文章、書籍、演講和電視節目裡的例子，彰顯贏在起跑點的驚人力量。線上課程「天才淬鍊課」把波爾加這套方法化為課程，「量身訂做天才養成計畫」。暢銷書《我比別人更認真》（*Talent Is Overrated*）舉波爾加姊妹和老虎伍茲為例，認為及早展開刻意練習乃是成功關鍵，「在各方各面皆為如此」。

背後強而有力的訊息是，世上萬事能靠同一方法迎刃而解。而這是基於一個並未言明的重要假設：西洋棋和高爾夫的案例能代表各方各面。

經驗和熟能生巧是兩回事

但世上萬事何其多，我們想學想做的事情真能跟西洋棋和高爾夫一概而論，同理可證？

美國心理學家蓋瑞・克萊恩（Gary Klein）是探究「自然主義決策」專業模型的先鋒。自然主義決策學者會觀察專業人員的自然表現，了解他們在時間壓力下如何做高風險的決策。克萊恩的研究發現，許多領域的專業人員跟西洋棋高手有個極相似之處，那就是能直覺辨識出類似的模式。

俄羅斯西洋棋手加里・基莫維奇・卡斯帕洛夫（Garry Kimovich Kasparov）或許是史上最佳西洋棋手，我曾問他如何決定一步棋要怎麼下，他回答說，會根據先前看過的模式，「幾乎憑直覺看見棋步」。卡斯帕洛夫說，他相信特級大師們通常是選幾秒內就浮現腦海的棋步。根據克萊恩的研究估計，消防隊長有八成左右的決定是出於直覺，當機立斷，這背後是憑藉多年經驗觀察火焰的變化模式，體察火場倒塌的常見跡象。克萊恩也研究非戰時的海軍將領如何避免災難，例如誤把商用飛機當成敵機而開炮擊落，結果他發現他們能迅速分辨是否有潛在威脅，九五%的時候會看出共通模式，採取率先浮上心頭的相應行動。

美國心理學家丹尼爾・康納曼（Daniel Kahneman）是克萊恩的同事，利用人類判斷的

「捷思與偏誤」模式，探究決策制定機制，研究結果卻與克萊恩天差地別。康納曼發現，許多經過高度訓練的專業人士時常根本沒從經驗受惠，經驗大多不是帶來熟能生巧，卻造成自信過頭。

康納曼也以自身為例。一九五五年，他在以色列國防軍的心理學單位擔任少尉，開始質疑經驗與專業之間的關連。他的任務之一是利用從英國陸軍改編的測驗，評量預備軍官的表現。在一項測驗中，八人為一組，領取一根長桿，設法越過一百八十公分的牆，規則是長桿不能碰到地面，而且人和長桿不能碰到牆面*。大家的表現大不相同，涇渭分明，有的擅長領導，有的擅長跟從，有的很愛自誇，有的很軟弱，各種性格在任務壓力下無所遁形，所以康納曼和其他人員變得信心滿滿，認為能妥善分析出受測者的領導能力，預估訓練表現與作戰表現。

然而，康納曼等人大錯特錯。每隔數月，他們會辦一個「統計日」，檢視先前預測的準確程度，但每次都發現預測準度奇慘無比，沒比隨機瞎猜好到哪去。每次他們都獲得更多的

* 常見辦法是由多位組員以特定角度抱穩長桿，其他組員輪流爬上去，躍到牆的另一邊，最後把桿子遞給另一邊，靠他們拿穩，換剩下的組員跳上去抓住桿子，往前爬，再躍到牆的另一邊。

經驗，給出自信的判斷，但準度原地踏步，從未提高，康納曼不禁訝異於「統計數據與經驗洞見的毫無關連」。[7]

差不多在同一時期，一本有關專業判斷的重要書籍出版問世，而據康納曼對我所言，那本書令他「醍醐灌頂」。[8] 書中的研究涵蓋廣泛，顛覆心理學界原本的認知，發現經驗多半並未提升能力，在眾多領域皆然，例如大學校方對申請者潛力的預估、精神科醫師對病患表現的預測，或人資部門人員對求職者受訓表現的推估，全不會隨經驗提升。這些領域涉及人類行為，相同模式不會明確重複，**經驗和熟能生巧是兩回事**。由此來看，**下棋、高爾夫和救火不是通例，而是特例**。

克萊恩和康納曼對經驗的不同觀察，反映一大難題：專業人士會不會隨經驗增長，變得更在行？

二〇〇九年，克萊恩和康納曼展開出人意料的合作，合寫一篇論文，各自列出觀點，尋求共通之處，也確實找到了。[9] 他們認為，談到經驗是否帶來專精，完全視乎領域而定。**專門的經驗有助於下棋、打牌和救火，但無法提升對財金趨勢、政局發展、職員表現或病患狀況的預測準確度**。克萊恩所研究的領域很受直覺模式辨識的影響，屬於美國芝加哥大學商學院教授何高士（Robin Hogarth）所稱的「和善」學習環境[10]，相同模式一再出現，相應的結果一清二楚，而且通常接連出現。

拿高爾夫球和西洋棋來說，擊球和下棋是照規則走，有界定範圍，結果立刻清楚可見，類似動作反覆出現。當擊出高爾夫球，為左曲球、右曲球或直球，而結果要麼太遠，要麼不夠遠，選手統統一目了然，得以設法修正，再次嘗試，花數年反覆精進。這很符合刻意練習的定義，切合一萬小時定律與贏在起跑點的苦練。學習環境堪稱和善，選手只要投入練習，精益求精，也就進步可期。至於康納曼的研究則不然，屬於相反的學習環境，即奧格斯所稱的「不善」學習環境。

在不善學習環境中，規則通常模糊不清，重複模式付之闕如，模式辨識不易達成，相應結果並不明確，也不見得會及時顯現。

在最不善的例子中，經驗唯恐適得其反。奧格斯舉一位紐約名醫為例，那名醫師以診斷高明著稱，尤擅傷寒診斷，靠舌部周圍的觸診判斷病況，一次次在症狀出現前先行研判染病，也一次次證實研判正確，但正如後來另一位醫生所說：「他那雙手比傷寒瑪莉更害人不淺。」[11] 他一再診斷正確，反而成為傷寒擴散的元凶。雖然很少學習環境這般不善，但經驗確實很容易就派不上用場。專業消防員要是遇到新狀況，例如摩天大樓失火，他們多年來建立的平房救火直覺會突然變得無用武之地，往往做出糟糕決定。西洋棋大師遇到新狀況亦然，長年經驗也許突然形同白費。

磨練多年的本事，最容易被機器取代

一九九七年，IBM超級電腦深藍（Deep Blue）和世界棋王卡斯帕洛夫展開人工智慧和人類的終極之戰，結果深藍擊敗了卡斯帕洛夫。[12] 深藍每秒能計算兩億步棋，雖然只占可能棋步的一小部分（所有可能棋步比全宇宙的原子還多），但足夠打敗最強的人類棋王。如今卡斯帕洛夫說：「你手機上的免費應用程式都比我更棋力高強。」[13] 他可沒有言過其實。「所有我們會做的事，機器會做得更好。如果我們能寫為程式，輸進電腦，它們會做得比我們更棒。」卡斯帕洛夫在最近一次演講時說。不過他敗給超級電腦深藍之後有了個想法，發覺人工智慧學者口中的莫拉維克悖論*：**機器與人類的優缺點時常相反。**

有道是「西洋棋有九九％關乎戰術」。戰術就是棋手用來就能立刻得到好處的一組棋步。棋手研究各種模式，就是在學習戰術。至於如何憑各個短兵相接贏得最終勝利的宏觀計畫則稱為戰略。蘇珊・波爾加寫道：「你可以光靠深諳戰術，亦即了解許多模式來大幅提升棋力，但對戰略所知有限。」[14]

相較於人類，電腦的計算能力極強，在戰術上可謂萬無一失。特級大師能預測接下來的幾步棋，但電腦的預測猶有勝之。卡斯帕洛夫不禁好奇，如果結合電腦的精湛戰術與人類的宏觀戰略會是如何？

一九九八年，卡斯帕洛夫協助舉辦第一屆「進階西洋棋大賽」，自己親自出賽，每位選手都和一部電腦搭檔，長年的模式鑽研不復重要，戰術方面由電腦代勞，人類棋手騰出心思專注在戰略上。這就像老虎伍茲和其他高手用高爾夫電玩一較高下，他的長年反覆練習派不上用場，比賽重點變成戰略思考而非戰術執行。在棋賽上，優勝劣敗迅速改變。「在這種棋賽，人類的創意變得更重要，而非不重要。」[15] 卡斯帕洛夫說。他一個月前在傳統棋賽以四比零橫掃某位對手，如今兩人卻戰成三比三平手。「電腦抵消了我在戰術上的優勢。」長年專門訓練而得的主要優勢頓失光芒，他在這個由人類負責戰略的棋賽忽然棋逢對手。

幾年後，第一屆「自由搭配西洋棋大賽」[16] 登場，各隊可以包含若干棋手和電腦。長年

---

* Moravec's paradox，是由研究人工智慧和機器人學者所發現的一個和認知相佐的現象。即使ＡＩ比人類更善於精算，但卻無法如幼兒般感知。很顯然，目前對ＡＩ來說，困難的問題反而易解，簡單的舉止卻難以複製。

訓練而得的優勢，先前在進階西洋棋大賽變得薄弱，如今在自由西洋棋大賽更是不復存在。某隊由兩名棋手搭配三部電腦，不僅打敗最強的超級電腦「九頭蛇」（Hydra），也贏過特級大師加電腦的各隊。卡斯帕洛夫認為，獲勝隊伍的棋手最善於「指揮」多部電腦的檢視方向，再把檢視結果統整為整體戰略。人機合作的隊伍稱為「半人馬」隊，展現古往今來最強的棋力。

若說深藍戰勝卡斯帕洛夫的棋局，象徵了棋力桂冠從人類轉移到電腦，半人馬隊勝過九頭蛇的棋局則象徵更有趣的一件事：**除去多年訓練出的模式辨認本領，人反而能發揮出更佳表現。**

二〇一四年，在阿布達比的西洋棋網站舉辦自由搭配棋賽，獎金為兩萬美元，有些隊伍是由人類自由搭配電腦，有些純為下棋軟體。結果獲勝的隊伍是由四人搭配數部電腦，負責主要決策的隊長是英國工程師安森．威廉斯（Anson Williams），先前並無正式的西洋棋積分，他的隊友尼爾森．赫南德茲（Nelson Hwenandez）告訴我：「一般人並不了解，自由搭配下棋考驗多種整合能力，有時跟棋力毫無關連。」[17]

在傳統棋界，威廉斯大概歸類為還行的業餘棋手。然而他深諳電腦，精於把程式算出的資訊不斷整合為戰略，十多歲時很會玩即時戰略遊戲《終極動員令》。在自由搭配棋賽，他必須斟酌隊友和數部電腦的建議，然後迅速決定要讓電腦深入計算哪些特定棋步，就像在帶領一組超特級戰術大師，決定哪些建議要深入探究，最終拍板定案採用。他每局謹慎應戰，預期和局，但設法誘敵犯錯。

最終卡斯帕洛夫想出打敗電腦的方法，就是把戰術交由電腦代勞，雖然戰術是他和波爾加耗費數年不懈磨利的本事，卻也是最容易取代的能力。

跳脫熟悉模式，超凡本領就破功

二〇〇七年，國家地理頻道找蘇珊．波爾加接受一個測驗，安排她坐在紐約格林威治村綠蔭盎然的街邊，面對一面空空如也的西洋棋盤。[18]身穿牛仔褲配夾克的紐約客正準備隨興穿越馬路，一輛白色小卡車出現，裝設一大面看板，板上是一張有二十八枚棋子的棋面圖片，出自某個棋戰，隨小卡車左轉駛進湯普森街，經過熟食店，經過蘇珊面前。她盯著小卡車上的棋面，然後在棋盤上一子不漏地排出來。這場表演背後其實有先前一連串知名的西洋棋實驗，在在揭開和善學習環境的面紗。

最早的實驗是在一九四〇年代，出自於棋力過人的荷蘭心理學家阿德理安・德・格魯特（Adriaan de Groot）[19]，他讓不同程度的棋手短暫觀看棋面，然後請他們在空棋盤上盡量照著排出來。一位特級大師只需看棋面三秒，就能原原本本的排出來。另一位大師大概有一半的成功率，市級冠軍和普通棋手則始終無法排出完全正確的棋面。特級大師就像蘇珊，似乎別具圖像記憶力。

蘇珊通過第一個測驗後，小卡車迴轉露出另一面，上頭的棋子為隨機亂擺。雖然這次的棋子數目較少，蘇珊看了卻排不出來。

這測驗呼應一九七三年的一項實驗，出自卡內基美隆心理學家威廉・契斯（William G. Chase）和司馬賀（Herbert A. Simon），後者不久後榮獲諾貝爾獎。他們仿照格魯特的實驗，但做了修改，棋面上的棋子隨機排列，完全不會在實際棋局中出現，結果頂尖棋手和一般棋手的表現並無二致。[20]原來特級大師根本不是精於圖像記憶，而是在身經百戰中熟悉棋步模式，學會契斯和西蒙所謂的「分組」，不是絞盡腦汁去記個別士兵、主教和騎士的位置，而是依熟悉模式分成數個有意義的棋組，從經驗立刻掌握盤勢。這正是卡斯帕洛夫說特級大師通常短短幾秒就知道下法的原因。拿蘇珊來說，當小卡車第一次從眼前駛過，棋面不是二十八個點，而是五個有意義的棋組，反映這局棋的盤勢。

分組（Chunking）能解釋有些乍看神乎其技的超凡記性，例如演奏家能記住長長的樂譜，四分衛能在電光石火之間辨識眾球員的模式並決定擲球；頂尖運動員展現出超人般的反射動作，原因在於他們看得出球或身體的移動模式，在對手實際出招前就了然於心，但如果不是在自己專精的球類項目，超凡本領就煙消雲散。

每天我們在專精領域都得靠分組能力。現在給你十秒鐘，看你能記得以下這段話中的幾個字：

> 因為組別三十個模式
> 有意義容易文字的組別去記
> 真正的句子熟悉能你很多在。

再來試試以下這段話：

> 由三十個字組成的有意義句子
> 容易記得很多，原因在於

你能把熟悉的模式加以分組。

這兩句的字數差不多，但你根據從小到大學的文句用法，立刻能讀懂第二段話，容易記住得多。餐廳服務生不是碰巧記性絕佳、過耳不忘，而是如同演奏家和四分衛，學會把重複出現的資訊加以分組。

學習大量重複的模式是西洋棋的一大重點，所以及早練習十分關鍵。瑞士心理學家費南德·戈貝特（Fernand Gobet，國際大師）和英國心理學家吉爾莫·坎皮特里（Guillermo Campitelli，特級大師的教練）發現，如果到十二歲還沒展開嚴格訓練，日後想贏得國際大師（次於特級大師）頭銜的機率驟降，從四分之一跌為五十五分之一。[21] 分組看似神奇，但來自大量反覆練習。波爾加對練習的相信並沒有錯，他女兒們還不算最極端的例子。

五十多年來，美國臨床教授達羅德·崔佛特（Darold Treffert）研究發現，患有學者症候群（Savant syndrome）的人，他們會在單一領域不懈練習，練出遠勝其他領域的超凡本領。崔佛特稱他們為「孤島般的兩人天才」*。他記錄了許多令人難以置信的學者症候群患者，比如美國盲人鋼琴家萊絲理·蘭姆克（Leslie Lemke）能靠記憶彈奏數千首歌。[22]

崔佛特最初認為，蘭姆克和其他學者症候群患者是記性過人，就像人體錄音機，但問題在於，這些音樂型學者症候群患者聽完一遍「有調性」音樂（含大多數流行樂與經典音樂）後比較能彈出來，聽完「無調性」音樂（音調缺乏一般和諧的結構）比較彈不出來。如果他們就是人體錄音機，那無論音樂是否遵照常見的作曲規則，理應都彈得出來，一視同仁，但事實並非如此，他們的表現相差甚大，很因人而異。

在一項學者症候群鋼琴家的實驗中，崔佛特先前聽某個受試者天衣無縫的彈出數百首歌，卻赫然發現這次他在練習後仍彈不出一段無調性音樂。崔佛特說：「我簡直不敢相信我的耳朵，所以還去確認鋼琴沒有調為變調模式，但確實是他彈錯了，而且繼續彈錯下去。」[23]對於學者症候群患者的超凡記憶力，熟悉的模式和結構是關鍵。同理，當繪畫型學者症候群患者得短暫看幾秒圖畫之後畫出來，實際物體畫得遠比抽象東西更好。[24]

崔佛特花十幾年明白他弄錯了，學者症候群患者與波爾加三姊妹等才能的共同點比他所認為的更多，他們的才能都仰賴重複結構，所以容易被電腦取代。

---

* 學者症候群的人約半數有自閉症，不然就是別種病症，但並非統統如此。

人工智慧非萬能，人類可以反敗為勝

如今谷歌的人工智慧下棋軟體 AlphaZero 取得重大突破，也許連最強的半人馬隊都得在自由搭配棋賽裡甘拜下風。先前的西洋棋軟體是採硬幹法，大量計算可能的棋步，依程式人員設定的標準評分排序，但 AlphaZero 則會教自己如何下棋，只需要知道規則，然後下無數盤棋，追蹤行得通與行不通的棋步，藉此提升棋力。這軟體很快就勝過最好的西洋棋軟體，連可能棋步遠遠更多的圍棋也順利攻克。不過半人馬隊的啟示依然成立：涉及的宏觀戰略愈多，人類能著墨的愈多。

AlphaZero 的程式人員取得耀眼成功後，宣稱這軟體已經從一塊「白板」變成獨當一面的大師。[25] 然而從棋局起步絕非白板一塊，這軟體仍是在受規則限制下的世界裡發揮。事實上，連在戰術模式限制較少的電玩遊戲上，電腦都面臨巨大的難題。

人工智慧遇到的最新難題是《星海爭霸》（*StarCraft*）。這是一款即時戰略遊戲，許多虛構外星物種在銀河系的遠方廝殺爭雄，遊戲涉及的複雜決策遠多過下棋，有戰場要顧，有刺探要做，有建設要規畫，有地景要探勘，有資源要蒐集，全部環環相扣。紐約大學教授朱利安．托格留斯（Julian Togelius）研究遊戲人工智慧，在二〇一七年跟我說，電腦很難在

《星海爭霸》獲勝，就算一時半刻贏過人類玩家，但人類玩家具備「長期調整策略」的能力，後來會開始反敗為勝：「思考有很多層面。人類算是在每個個別層面很糟，但對各層面大致有概念，有辦法加以整合，協調適應，這下子就厲害了。」

二〇一九年，人工智慧在簡化版《星海爭霸》首次贏過專業玩家（後來這位玩家調整修正，在連輸多局後擊敗電腦）。《星海爭霸》的複雜戰局反映出一件事：**愈考驗宏觀戰略的遊戲，人類能發揮的空間愈大。我們最大的優勢跟狹隘專業背道而馳，反而在於廣泛整合的能力**。蓋瑞・馬庫斯（Gary Marcus）是心理學暨神經科學教授，先前把自己的機器學習公司賣給私人叫車服務公司優步（Uber），他說：「在很局限的領域裡，人類也許再過不久就難以做出多少貢獻；在更開放式的領域裡，我想人類絕對還能做出長足貢獻。不光是遊戲而已，我們碰到真實世界的開放式問題仍能勝過機器。」[26]

在西洋棋等有序的封閉式領域，回饋即時，數據龐大，人工智慧迅速取得長足進展。駕駛方面，雖有交通規則，卻帶混亂模糊，人工智慧即便有長足進展，仍面臨不少難題。至於真實世界裡沒有硬性規則的開放式領域，歷史數據無從完備，人工智慧步履蹣跚。ＩＢＭ的人工智慧系統「華生」在益智問答節目《危險邊緣》打敗人類冠軍，接著號稱能替癌症治療掀起革命[27]，但人工智慧專家告訴我，他們很擔心華生會破壞人工智慧研究在健康相關領域的名聲。誠如某位癌症醫師所說：「稱霸《危險邊緣》和治療所有癌症的差別在於，我們知道《危險邊緣》裡面那些問題的答案。」[28]至於癌症，我們連提出對的問題都尚難辦到。

二〇〇九年，地位崇隆的科學期刊《自然》（*Nature*）宣稱[29]，谷歌的流感趨勢系統能靠搜尋序列模式迅速預測流感的散播，跟美國疾病管制與預防中心的準度不相上下。然而谷歌流感趨勢系統很快便開始跌跌撞撞，在二〇一三年冬季的預測值比實際情況高出兩倍。[30]如今谷歌流感趨勢系統不再發布預測，只在頁面打上「技術尚未成熟」等字樣。馬庫斯以一個類比向我點出人工智慧目前的限制：「人工智慧系統就像學者症候群患者。」**人工智慧只能在封閉的穩定架構勝任有餘。**

單環學習無法因應環境驟變，反而養出玻璃心

當我們知道規則與答案，而且規則與答案不會隨時間改變，像是西洋棋、高爾夫和古典樂，那及早展開學者症候群般的高度專業練習或許合理，然而人類多數想學的事情並非如此。

當高度專業化遇到不和善的領域，人要是想依靠熟悉的模式與經驗，唯恐適得其反，比

如專業消防員遇到陌生建築時可能做出糟糕的決定。協助創辦耶魯大學管理學院的學者克里斯・阿奇利斯（Chris Argyris）指出，**把不善環境當成和善環境容易有危險**。他研究頂尖商學院畢業的成功顧問長達十五年，發現雖然他們把定義清楚的商學院問題處理得很好，卻養成阿奇利斯所稱的單環學習（single loop learning），偏好最先想到的熟悉解方，若解法沒效就往往採防衛姿態，這種「玻璃心性格」格外出人意料，畢竟「他們工作的本質是教別人如何以不同方式做事」。

美國心理學家貝瑞・史瓦茲（Barry Schwartz）也有類似發現。他找大學生做一個邏輯測驗，涉及以開關依序打開或關掉數個燈泡，而且能多次進行。這測驗有七十種解法，每次成功會得到微薄獎金。受試學生不知道規則，只能靠試錯的方式*。如果某個學生發現可行的解法，就會一用再用以多得獎金，卻不知為何可行。之後研究人員請新的學生加入，請他們找出所有解法的通則。神奇的是，所有新加入的學生都找出七十種解法的通則，但先前憑單一解法贏取獎金的學生表現遠遠不足，總共只有一位找出通則。史瓦茲的論文取名為〈阻

* 透明板後面有二十五個燈泡，測驗開始時左上角的燈泡是亮的，記分板顯示為零。研究人員告知受試學生，得分能獲得獎金，但他們沒說如何得分。學生靠自行嘗試會發現，按特定順序碰觸開關，讓右下角的燈泡發亮，就能得到分數與獎金。重點是把亮的燈泡從左上角移到右下角。

礙規則找尋之道〉(*How Not to Teach People to Discover Rules*)——那就是，獎勵由少數解方反覆得來的短期成功。[32]

這不利於商界推崇的某些成功學習楷模——像是波爾加姊妹、老虎伍茲，甚至所有運動或比賽的楷模。相較於高爾夫，網球等運動更動態得多，每秒都得因應對手與狀況做調整，有時甚至因應隊友做調整（費德勒在二〇〇八年靠雙打在奧運摘金）。然而，比網球更不和善的學習環境所在多有，急診室就屬一例，醫生護士不會一看到病患就自動知道病況，必須設法釐清，時而遇到違反直接經驗的情形。

世界不是高爾夫，幾乎也不像網球。如心理學家奧格斯所言，世界大多是像「火星上的網球賽」，你能看到場上球員拿著球和球拍，但沒照共通規則，規則隨你推導，而且會在不經意間改變。

最成功的專家不只專精，還能觸類旁通

我們一直用錯故事。基於伍茲和波爾加的故事，我們誤以為技能都是在極度和善的環境

裡練成。若是如此，高度專精的及早練習通常能成功，但其實連多數運動項目皆非如此。

如果高度專精的及早練習是革新關鍵，學者症候群患者在接觸的領域都會出類拔萃，小時了了，大必然佳。然而研究天才兒童的權威學者艾倫．溫納（Ellen Winner）指出，沒有哪個學者症候群患者真的翻轉領域，掀起別開生面的變革。[33]

除了西洋棋，還有其他領域能靠大量專精的練習，獲得特級大師般的直覺。外科醫師就像高爾夫球選手，重複同一手術程序，醫術愈趨精湛。會計師和橋牌高手反覆演練，能建立準確直覺。[34] 康納曼就指出這些領域的「大量規律」。[35] 然而只消規則稍改，我們會發現這些高手專家先前是在以專精技能換取靈活彈性。根據橋牌研究，當玩法順序更動，高手比普通玩家更難適應新規則。[36]

另一項研究請經驗老到的會計師以新稅法算扣除額，表現還不如新手。萊斯大學組織行為學教授艾瑞克．唐恩（Erik Dane）稱這現象為「認知壕溝」（cognitive entrenchment）。談到如何避免認知壕溝，唐恩的看法跟一萬小時定律背道而馳：在領域內大幅更換挑戰，而且如研究同仁所說，要「一隻腳跨在外面」。[37]

科學界人士有藝文方面嗜好的比例和普羅大眾並無二致，但全國頂尖研究機構的學者遠遠更可能投入業餘愛好，諾貝爾獎得主尤其如此。相較於其他學者，**諾貝爾獎得主業餘從事**

演戲、舞蹈、魔術或其他表演的比例高達二十二倍。[38]全國頂尖研究機構的學者遠比其他學者更可能投入音樂、雕刻、繪畫、版畫、木工、技工、電工、玻璃吹藝、寫詩、寫小說或其他創作，諾貝爾獎得主又更如此。

最成功的專家左右開弓，眼界開闊。諾貝爾獎得主暨現代神經科學之父拉蒙．卡哈（Santiago Ramón y Cajal）說：「遠遠的看，他們像在浪擲精力，分散火力。但事實上，他們是在集中精力，增加火力。」[39]一項研究花數年追蹤同儕眼中技術高超的科學與工程人士，發現那些沒為自身領域帶來創新貢獻的人有個特點，那就是缺乏對自身狹窄領域以外的藝文興趣。[40]心理學教授迪恩．西蒙頓（Dean Keith Simonton）以研究創意聞名，認為有創意的人往往興趣廣泛，「不只執迷單一主題」，「這種廣度常激發出不局限於特定領域的洞見」。[41]

這些研究呼應賈伯斯的一場著名演講，那時他提到書法課相當影響到他的設計美學：「我們設計第一部麥金塔電腦的時候，我回想起當時所學。如果我沒在大學旁聽書法課，麥金塔電腦就不會有各種字體和勻稱字型。」[42]

電子工程師克勞德．夏農（Claude Shannon）是另一個例子，他讀密西根大學時依學分規定修了一門哲學課，日後靠在課堂上所學開創資訊時代。在課堂上，他接觸到十九世紀英國邏輯學家布爾的學說，布爾拿1代表「真」，以0代表「偽」，用數學算式解決邏輯問題。在布爾過世七十年後，這方法才出現重要的實際應用，當時夏農在貝爾實驗室暑期實習，發現能把電話接線技術結合布爾的邏輯系統，以電子形式編碼與傳遞任何類型的資訊。這正是電腦背後的基礎。夏農說：「沒有其他人碰巧都熟這兩個領域。」[43]

一九七九年，克里斯多福．康納利（Christopher Connolly）在英國與人共同創辦一家心理顧問公司，以協助頂尖人士發揮最佳表現為宗旨，對象從早期的頂尖運動員，後來逐漸擴大。多年下來，康納利好奇起為什麼有些專業人士往外跨足就步履蹣跚，有些專業人士則跨界得游刃有餘，比如原本是在世界級管弦樂團裡演奏，後來能搖身一變，擔綱管弦樂團的經營工作。

三十年後，康納利返回校園，隨心理學家暨西洋棋國際大師戈貝特探究這個問題。根據他的主要研究發現，**日後成功轉換職涯的人在職場早期受過廣泛訓練，追尋主要專業之際仍對多個「職場跑道」持開放態度，不是駛在窄窄的單行道，卻是「開在八線道高速公路」。他們有視野，擅長把一處的知識用於彼處，不拘一格，觸類旁通地發揮創意，避免認知壕溝，做到心理學家奧格斯所謂的「打破迴路」**[44]**，憑跨界經驗與知識跳脫不復適用的既有解法。**他們的能力在於避免千篇一律的舊模式。在不善的環境中，問題定義錯誤，規則模糊不清，跨界可以是有效出路。

假裝世界就像高爾夫或西洋棋讓人比較舒服，把世界變得和善有序，不少引人注目的書應運而生。然而，這本書接下來則往另一個方向探究——世界明明熱中於火星上的網球賽，現代人卻怎麼會對成功的迷思走火入魔到這個地步。

第2章

教育不能只教專業，得培養抽象思考力

但尼丁鎮（The Town of Dunedin）位於紐西蘭南島的半島上，背倚山丘，並伸向南太平洋。這座半島以黃眼企鵝聞名，而但尼丁最為人所知的是擁有全球最陡的市街。這裡還有紐西蘭歷史最悠久的奧塔哥大學，該校有位政治學教授名叫詹姆斯．弗林（James Flynn），他改變了心理學界對思考的想法。

弗林從一九八一年開始相關研究，從一篇三十年前的舊論文開始起心動念，上頭記錄一戰和二戰期間美國士兵的智力測驗分數，二戰時的分數比較高，而且高很多。[1] 同樣的分數，在一戰可以排在中段班，在二戰時卻掉了二十二個百分點。弗林好奇一般民眾是否也智商變高了。他跟我說：「那時我心想，如果智商在這裡變高，在其他地方或許也會變高。」如果這推論無誤，心理學界可謂錯過近在眼前的重大現象。

弗林寫信給別國的學者尋求數據，在一九八四年十一月的某個平凡週六收到回音，對方是個荷蘭學者，寄來了荷蘭年輕男性多年間的智測數據。這些數據取自瑞文標準推理測驗*，測驗宗旨是評量複雜理解力，每題有數個抽象圖形，受試者需選出缺少的圖形是什麼樣子，補齊完整的全圖。這測驗「去除文化因素」，受試者理應不受校內外的所學影響，如果火星人來到地球，也能靠瑞文測驗衡量智力。[2] 從這份數據，弗林立刻明白荷蘭年輕男性一代一代有長足進步。

弗林從測驗說明裡發現更多蛛絲馬跡。智力測驗全遵循統一標準，平均分數永遠是一百分（由分布曲線評分，一百位於正中間）。弗林發現，測驗有時需要重訂標準，平均分數才能維持一百，原因是受試者愈來愈能選出正解。在收到那位荷蘭學者來信的十二個月內，弗林蒐集到十四個國家的數據，所有數據裡的兒童與成人都大幅進步，他說：「我們從幼兒到大人皆勝過先前的世代。」[3]

弗林問對了問題。各處的分數確實增加了。有些其他學者看過這類數據，卻沒人探究這是否為全球現象，連負責調整測驗標準以維持均分一百的學者專家也沒探究。弗林跟我說：「我身為外人感到很訝異，我想受過心智測驗訓練的人自然就接受了這件事。」

---

* 瑞文標準推理測驗（Raven's Standard Progress Matrice，SPM）是一名英國心理學家瑞文（R.J.Raven）於一九三八年設計的一種非文字智力測驗。

為什麼智力測驗分數一代比一代高？

弗林效應指出，在二十世紀，每一代答對的智測題目愈趨增加。如今超過三十個國家驗證了這個效應。增幅相當可觀：每十年增加三分。如果一位成人現在的得分落在中間，一百年前則會贏過九八％的人。

一九八七年，弗林提出研究結果，在認知測驗界掀起軒然大波。[4] 美國心理學會針對這議題召開整個會議。不少心理學家紛紛研究智測分數的變動，提出各種解釋，包括教育、培育和受測經驗的提升，但都不符合分數提升的奇怪模式。事實上，學校內外的算術、字彙和一般知識等測驗幾無變化，[5] 但瑞文標準推理測驗和「類同」測驗（即說明兩樣東西哪裡相同）等學校沒教的抽象測驗分數一飛衝天。

現在問年輕受試者「黃昏」和「黎明」的相同之處，他們也許立刻知道兩者都是在指稱時間，而且遠比他們的外婆更可能給出進階答案：兩者都區分了白天和黑夜。[6] 現在類同測驗的平均分數，拿到外婆的年代能贏過九四％的人。愛沙尼亞學者比較一九三〇年代和二〇〇六年全國學童的單字理解測驗成績，發現就屬抽象的單字出現進步。[7] 單字愈抽象，進步幅度愈大。學童對於直接可見的東西或現象（如「母雞」、「吃飯」和「生病」）幾乎沒比祖母那一代高分，但對於抽象概念的單字（如「法律」、「承諾」和「公民」），則進步顯著。

瑞文標準推理測驗的分數本該最不會改變，卻在全球各地有最多變化。弗林說：「根據瑞文測驗分數的顯著提升，我們知道現在的孩子遠比以前更能當場解決陌生問題。」[8] 現在的孩子擅長發現規則與模式。連在近年口說與數學智力測驗分數下降的國家，瑞文測驗的分數依然上揚。[9] 至於原因似乎是現代社會的某樣神祕東西，竟至大幅改變現代頭腦面對抽象測驗的能力。弗林很好奇這東西到底是什麼？

「前現代人」與「現代人」的差異

從一九二〇年代晚期到一九三〇年代早期，蘇聯憑無遠弗屆之力，強勢推行本需耗費數代的社經變革。當年，在如今的烏茲別克境內，個別農人活得相當封閉，長年以來靠種植少量作物為生，也種棉花換取其他物資。在鄰近的吉爾吉斯（Kyrgyzstan）山區，牧人放養牲畜。大家目不識丁，由嚴格的宗教規定強加社會階級。然而，社會主義革命幾乎一夜之間到來，掀起翻天覆地的改變。

蘇聯政府強制所有農地改為集體農莊，並開始發展工業。經濟迅速變得環環相扣、錯綜複雜。農人得設法分工合作，規畫生產，分配成果，衡量成效。窮鄉僻壤開始跟遙遠的城市交流連繫。無人識字的地方納入學校系統，成人開始學習把文字和聲音湊在一起。村民以前就會算數，但僅限於實際用途，像是算牲畜或分食物，現在則要學抽象的數學概念。有些村婦依然大字不識半個，卻上起如何教幼稚園小孩的短期課程，還有婦女讀教師培育學校。沒讀過書的人接受學前教育，還上農業技術的課。中學與職校跟著迅速成立。一九三一年，值此不可思議的劇變之際，年輕聰穎的俄國心理學家亞歷山大·魯利亞（Alexander Luria）發現機不可失，能做史上罕見的「自然實驗」，探討**工作的改變是否帶來頭腦的改變**。[10]

魯利亞來到最偏遠的鄉村時，當地傳統社會尚未劇變，等同實驗的對照組。他學當地語言，找其他心理學家在茶館或田地等輕鬆地點跟村民問答或測驗，了解他們的思考習慣。[11]

有些題目很簡單：拿出各色的羊毛或絲，請受試者描述。集體農莊的農民、農莊領導和女性學生輕鬆講出藍色、紅色和黃色，有時也講出深藍或淡黃等色調。遙遠偏鄉的農民屬於「前現代」，答案更各形各色：盛開的棉花、蛀掉的牙齒、一大堆水、天空或開心果。接下來，受試者要替各色分門別類。集體農民和稍微受過正式教育的年輕人答得輕鬆容易，很自然就分出不同顏色，就算說不出特定顏色，也能把相同的深淺色調歸為一類。相較之下，偏鄉村民拒絕回答，連以刺繡為業的人都拒答，說著：「辦不到呀。」或「各不相同，沒法分類。」當研究人員說一定要選，而且容許分成很多類，有些受試者才讓步，但顯然是隨機分類，另有一些受試者按飽和度區分，而非按顏色分類。

再來的形狀測驗殊途同歸，結果一樣。愈熟悉現代的人，愈能了解抽象的「形狀」概念，區分三角形、方形和圓形，就算沒受過教育且不知道形狀的名稱都行。至於偏鄉的人不然，他們看到實線畫的方形與虛線畫的方形，並不知道兩者是同一個形狀。在二十六歲的偏鄉村民艾莉娜眼中，實線的方形顯然是一張地圖，虛線的方形是手錶，她詫異地問：「地圖和手錶怎麼會是同一類？」二十四歲的偏鄉村民哈米德也大惑不解，堅持實心的圓是錢幣，空心的圓是月亮，豈能混為一談。

各種題目得到相同結果。概念上的分類就像類同測驗，偏鄉民眾只能靠自己直接的實際經驗來看。研究人員對三十九歲的拉克馬解釋「何者不屬此類」問題，例子是三個大人和一個小孩，那小孩顯然跟其他人不同，但拉克馬無法理解，嚷著：「這小男生一定得跟其他人分在一起！大人們在工作，如果要一直出去拿東西的話，事情永遠也做不完，所以要這個小男生幫忙跑腿。」

好吧，那槌子、鋸子、斧頭和木頭呢——其中三樣屬於工具。可是拉克馬說，那三樣不能分成一類，原因在於沒木頭的話，那三樣東西就無用武之地，所以哪能歸為一類？其他村民認為，槌子或斧頭比較不好用，所以剔除，除非要用槌子把斧頭捶進木頭裡才能都保留。那麼小鳥、步槍、短刀和子彈呢？村民們說，剔除任何一樣都不行，因為子彈必須裝填進步槍才能殺鳥，「然後用短刀來切鳥的肉，不然沒其他方法」。這些例子還只是出自解釋問題的範例，不是實際答題呢。無論如何解釋或舉例，偏鄉村民就是無法以日常生活之外的概念來思考。

接觸過現代世界的農民和學生則能運用「教育」的思維，[12]拿到資料或說明時能理解題目的原則，連沒有說明也行，從未見過的資料都行。這正是瑞文標準推理測驗所考的內容——想像要是給前現代村民看瑞文測驗，他們會如何反應。

現代社會與集體文化簡直施展了魔法。魯利亞還發現，多數偏鄉村民不像工業化世界的人苦於某些視覺錯覺，例如艾賓浩斯錯覺*。現在看一看，下圖中間的兩個圓形，哪個比較大？

如果你說右邊的圓形比較大，你大概是工業社會的一員。偏鄉村民看得才對，兩個圓其實一樣大。至於農莊領導和師院女性則認為右邊較大。其他傳統社會也做出這個實驗結果，研究人員認為也許前現代的人沒那麼在看整體，把各個圓圈互相比較，所以沒受外圍的圓圈影響判斷。以常見的比喻來說，前現代的人見樹不見林，現代人見林不見樹。[13]

在魯利亞之後，研究人員在其他文化也做這實驗。賴比瑞亞（Liberia）的克佩勒人（Kpelle）原本以種稻勉強為生[14]，一九七〇年代道路開始通往他們的聚落，把他們與城市相連。在類同測驗裡，接觸過現代教育的青少年能以抽象概念分門別類（「這些都能保暖」），傳統部落的青少年則分得相對隨興，而且如果重分一遍，分法時常會變。接觸過現代教育的青少年能憑概念有意義的分類，日後遠遠

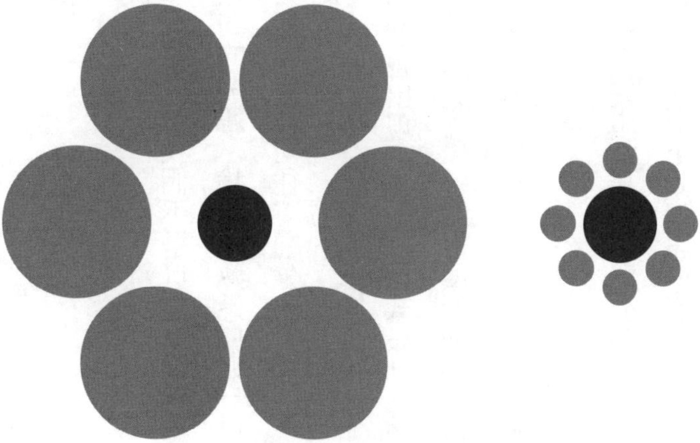

▲ 艾賓浩斯錯覺最著名的錯覺圖

* 艾賓浩斯錯覺（Ebbinghaus illusion）是一種對實際大小知覺上的錯視。發現者為德國心理學家赫爾曼・艾賓浩斯（Hermann Ebbinghaus）。

更加記得，**愈接觸現代，愈擅抽象思考，不必靠自身實際經驗。**

概念分類的科學眼光，讓人的認知更有彈性

按弗林的用語，我們現在是以「科學眼光」看世界。換言之，我們不是以自身實際經驗看世界，而是仰賴各種分類，以多層抽象概念理解資料之間的關連。我們很熟悉偏鄉村民澈底陌生的種種分類，把某些動物歸為哺乳類，再按生理與基因的異同往下細分。短短幾個世代之間，原本學界才懂的術語和概念變得廣為人知。「百分比」這個詞在一九〇〇年的書裡遍尋不著，在二〇〇〇年約莫每五千個字就會出現一次。[15] 程式設計師擅長運用各種抽象概念（他們在瑞文標準推理測驗表現極佳）[16]，下載檔案的進度軸把抽象概念變得具體，程式語言二進制的0和1如是，心理上亦如是：進度軸帶來安心，使人從視覺了解資料下載的進展。[17]

律師會考慮奧克拉荷馬州某個民眾的判決結果，思索能否套用到加州某間公司的案子，嘗試不同論點，並想像反方律師的辯詞。概念分類具有彈性，能把不同資訊與想法做各種運

用，把各領域的知識觸類旁通。**現代工作需要觸類旁通，把知識應用到新的狀況和領域**。我們最根本的思維程序已然改變，以期因應日益複雜的世界，不只依賴舊模式，還得推導新模式。**概念分類帶來彈性，把知識靈活運用**。

一項涵蓋七個工業化國家數千位成人的研究發現，現代工作需自主解決問題，接觸變動挑戰，於是帶來「認知彈性」。[18] 如同弗林明確指出的，**這不代表頭腦先天比上一世代更聰明，而是實用的眼光退位，由概念分類的眼光*取而代之**。即使在現今，有些宗教團體雖然接觸現代概念，卻大力固守傳統，不准女性投入現代工作，結果男性成員比較顯出弗林效應的影響，女性則遲未提升，沒有跟上腳步。[20] 與現代世界的接觸，能促進複雜問題的因應能力，表現出高度彈性，智識範圍擴大。

從各認知層面觀之，前現代的人大受眼前具體世界所限。舉一個問題為例：「棉花適合在乾燥炎熱的地方生長。英國很溼冷，棉花在那會長得好嗎？」前現代村民有種植棉花的直接經驗，所以在研究人員的強烈要求下，有些人雖然從未去過英國，終能很猶豫地給出答

---

* 談到弗林效應的作用與意涵，心理學界仍莫衷一是。哈佛心理學家平克（Steven Pinker）認為，這不只是思考方式的改變：「歷史學家只消綜覽過去幾世紀的巨變，必然同意我們正活在腦力非凡的時代。」[19]

案。現在換個問題：「極北地區會下雪，熊全是白色的。俄羅斯新地島（Novaya zemlya）位於極北地區，三天兩頭下雪，那邊的熊是什麼顏色？」這問題考倒他們，無論研究人員如何要求，偏鄉村民都答不出來，頂多講些大原則，比如有個男的說：「只有去過那邊的人回答得出來。」雖然明明從未去過英國的他，剛才也答了棉花那一題。然而，只要稍微接觸現代工作就有所改變。談到白熊的問題，幾乎不識字的四十五歲農莊領導阿杜爾雖然無法答得多有信心，但確實展現邏輯思考能力，向研究人員說：「照你所講的，他們應該都是白色。」

這完全改變村民的頭腦。當莫斯科來的研究人員問受試者想知道他們或外界的什麼事情，偏鄉村民多半連一個問題都想不出來。「我沒看過其他城市的人在幹麼，哪問得出來？」一位村民說。

相較之下，集體農莊的人滿心好奇。三十一歲的農莊農民阿赫邁然說：「喔，你剛講到白色的熊，我想知道那些熊是打哪來的？」他想了一下又說：「你還提過美利堅。那是由我們統治，還是別的政府統治？」十九歲的希達在集體農莊工作，讀了兩年書，可謂滿心好奇，有一籮筐關於自己、當地和世界的問題：「啊，我們這些農夫要怎麼進步？我們要怎麼得到更大的作物，或者種出大樹？還有，我想知道世界為什麼是這個樣子，萬物從哪裡來，有錢人是怎麼有錢的，窮人是怎麼窮的？」

相較於前現代村民的受經驗所囿，現代人相對自由。這不是說哪種生活較好。譬為社會學創始人之一的阿拉伯史家伊本．赫勒敦（Ibn Khaldun）數世紀前指出，城市人橫越沙漠時完全得靠遊牧民族的協助才能活命。在沙漠裡，遊牧民族就是天才。

不過**現代生活確實需要觸類旁通，連結天差地別的領域與想法**。這種「分類」思維由弗林稱作「科學眼光」，俄國心理學家魯利亞則說：「這通常很有彈性。事物很容易搬來移去，多樣分類。分類可以是按實體（動物、花朵和工具），可以是按材質（木頭、金屬和玻璃），可以是按尺寸（大和小），可以是按色澤（亮和暗），各種都行。這種自由搬移與分類乃是『抽象思考』的一大特質。」

學業成績和批判性思考能力不成正比

讓弗林甚感失望的是，當頭腦的智識愈趨寬廣，社會卻走上專業化之路，而非趁早做觸類旁通的概念訓練，高等教育尤甚。

弗林做了一項研究，以美國某間頂尖州立大學的大四學生為研究對象，科系涵蓋神經科學與英文等，拿他們的學業平均分數，跟批判性思考測驗的表現相比較，而這個批判性思考測驗是在衡量學生把經濟、社會、物理和邏輯等基礎抽象概念，應用到日常實際情境的能力。結果弗林赫然發現，批判性思考分數與學業平均分數毫無關連。他說：「在大學能獲得高分的特質並不包括廣泛的批判性思考。」*[21]

這測驗有二十題，每一題衡量某種能廣泛用於現代世界的批判性思考。當題目涉及無需正式訓練的概念推理，如循環論證，大家表現出色；當題目涉及概念推理的應用框架，大家表現糟糕。

生物系和英文系學生在跟自身主修無直接相關的題目答得很差。所有科系學生都不了解社會科學方法，心理系學生也不例外。理科學生學習理科知識，卻不知懂科學論證。神經科學系學生沒有哪題答得較佳。商科學生慘不忍睹，連經濟學題目都答得很糟。經濟系學生整體表現最好，畢竟經濟學本質上是個廣泛的學門，經濟學教授會把論理原則應用於其他領域的問題**[22]。相較之下，化學系學生特別聰明，但常難以把科學辯證用於化學以外的問題。[23]

這些學生常誤解科學結論的細微價值判斷。此外，有一題涉及棘手的情境，要求學生不要把事證的因果關係弄錯，他們卻答得比隨機瞎猜還不如。幾乎所有科系的學生都不算清楚，要如何把自身科系的論證方式用於其他領域。由此而論，他們和偏鄉村民有個共同點：連理科學生都往往無法把自身領域的研究方法推及其他學門。弗林說：「沒有科系像是在培養比較全面的批判能力。」[24]

人人都需要跨領域思考的習慣

弗林現在八十多歲，鬍子全白，雙頰有長年跑步的風霜痕跡，有些髮絲如雲斑白。他家位於但尼丁的山坡上，面朝微微起伏的田野。

弗林當年在芝加哥大學是越野賽跑隊長，他對我講起芝大的教育時拉高音量：「連最好的大學都沒在培養批判性思維，沒給學生分析現代世界的工具，只教各科系的專業，太狹隘

* 弗林也跟我說，他把這份測驗拿給一間很多畢業生考取倫敦政經學院的英國高中，請那裡的高中生作答，另外也拿給倫敦政經學院的大三大四生作答，結論是：「他們從大學畢業時並沒有更懂得批判性思考。」

** 心理學家奧格斯這般描述經濟學家：「談到他們的論述，我覺得很特別的是……他們把經濟學的術語和論證用到幾乎各個領域，舉凡體育、政治、經濟現象甚至學術課程都適用。」

了。」他不是在提倡每個資工系學生得修藝術史，**而是人人需要跨領域思考的習慣**。

芝加哥大學長年以促進跨學門批判性思考的核心課程為傲。據校方所稱，這個兩學年的核心課程「意在介紹所有學門的求知工具，包括科學、數學、人文和社科等。目標不僅在套用知識，亦在提出根本叩問，熟悉諸般形塑社會的關鍵概念。」然而弗林認為，連芝加哥大學都沒充分教他運用跨領域的概念與思考。

他跟我說，教授們經過長年限於一隅的研究，只急著傳授研究心得。他自己在大學任教五十年，待過康乃爾和坎特伯里大學等校，同樣有這毛病。他教道德與政治哲學概論的時候，忍不住想細講他最愛的學說，包括柏拉圖、亞里斯多德、霍布斯、馬克斯和尼采。

弗林在課堂旁徵博引，卻確知他滔滔講授的很多內容僅限於課內，他努力想克服這壞習慣。他做了州立大學做的那項研究之後，確認**大學科系亟欲提升學生的專業知能，卻沒鍛鍊處處適用的思考工具**。在他看來，這勢必得改，否則學生難以善用他們空前的抽象思考力。他們得先學思考的方法，再學知識的內容。明明學生入學時就具備科學眼光，但畢業時仍不擅廣泛通用的科學論證。

不少地方的教授已經開始因應這問題。華盛頓大學有一門課叫「識破狗屁」（Calling Bullshit，課號：INFO 198 / BIOL 106B），著重跨學門的思考原則，分辨日常資訊的好壞良莠。這門課在二〇一七年推出，短短一分鐘內選課人數就爆滿。[25]

哥倫比亞大學資工教授周以真（Jeannette Wing）曾任微軟研發部門副總監，提倡**以「運算思維」（computational thinking）為多元思考工具，就像瑞士刀般實用**。她認為運算思維就像閱讀一樣基本，對非資工學生亦然。她寫道：「運算思維是用抽象拆分的思考，處理複雜龐大的難題，以適當方式表述問題所在。」[26]

不過照美國經濟學家布蘭恩．卡普蘭（Bryan Caplan）所言，多數學生是在接受狹隘的職業訓練，而且日後根本多半會走別行。[27] 在美國，四分之三的大學畢業生會轉換跑道，從事跟自身科系無關的工作，連數理學生皆然，偏偏在大學時只學到自己科系的思考工具。[28]

現今世界錯綜複雜，環環相扣且日新月異，這種單一思考工具委實不夠。史學家兼哲學家阿諾．湯恩比（Arnold Toynbee）曾談到，當今之世科技與社會迅速變動，「沒有哪種思考工具處處管用」。[29]

靠費米式思考，憑有限知識拆解問題

弗林的想法於我心有戚戚焉。在我進新聞業之前有讀研究所，住在北極的帳篷裡，研究植物的變化如何影響地下永凍土層。課程都在教北極植物的生理機能。多年後，我投入科研報導，才發覺當年在哥倫比亞大學寫的碩士論文有一處統計錯誤。那時，我跟許多研究生一樣，有個很大的資料庫，敲著鍵盤進行一般的統計分析，卻從未學著深思統計分析的效用，甚至想都沒想過。

統計軟體得出「統計上顯著」的數據，可惜並非這麼回事，因為我不知道統計檢測沒法用在此處，而審查論文的教授也不知道。如同英國統計學家道格．奧特曼（Doug Altman）所言：「大家忙著做研究，沒空停下來檢視自己做研究的方法。」[30]我匆匆忙忙用起高度專業的科學工具，卻沒學過科學論證（還因而獲得碩士學位，真是很不善的學習環境）。說來慚愧，我遠離科學多年後，才開始廣泛思索科學的應用方式。

幸好我大學時遇到一位實踐弗林心中理想的化學教授。每次考試不只有一般的化學問題，還夾雜其他靈活題目，例如：「紐約有多少個鋼琴調音師？」學生得憑空推論，正確估算。後來，教授解釋，這些稱為「費米問題」（Fermi problems），物理學家費米時常得靠這種概略估計協助解決問題*。這些問題最大的啟示在於，重要的不是知識，而是思考方式。

第一次考試時，我憑直覺回答：「毫無頭緒，可能有一萬個？」卻超過太多了。到學期末，我有了新的概念思考工具，懂得憑有限所知做猜測。我知道紐約的人口，多數住小公寓的單身人士家中大概沒擺鋼琴，而我大多數朋友家中大概是一到三個小孩，所以紐約有多少家庭？多少比例會有鋼琴？鋼琴多久要調音一次？調音需要多少時間？一位調音師一天能去多少家庭調音？一位調音師一年工作幾天？各個估計不必非常精確，最終仍能得到合理的答案。

烏茲別克的偏鄉村民答不好費米問題，但我在這堂課前也很束手無策。不過這很容易學習。我在二十世紀出生長大，早有這種思維目光，只需要學著運用。如今我已經把化學計量統統忘光，卻常**運用費米式思考，拆解問題，憑有限的所知解題**，這也算是種「類同」問題。

幸好許多研究顯示，只要接受一點費米式思考等廣泛思維的訓練，效用可以很長久，而且應用到不同領域。[31] 無怪乎，「識破狗屁」課堂有探討費米問題，以電視假新聞為案例，

* 原子能之父恩里科・費米（Enrico Fermi）曾在芝大足球場後面造出第一個核子反應爐。據他當年寫的紀錄，他旁觀第一次原子彈試爆時，「在震波通過之前、之間與之後」，把紙往空中一扔，靠紙飄動的距離估算爆炸強度。

說明「費米估計能像熱騰騰的刀子切過奶油般破解謠言」。[32] 人人能藉此迅速嗅出新聞或廣告上的假數據，十分好用。如果當年我不只學北極植物的生理機能，還學應用廣泛的思考工具，那麼在任何領域都能做出更好的研究。

不被機器取代，得懂觸類旁通

偏鄉村民如同西洋棋大師和消防員，需要問題一成不變，明日一如今日。他們能憑經驗把舊事做得很好，遇到新局卻束手無策。他們的思維非常專精一隅，極擅長從經驗中學習，離開經驗就無所適從，在現代世界日趨捉襟見肘。由於現代世界變遷迅速，我們需要憑概念思考連結點子與跨界推論。偏鄉村民遇到沒直接經驗的陌生問題就一頭霧水，可我們逃不了這一關，**重複性工作容易被機器取代，懂得概念思考觸類旁通的人方得脫穎而出**。

廣泛應用知識的能力，源自廣泛的訓練。接下來，我們會檢視另一群人如何把廣泛訓練化為一種藝術。相較於西洋棋天才，他們的故事比較古老，卻更貼近現代許多，如同歷久彌新的寓言。

第3章

真正的音樂奇才，皆非刻意練習而來

在十七世紀的威尼斯[1]，旅人隨處可聽到跳脫傳統的音樂。[2]當時叫巴洛克音樂時代，而連「巴洛克」一詞都出自珠寶術語，指形狀奇特的特大號珍珠。

「器樂」是指不靠人聲的音樂，那時經歷翻天覆地的變革。有些樂器是全新發明，例如鋼琴；有些樂器是舊版改造，例如史特拉迪瓦里小提琴在數世紀後價值連城，一把值好幾百萬美元；屬於現代系統的大調和小調誕生；音樂名家地位隆崇，作曲家寫出精妙樂曲，逼絕頂樂手展盡渾身解數；協奏曲問世，由獨奏和合奏交織演出；綽號紅髮教士的威尼斯作曲家安東尼奧．韋瓦第（Antonio Vivaldi）無庸置疑獨占鰲頭，他的小提琴協奏曲《四季》（*The Four Seasons*）歷經三百年仍像流行樂般風行（跟迪士尼電影《冰雪奇緣》（*Frozen*）的混搭音樂在 YouTube 高達九千萬觀看次數）。

韋瓦第特別靠一群樂手揮灑創意，那就是女聲樂團（figlie del coro）。她們擅長各種樂器與演唱，新曲很快上手，樂風無比創新，吸引歐洲各地的皇戚貴族、伯爵教士前來一飽耳福。水都威尼斯鮮少騎馬或運動可做，欠缺娛樂活動，音樂成了主要的娛樂。[3]夜裡，每艘大船，每條小船，提琴、笛子、小號伴歌聲裊裊漾開。在這個音樂勝地，女聲樂團屹立不搖長達一世紀。[4]

一位著名旅人寫道：「唯獨在威尼斯，你能看到這些音樂奇才。」[5]她們既掀起音樂革命，本身也世所罕見。在其他地方，演奏是男性的天下。[6]一位法國政壇中人訝然嘆道：「她們唱出天使之聲，演奏小提琴、長笛、管風琴、雙簧管、大提琴和低音管。[7]簡言之，再大的樂器都無所畏懼。」也有些人講話沒那麼好聽，英國貴族作家特雷爾怨道：「女流之輩拉低音提琴和吹低音管不怎麼討我喜歡。」[8]畢竟大鍵琴和玻璃豎琴之類「才是有女人味的婉約樂器」。[9]

瑞典國王為女聲樂團驚嘆。風流作家卡薩諾瓦隨滿場觀眾擊節叫好。某個挑剔的法國樂評人稱讚一位女小提琴手：「她是第一個能跟優秀男樂手媲美的女子。」連平時不愛音樂的人也很傾心，寇里說她們「引吭若女神」，勝卻「最空靈宛轉的鳥鳴」、「替觀眾打開天堂的門扉」[10]。寇里的盛讚尤其出人意料，畢竟他可是威尼斯宗教裁判所的書籍審查員。

最好的女聲樂手蜚聲整個歐洲，如安娜瑪麗亞．皮耶塔（Anna Maria della Pietà），意為皮耶塔的安娜瑪麗亞。有位德國男爵斷言她是「全歐最佳小提琴家」[11]，法國勃艮第的議長說她連在巴黎都「無人可及」。

據載韋瓦第在一七一二年花二十枚硬幣，買了一把小提琴送給十六歲的安娜瑪麗亞，這金額他得忙四個月才賺得到的，貴得如同訂婚戒指。[12]韋瓦第替女聲樂團寫了數百首協奏曲，其中二十八首收在「安娜瑪麗亞札記」裡，緋紅皮製書皮，以燙金大字標載她的大名，一首首曲子意在彰顯她的高超琴技，節奏飛快，常需同時拉奏好幾根弦。一七一六年，威尼斯軍隊和鄂圖曼帝國在科孚島開戰，議院請安娜瑪麗亞和其他女聲樂手勤練琴技，更上層樓，以期上天庇佑威尼斯（結果琴術似乎奏效，暴風雨適時來襲，贏過土耳其的大砲）。[13]

一七四〇年代，安娜瑪麗亞已屆中年，法國與日內瓦哲學家盧梭（Jean-Jacques Rousseau）造訪威尼斯。這位日後點燃法國大革命的哲學家同時也是作曲家，寫道「我懷著法蘭西對義大利音樂的偏見從巴黎而來」[14]，但女聲樂團的音樂「堪稱獨樹一幟，在義大利如是，在全世界亦如是」。只是他有一個難題「簡直令我喪氣絕望」，那就是觀眾看不到她們，她們隱身在教堂高高舞台的薄幕後方，只得其聲，只見其影，僅身形輪廓隨樂音搖來擺去。盧梭寫道：「我只想說，美麗天使的倩影遮住了。」

盧梭到處這樣講，結果恰巧和一位女聲樂團的重要資助人聊到此事，對方說：「如果你這麼想見那些小姐，安排一下倒是不難。」

盧梭確實想見得要命，不屈不撓纏著那人，終能去見她們。照說盧梭的大筆悍然無畏，在催生民主之前就遭政府查禁與焚書，那時的他卻焦慮不已：「在我們踏進那些美人待的沙龍之際，我感到渴慕的悸動，一種此生未曾有過的怦怦悸動。」

資助人向盧梭介紹這些盛名席捲全歐的超凡女樂手，而盧梭大吃一驚。

沒身世、外貌令人倒胃的一群女人，卻盛名歐洲

盧梭寫道，他面前的索菲亞「很嚇人」，卡蒂娜「是個獨眼」，貝蒂娜「長滿天花、體無完膚」，「幾乎個個大有缺陷」。

一首詩直截了當，描寫某位頂尖歌者「悉數消失的是左手指頭／同樣無蹤的還有左腳」。另一位傑出樂手是「可憐的跛女」。[15] 其他訪客的描述還更露骨傷人。

如同盧梭，英國詩人米勒夫人（Lady Ann Miller）也為她們的音樂神魂顛倒，很想一睹廬山真面目。她寫道：「我如願以償，卻在見到她們時失聲大笑，還真難為她們沒把我趕出去……只見我面前是十三、四位醜巴巴的老太婆……再加多位妙齡女子。」[16] 米勒夫人改變主意，不再想看她們的演出：「光是看到她們就倒胃口。」

這些老老少少的女聲樂手滿足挑剔的耳朵，卻沒過光鮮的生活。許多女聲樂手的生母生活困苦，在威尼斯蓬勃興盛的性產業賣身，染上梅毒，把產下的嬰孩遺棄在皮耶塔慈善醫院（Ospedale della Pietà）。那裡表面是醫院，實為慈善之家，女孩們在院裡學習音樂長大成人。威尼斯有四間這種機構，各自針對特定對象，皮耶塔慈善醫院是最大的一間，收容無父的棄嬰（多為女嬰），否則他們的命運常是陳屍運河。

他們大多一輩子不知道生母是何許人也，當初是被遺棄在皮耶塔慈善醫院外牆嵌的棄嬰箱裡，就像機場供旅客測手提行李大小的架子，只要放得進去，皮耶塔慈善醫院幫忙養。安娜瑪麗亞就是例子。她生母大概是妓女，帶著她來到聖馬可港灣（St. Mark）熙來攘往的步行大道旁，皮耶塔慈善醫院的門前。棄嬰箱連著鈴，每次有棄嬰就會響。棄嬰通常帶著一塊布、硬幣、戒指或飾品，以便反悔時回來指認。[17]有位母親留下半張精細的天氣圖，期望有朝一日拿另外半張回來重逢。

然而正如許多物品，正如許多女孩，這張圖永遠留在皮耶塔慈善醫院。包括安娜瑪麗亞在內，多數棄嬰從來不知自己的血親，於是以家取名：安娜瑪麗亞．皮耶塔，意思是皮耶塔的安娜瑪麗亞。一份十七世紀的名冊列出安娜瑪麗亞實際上的姊妹：安戴拉．皮耶塔、安吉拉．皮耶塔、安布蘿席拉．皮耶塔……按字母順序洋洋灑灑往下列，列到維勒塔．皮耶塔、維吉尼亞．皮耶塔、維特莉亞．皮耶塔等。[18]

這類慈善之家屬公私合營，分別由上流階級志願組成的監事會所監督，官方上為世俗機構，但跟教堂毗鄰，實行類似修道院的規定，大家按年齡和性別分隔開來，早餐前需參加彌撒，最好定期告解。人人得工作維護院內的運作，連兒童在內。女孩們每年有一天能到鄉下出遊，但當然有院方在旁監護。規定嚴格，可自有好處。

院童學習讀寫與算數，也學一技之長。有些學配藥，有些學洗紗，有些學織帆船的帆布來賣。慈善之家自給自足，運作良好。大家工作掙錢，由院方存入有利息的專戶，大家學著管理自己的錢。男孩們十來歲離院，賺錢謀生或加入海軍。女孩們的主要出路是結婚，嫁妝多已備妥，但許多人一輩子沒嫁出去。

當院方購入樂器，幾十個女孩開始學音樂，以便在附近教堂的儀式上演奏。一六三〇年瘟疫爆發，三分之一的人口死亡，史家說那時威尼斯人變得格外「有悔罪之情」[19]，音樂變得更形重要。

院方發現愈來愈多人上教堂，而且許多人為她們的演出而捐款，表演愈好捐愈多。到了十八世紀，院方公開靠女聲樂團募款。每逢週六、週日，演出在日落前展開。教堂擠得水洩不通，聖餐禮不得不移走。演出依然免費，但如果有人想坐下來，院方人員樂於出租椅子。裡面擠滿後，窗外也擠滿觀眾，還有人划來小船停在河裡聽。女聲樂團不只維繫社福系統，還招攬外地遊客。娛樂與悔罪赫然交融。教堂裡不得拍手，所以當最後的音符止息，觀眾紛紛咳嗽清嗓，鞋子蹭地，鼻子哼氣，以示讚揚之意。

院方聘請作曲家寫曲。六年裡，韋瓦第專門替皮耶塔慈善醫院的女聲樂手寫了一百四十首協奏曲。教學制度演進，年長教年少，年少教初學。她們做好幾份工作，例如安娜瑪麗亞身兼老師和抄寫員，但她們琴技一個比一個高明，青出於藍勝於藍。繼安娜瑪麗亞之後，接替她的琪雅拉．皮耶塔獲譽為全歐洲最好的小提琴家。

問題來了：她們原本只是娼妓的棄嬰，若非慈善之家本應命喪運河，到底是何種厲害的訓練制度發揮奇效，助她們搖身一變為中世紀版的國際搖滾巨星？

席捲歐洲的女樂手，一天只練琴一小時

皮耶塔慈善醫院的音樂訓練無甚嚴格。按練習規定，週二、週四和週六有正課，大家自行自由練習。早先在她們還沒聲名大噪之時，工作與雜務占掉多數時間，她們一天只准練音樂一小時。

最令人訝異的是，她們到底學多少樂器。十八世紀作曲家兼史學家柏尼在牛津大學甫獲音樂博士學位，決定詳細梳理現代音樂的歷史，多次造訪慈善之家，以旅行作家和音樂學者等身分逐漸成名，為威尼斯的所見所聞大感驚訝。某一趟造訪，他得以私下欣賞她們的演出，沒有幕簾擋在他和她們之間：「對於她們精湛演出的一分一秒，不僅得以聆聽，還能觀

看，當真令人驚奇，她們就在面前演奏小提琴、雙簧管、法國號、大鍵琴，種種次中音與低音樂器，甚至低音提琴。」更令人好奇的是：「這群年輕樂手常換樂器。」[20]

這些女聲樂手上歌唱課，也練院裡的所有樂器，有什麼就練。好的是邊學邊有錢賺。其中一位叫瑪德蓮娜的女聲樂手結婚後，離開院裡，在倫敦、聖彼得堡與全歐各地演奏小提琴、大提琴、大鍵琴與唱女高音，自述「學到一般認為女人不會的琴技」[21]，名氣日趨響亮，成為那年代八卦報導的對象。

對於終生留在院裡的人，兼擅多種樂器十分實用。蓓瑞格麗娜・皮耶塔（Pelegrína della Pietà）當初是裹著破布的棄嬰，先練大提琴，再換小提琴，再換雙簧管，同時兼任護士。[22]韋瓦第正是為她譜寫雙簧管的部分，但她六十多歲時牙齒脫落，雙簧管生涯戛然而止，於是換回小提琴，延續表演生涯至七十餘歲。

皮耶塔慈善醫院的女聲樂團樂以琴技多樣為號召。某位法國作家寫道，她們「受過各種音樂風格的訓練，雅俗皆擅」[23]，演出時「展現最五花八門的演唱與演奏」。觀眾通常津津樂道於她們的多樣琴藝，訝然欣賞歌者在串場之際即興獨奏。

女聲樂團練的樂器不只是為演奏，還為教學或實驗：舉凡類似大鍵琴的小豎琴、管風琴、名為海號獨弦琴的巨大弦樂器、形似笛子的覆皮木管短號，還有類似大提琴與吉他但更多條弦的維奧爾琴，堪稱來者不拒。她們不僅琴藝過人，還參與了眾多樂器紛紛發明問世的非凡時代。音樂理論家賓舍利寫道，歸功於她們的多樣琴藝，「韋瓦第能毫不設限的靈活譜曲」[24]。

女聲樂團練的有些樂器名不見經傳，如今已無人知曉。一位名叫波丹贊的年輕女聲樂手顯然歌聲宛轉動人，而且擅長演奏小提琴和「全英大提琴」（violoncello all'inglese），後者連音樂學家都莫衷一是，不確定是什麼樂器，眾女聲樂手就是來者不拒的拿來彈了。

她們助作曲家踏進前所未見的高度，如同橋梁讓巴洛克作曲家邁向古典樂巨匠，像是：巴哈（改編韋瓦第的協奏曲）、海頓（專門替多才多藝的女聲樂手碧切塔譜曲），大概還有莫札特（與父親造訪某間慈善之家時仍是孩子，離開時蛻變為少年音樂家）。由於她們擅長各形各色的樂器，音樂實驗得以自在揮灑，替現代管絃樂奠定基礎。根據音樂理論家丹尼斯．阿諾德（Denis Arnold）的說法，女聲樂團促進的教會音樂現代化無比重要，若非這些威尼斯孤女，莫札特的經典聖曲「也許根本不會問世」[25]。

然而她們的故事幾乎為人遺忘，消失於歷史長河。一七九七年，拿破崙大軍來到威尼斯，從慈善醫院窗口把樂譜紛紛往外丟。[26]兩百年後，美國華盛頓的國家藝廊展出一幅十八世紀名畫，只見一群女聲樂手身穿黑衣站在高高的舞台上，身分卻無人知曉。[27]

也許她們的為人遺忘源自女性身分。在當時，女子豈可在宗教儀式公然演出，這可觸犯了羅馬教皇的權威。或許，也源自她們既無家人，亦無遺物。她們無父無母，沒有姓氏，樂器成為她們的尊姓大名。那個以安娜瑪麗亞．皮耶塔之名迎接世界的孤女，先後以不同名號為人所知，包括小提琴家安娜瑪麗亞、大魯特琴家安娜瑪麗亞、大鍵琴家安娜瑪麗亞、大提琴家安娜瑪麗亞、魯特琴家安娜瑪麗亞、柔音管家安娜瑪麗亞，以及曼陀林家安娜瑪麗亞。[28]

想成為高手，多方探索的抽樣階段不可或缺

想像一下，在現代社會，你點進旅遊網站，網站推薦的娛樂是一個世界知名管弦樂團，由音樂勝地的棄嬰組成。你會聽到不同獨奏，有些樂器耳熟能詳，有些樂器從未聽過，而且樂手會不時更換樂器。別忘了在推特上追蹤「@知名棄嬰樂團」。她們不擔心什麼嫁妝，自有發言人和紀錄片幫襯。

就如老虎伍茲兩歲時在電視上登場，這也會激起家長的一窩蜂跟進，新聞媒體尋找她們

的成功祕訣。十八世紀的家長確實蜂擁跟進，趨之若鶩。如某位史家所說，貴族爭相（花錢）讓女兒有機會跟她們一同演奏，「以期耳濡目染」。[29]

然而她們的音樂練法殊難推廣。這般兼擅各種樂器著實違反當今對練音樂的認知，絕對不符刻意練習的原理，畢竟刻意練習意在專注練習單一技能，多方兼擅不啻浪費時間。

根據現代勵志觀點，音樂訓練就如高爾夫球，重點是集中焦點及早練習。無論是老虎伍茲，還是以虎媽著稱的耶魯法律教授，啟示如出一轍：趁早選定，專注練習，別三心二意。

虎媽的本名是蔡美兒（Amy Chua），二〇一一年出版《虎媽的戰歌》（*Battle Hymn of the Tiger Mother*），自創「虎媽」一詞。一如伍茲，虎媽打進流行文化，蔡美兒向大眾推廣一個祕訣：「中國家長如何養出這種刻板印象裡的成功小孩」。就在第一章，就在第一頁，她列出兩個女兒蘇菲亞和露露絕對不會做的事，包括「不練鋼琴或小提琴以外的樂器」（蘇菲亞練起鋼琴，露露分配到小提琴）。蔡美兒監督她們一天練三、四小時，有時五小時。

家長們在線上論壇不知所措，苦惱於要替孩子選哪種樂器，因為孩子小到沒法自己選，但再不選就會永遠落居人後。一個有兩歲半小孩的家長發文：「我在讓他慢慢知道練音樂有多棒，只是我不知道他練哪種樂器最好。」另一個發文說，如果小孩到七歲還沒開始練，可別選小提琴，否則會落後太多。某間私立音樂學校的主任看到這些擔憂，發文列出選擇建議給還三心二意拿不定主意的孩子。[30]

專業之路當然有很多條。有些傑出演奏家從小小年紀專心致志，大提琴家馬友友就是著名例子。可是很少人知道他最初先練小提琴，再練鋼琴，卻都不太喜歡，最後才改練大提琴。他只是比一般學生走完抽樣階段的時間快上許多。

虎爸虎媽是想完全跳過抽樣階段。我不禁想到先前和英國運動學者伊恩·耶茨（Ian Yates）的談話。耶茨身兼教練，協助多種運動的選手邁向職業體壇，他告訴我愈來愈多家長過來找他說，「希望他們孩子能做奧運選手現在在做的事，不是他們十二、三歲在做的事」，而後者包括培養基礎體能，多方探索興趣與天分，再挑選專精的項目。**對於優秀選手，尋找愛好的抽樣階段不是可有可無，而是不可或缺。**

優異的音樂家平均練三種樂器

約翰·斯洛博達（John Sloboda）無疑是音樂心理學領域最影響深遠的泰斗，他在一九八五年出版的《音樂大腦》（*The Musical Mind*）不僅探討音樂的起源，也闡述樂技的習得，影響音樂心理學研究至今。一九九〇年代，斯洛博達與同仁研究音樂能力的提升，發現練習果然是關鍵，但細究倒不那麼直觀。

一項針對八到十八歲的音樂學生研究指出[32]，大家的音樂程度從初學到精湛不等，結果發現**無論哪一組在展開訓練前的練習時數都沒造成影響，日後最成功的學生是從找到心儀的樂器之後才遠比別人練習得多**，無論這樣選是基於能力或喜好皆然。樂器驅使人去努力，而非相反過來。

另一項研究針對一千二百位學音樂的年輕族群，發現放棄音樂路的人自稱「想要練的樂器不是正在練的樂器」[33]。蔡美兒稱女兒露露為「天生的音樂家」，她的歌手朋友說露露「出類拔萃」，具備「沒人教得來」的天賦。露露的小提琴技確實突飛猛進，但不久後，她對母親鬱鬱地說：「這是妳選的，不是我選的。」露露十三歲起，幾乎不再碰小提琴。蔡美兒最後在書中坦言，她不禁揣想，如果當初讓露露自己選擇想彈的樂器，露露會不會繼續練琴不輟。

斯洛博達與同仁研究英國某間寄宿學校的學生，他們來自全國各地，完全以試奏的表現決定錄取與否。這研究赫然發現，相較於其他學生，**學校評為優異的學生反而來自沒那麼在乎音樂的家庭，並未從很小就練音樂**。小時候家裡往往沒有樂器，在入學前沒上多少音樂課，整體也比較少練音樂——少練得許多。研究人員寫道：「顯而易見，先前的上課或練習時間不太代表會有優異表現。」[34]至於有系統的課程，更沒幫助：但凡早年上很多系統性課程的學生都歸類在「普通」，沒人是歸類在優異。研究人員寫道：「小小年紀上太多課可能並無助益。」

研究人員還寫道：「然而，練不同樂器似乎很重要。被歸類為優異的學生，原來平均練習三種樂器。」後段學生通常把時間花在練第一個選的樂器，彷彿無法放下贏在起跑點的感覺；優異學生的練習之路則更像女聲樂團。研究人員下了結論：「適度練習第三種樂器是很值得的投資，帶來優異的表現。」

這些研究人員指出**各種卓越之道**，**但最常見的當屬抽樣階段**，**常為稍微規畫些課程**，**接觸多種樂器與彈法**，**之後再鎖定目標**，**系統性學習**，**大量投入練習**。聽起來很耳熟？一項二十年後的研究比較出色與普通的年輕音樂學生，幾乎所有出色學生練過至少三種樂器，比例遠比普通學生高，而且超過半數練四或五種樂器。[35]在及早練習的信徒眼中，學彈古典樂還算像高爾夫，心中需有藍圖，犯錯立刻糾正，反覆練習實屬王道，以期練到動作自然而然，毫無一絲差錯。盡早選定樂器不斷精進怎可能不是成功的康莊大道？然而，連練古典樂都不符伍茲的故事。

二〇〇六年，《劍橋專業知識與專家表現手冊》（*The Cambridge Handbook of Expertise and Expert Performance*）問世，如同一萬小時定律的聖經，大眾作家、演說家與研究者的寶典。這是一本評論合輯，各篇由不同學者執筆，涵蓋舞蹈、數學、體育、手術、寫作和西洋棋等領域。音樂部分著重於古典樂的彈奏。這是本厚達九百頁的大部頭書籍，但只一筆帶過非古典樂的高手是如何起步，提到爵士樂、民謠與流行樂的樂手與歌手不同於古典樂演奏家，沒有遵照狹窄的訓練之路，而且「起步得晚很多」。

傳奇樂手都非正規出身

傑克．塞奇尼（Jack Cecchini）得感謝兩場意外，一為隱喻的，一為實際的。若非如此，他大概不會成為兼擅爵士樂與古典樂的鳳毛麟角。

第一次是發生在一九五〇年在芝加哥，塞奇尼十三歲，偶然看到房東沙發上的一把吉他，經過時信手撥了一下琴弦，房東見狀拿起吉他，示範兩個和弦，當場叫塞奇尼跟著彈彈看，但他當然沒轍。塞奇尼笑著回憶說：「他會在我該改變和弦時搖頭，如果我沒改，他就碎碎念。」塞奇尼燃起興趣，開始試著彈廣播電台播的歌。

十六歲，他在芝加哥的夜總會後頭彈爵士樂，那些他照年紀按理不能進去的夜總會。他跟我說：「那邊就像工廠，如果你要上廁所，得找別人接手。不過，每天晚上你都能實驗新花樣。」他只找到免費的單簧管課，就上了，再把課堂所學運用於吉他：「同樣的調子在吉他上有八百萬種彈法。我只是設法解決問題，開始熟悉指法。」不久後，他開始在威尼斯別墅夜總會為歌手法蘭克辛納屈（Frank Sinatra）伴奏，在阿波羅酒吧與非洲媽媽馬卡貝（Miriam Makeba）同台，隨三座葛萊美獎暨終身成就獎得主哈利．貝拉方提（Harry Belafonte）巡演於卡內基音樂廳和棒球場等。第二個意外在此登場。

在塞奇尼二十三歲時，某場演出的舞者一時不慎，踩到吉他與擴音器的連接線，他的吉他聲音變得奇小無比。塞奇尼回憶說：「哈利氣炸了，他說：『換手，你去找把古典吉他！』」找古典吉他不難，但塞奇尼原本有使用彈片，而且還得學新的指法，如何在巡演上現學現賣是難題所在。

然而塞奇尼愛上古典吉他，並彈得很好，三十一歲時獲選跟管弦樂團在芝加哥的格蘭特公園演出，彈韋瓦第的協奏曲。隔天，《芝加哥論壇報》的樂評說，「雖然日益有擁護者不懈提倡古典吉他的復興，可古典吉他極端美妙卻也難練，絕少人具備無上天賦與耐性得以練好」，而塞奇尼「正是那寥寥好手」[36]。

雖然塞奇尼很晚才意外起步，卻成為爵士吉他和古典吉他的名師，學生從別州千里迢迢求教。一九八〇年代早期，晚上他音樂學校外面的樓梯大排長龍。他自己受過的正規訓練，當然只有那些免費的單簧管課。他告訴我：「我會說，我有九八％是靠自學。」他遊走於不同樂器，摸索出音樂之道。這乍聽像是特例，卻非如此，塞奇尼暢談他合作過或欽佩的**傳奇樂手，沒有一人是走老虎伍茲之路**。

美國作曲家艾靈頓公爵（Duke Ellington）是寥寥少數上過正規課程的人，那時他七歲，老師名叫珂琳克絲．蓋絲（Marietta Clinkscales），但他還沒學看譜就已失去興趣，完全放棄音樂，轉投棒球的懷抱。在學校，他喜歡畫畫（後來他又放棄大學的美術獎學金）。艾靈頓十四歲時聽到散拍爵士樂，七年來首次坐在鋼琴前，試著彈出所聽的旋律。他回憶說：「在我自己接觸之前，我跟音樂毫無關連。只要是別人教我，就有太多規則與規矩⋯⋯但我自己坐下來弄弄看，就很美好。」[37]即使日後他成為美國數一數二的作曲家，仍得靠別人把他的手稿謄抄為傳統樂譜。[38]

塞奇尼最喜歡的是強尼．史密斯（Jonny Smith）。史密斯成長於阿拉巴馬州的小屋，鄰居會聚在一起彈音樂，哪把樂器擱在一角，他就拿起來彈上整夜。他哥班恩回憶說：「強尼什麼都彈。」[39]他得以參加當地各種樂器的比賽，獎品是雜貨。某次，他贏得一袋五磅（約二．三公斤）的糖。他沒特別喜歡小提琴，倒願意走八十公里去上吉他課，但沒有這種課，所以他靠自己摸索。

當美國參與二戰，史密斯加入陸軍，想當飛官，卻因左眼問題無法如願以償，被分派到軍樂隊，在隊裡吉他派不上用場。他還不會看譜，但奉命學各種樂器，在人員招募會上演出。由於他懂各種樂器，戰後進國家廣播公司NBC做編曲工作。他學過如何自學摸索，而且兼擅多種樂器與音樂類型，名聲不脛而走。

某週五晚上，史密斯離開公司之際，有人在電梯口攔下他，請他學一段古典吉他，因為原本該上台的樂手無法勝任。那是奧地利作曲家荀白克（Arnold Schoenberg）的七十大壽慶生演奏會，要彈一首荀白克的無調樂曲，睽違二十五年沒演出過的一曲。史密斯剩下四天。他繼續週五晚上的原訂活動，凌晨五點回家，然後七點加入緊急排練會。週三當天，他彈得如此之好，觀眾連聲安可，希望七個樂章統統重彈一遍。一九九八年，史密斯以文化方面的傑出貢獻，跟最早登上聖母峰的紐西蘭登山探險家艾德蒙．希拉里爵士（Edmund Percival Hillary）（由雪巴人諾蓋嚮導），一同獲頒詹姆士史密森兩百年勛章。

美國爵士鋼琴家戴夫．布魯貝克（Dave Brubeck）也贏得這個勛章。他的名曲〈放鬆點〉（*Take Five*）廣受歡迎，獲全國公共廣播電台觀眾選為史上最經典的爵士樂曲。當年，布魯貝克的母親想教他鋼琴，但他不肯乖乖聽話。一個原因是他天生鬥雞眼，看不了譜，所以不想學琴。母親攤手放棄，但她教別人時，他在一旁聽，想跟著彈彈看。後來，他離開太平洋大學的獸醫系，轉到音樂系，但仍不會視譜，幸好偽裝功力一流，一再延後琴課，改練更容易即興演出的樂器。

大四那年，布魯貝克無法再拖，如今他回憶說：「我的鋼琴老師很行，大概不到五分鐘就察覺我不會視譜。」[40]院長說布魯貝克不能畢業，而且是學院之恥。另一位老師了解他的非凡創意，出面緩頰，院長轉為同意讓他畢業，條件是他不能胡亂教琴，害學校蒙羞。二十年後，太平洋大學顯然認為，他不會害學校蒙羞，所以頒發榮譽博士學位給他。

大概是史上最強即興演奏大師的那位仁兄也不會讀——讀書和讀譜都不行。一九一〇年，強哥・萊哈特（Django Reinhardt）生於比利時的一輛吉普賽馬車屋裡。他兒時擅長偷雞和搔鱒——在河裡找到魚後輕搔魚腹，待魚放鬆就扔至岸上。他成長於巴黎市郊，水肥車每晚卸下淤糞的一區。母親內格羅斯忙於用一戰時蒐集的彈殼製作手鐲，掙錢供孩子學音樂。強哥萊哈特想上學就上學，但他多半不想，常跑戲院或打撞球，不然就是為音樂圍繞，吉普賽人聚會的地方總有五弦琴、豎琴、鋼琴，尤其還有小提琴。

小提琴便於攜帶，所以是吉普賽人的經典樂器。萊哈特從小提琴開始練，卻不愛小提琴，倒喜歡配合觀眾即興演出，而大人彈了什麼曲子，他會試著依樣畫葫蘆。他十二歲時，一個友人送他一把結合五弦琴的吉他，他愛不釋手，廢寢忘食，拿各種東西當彈片：湯匙、頂針、硬幣或鯨骨。他與一個名叫拉加德的駝子搭檔，拉加德是五弦琴高手，兩人流連於巴黎的街頭巷尾，即興雙重奏賣藝。

萊哈特十五、六歲左右，某天來到一間手風琴手聚集的巴黎餐廳，上台拿五弦琴吉他為他們伴奏。他彈起一支很難的波卡舞曲，手風琴手用來證明自身實力的困難曲子。當他彈完傳統版，卻沒歇手，反而電光石火的即興演奏起來，把曲調彎來扭去，扭去彎來，彈出現場眾老練樂手聞所未聞的調子，如行話所說是「鋒芒畢露」[41]，把崇高舞曲變得峰迴路轉，想激其他樂手跟他一較高下，但他彈的調子太過出人意表，太過天外飛來，大家甘拜下風。他的一位音樂夥伴說：「我很好奇，他年輕時知不知道有樂譜這回事。」不過，強哥萊哈特沒多久就會需要這種種五花八門的彈奏技巧。

萊哈特十八歲時，馬車屋裡擺的蠟燭不慎點燃他妻子貝拉為葬禮準備的玻璃紙花，馬車屋陷入熊熊大火，萊哈特半個身子著火，臥床養傷一年半，這輩子從此左手小指和無名指蜷曲變形動不了，無法再彈奏。幸好他向來擅長即興演奏，像失去牙齒的蓓瑞格麗娜那般另闢蹊徑，靠剩下的三指彈奏，左手在吉他迅速上下移動，食指與中指如靈蛇款擺竄動。他靠嶄新彈法東山再起，大展奔放創意。[42]

強哥．萊哈特與一位法國小提琴家合作，融合彌塞特舞曲與爵士樂，開創一種打破簡單歸類的新式即興音樂，就稱作「吉普賽爵士」。他的一部分即興作品成為「標準」，成為正統，成為吉他樂手即興演奏的基礎。他開創今日為人熟悉的吉他獨奏法，風靡下一世代的樂壇。美國知名吉他手吉米．罕醉克斯（Jimi Hendrix）收藏他的專輯，把一支旗下樂團取名為吉普賽樂團[43]；無師自通的美國音樂家王子（Prince Rogers Nelson）也很迷他，在初試啼音的首張專輯嘗試六種以上的樂器與音樂類型。在吉米．罕醉克斯把美國國歌《星條旗之歌》融入美妙作品之前，萊哈特老早就把法國國歌《馬賽進行曲》融入作品中。

雖然強哥萊哈特始終不會看譜（也不識字，還靠其他樂手教他怎麼替粉絲簽名），但他編了交響樂，以吉他彈出各種樂器的曲調，由另一位樂手費勁寫成樂譜。

強哥．萊哈特四十三歲死於腦溢血。但時至今日，他在接近一世紀之前寫的曲子仍見諸流行文化，像是《駭客任務》（*The Matrix*）和《神鬼玩家》（*The Aviator*）等好萊塢鉅片，還有熱門電玩《生化奇兵》（*Bio Shock*）。雖然他不會看譜且手指殘疾，卻獲《爵士的要點》（*The Making of Jazz*）作者譽為「無疑是爵士樂史上絕無僅有最重要的吉他手」。

刻意練習的重點在修正錯誤

塞奇尼一雙眉毛粗濃，講話激動時眉飛色舞，鬍子如灌木叢般舞動，現在就是如此：他講到強哥．萊哈特，盡現粉絲之情。他以前養的一隻黑色貴賓狗就取名為強哥。當著我的面，他點開一個黑漆漆的 YouTube 影片，壓低聲音興奮的說：「你看。」[44]

畫面上是強哥．萊哈特，打著領帶，細細小鬍子，往後梳的頭髮，左手的兩根廢指彎若爪子，突然間那隻手在吉他猛往上滑，復一路往下溜，飛快彈出曲調。塞奇尼說：「太強了！左手和右手如此協調一致，簡直神乎其技。」

刻意練習所認為的有效訓練，重點是修正錯誤。然而，根據目前針對即興演出最廣泛全面的一項研究，訓練的重點不見得在此。這項研究出自杜克大學教授保羅．貝林納（Paul Berliner），他發現**高手的童年學習偏向「潛移默化」，而非正式指導**。[45]他寫道：「大多是先探索各種樂器，再選一樣樂器專精。兼練多種樂器的年輕樂手也所在多有。」貝林納還提到，滿懷抱負的年輕即興演奏樂手「倘若因教育背景而對正規老師養成依賴，勢必得找出新的學習方式」。許多樂手向貝林納提到類似布魯貝克的經歷，被老師逮到不會看譜，卻有能耐即興模仿，「裝作在照譜彈奏」。貝林納引述某位職業樂手給年輕即興樂手的建議，「別去想要怎麼彈，彈就對了」。

塞奇尼接受訪談時，在我面前行雲流水的即興演奏了一段，我聽完請他再彈一次讓我錄音，但他說：「就算你拿槍指著我，我也重彈不出來。」加州大學舊金山分校耳科學者查理斯．理姆（Charles Limb）身兼外科醫師和樂手等身分，設計出一款不含鐵的琴鍵，供爵士樂手在核磁共振成像儀裡即興演奏，結果發現，在樂手即興演奏之際，與專注、抑制和自我審查有關的腦區形同關閉。他告訴《國家地理雜誌》（*National Geographic Magazine*）：「大腦彷彿關掉自我批評的能力。」[46]樂手即興演奏之際，多半不是在找出錯誤並修正，完全相反。

強哥．萊哈特曾跟實心電吉他的發明人保羅（Les Paul）同搭一輛計程車。保羅是無師自通的樂手，也是唯一同時入選搖滾名人堂和發明家名人堂的高手。保羅回憶道，強哥．萊哈特輕拍他的肩膀，問他會不會看譜，他答說：「我不會。」萊哈特聞言，笑到眼角泛淚，嚷著：「哈，我也不會。我連什麼是C都不知道，反正彈就對了。」[47]

塞奇尼告訴我，他屢次請出色的爵士樂手彈某個音，卻赫然發現對方不懂他的意思。他說：「爵士樂手之間有個老笑話。你問：『你會看譜嗎？』對方說：『不會，所以才彈得好。』」這笑話有幾分真實。芝加哥交響樂團在二〇一五年獲選全美最佳交響樂團，和全球第五名的交響樂團，而塞奇尼是部分團員的老師，依這經驗說明：「爵士樂手學彈古典樂比較簡單，古典樂手學彈爵士樂比較難。爵士樂手是在創作，古典樂手是在再現。」

在強哥萊哈特使夜總會音樂炙手可熱之後，有些受古典樂訓練的樂手紛紛設法換練爵士樂，但據以多本書談那時代的德雷尼所言，即興演奏「這概念違背學院派的訓練……有些長年受學院派嚴格訓練的樂手就是無法轉換到爵士樂」。[48] 獲譽為二十世紀最佳古典鋼琴家之一的佛萊雪即屬例子，他在二〇一〇年出版回憶錄，撰寫期間對共同執筆的作家說，他「最大的願望」是能即興演奏，但儘管他畢生善於把樂譜上的曲子詮釋得出神入化，卻「完全無法即興演出」。[49]

規範太多讓不易培養的創意被扼殺

並非只有塞奇尼拿語言類比音樂的學習。鈴木音樂教學法在大眾眼中是及早訓練的代名詞，而設計者鈴木鎮一（Shinichi Suzuki）正是意在模仿自然語言的習得。鈴木在父親的小提琴工廠周圍長大，但只把小提琴當成玩具，跟手足打架時拿來互毆。直到鈴木十七歲受

《聖母頌》（*Ave Maria*）的唱片感動，才動了練琴的念頭，從工廠拿一把琴回家，試著彈出所聽的旋律。日後他談及這最初的嘗試：「我完全靠自己練，沒比亂彈好到哪去，但最後終於彈出那旋律。」[50] 後來他才上音樂課，成為演奏家，再跨足音樂教學。根據美國鈴木協會的說法，「孩童不是靠對話練習來學講話……而且是在講話能力妥善發展後才學識字」。

整體來說，這跟一項不僅限於音樂的經典研究不謀而合：訓練的廣度，帶來轉換的廣度。換言之，**學習時愈多元，則愈有辦法創造抽象模式，無須依賴特定範例**。這使人能把知識另作他用，見招拆招——此即創造的本質。

相較於虎媽的長篇規定，培育創意無須太多規範。談到育兒建議，心理學家亞當・格蘭特（Adam Grant）指出，**創意也許難以培養，卻易遭扼殺**。根據他所列舉的研究，**普通兒童的家裡平均有六條規定，高度創意兒童的家裡平均僅一條規定**。[51] 在這些孩子很有創意的家庭裡，家長是在孩子做錯事才說出意見，而非事先規定東、規定西。家裡不會先以規定綁得死死的。

塞奇尼和我做過多次數小時的討論，某次的最後他告訴我：「奇怪的是，有些最棒的樂手是無師自通，不然就是從沒真正學過看譜。我不是在說哪個方法最好，但現在我有一堆學校在教爵士的學生，他們的演奏千篇一律，沒找到自己的聲音。我想**無師自通的人會做很多**

嘗試，設法抽絲剝繭，學著解決問題。」

塞奇尼暫停片刻，挪動身子，盯著天花板。一陣子過去，終於他說：「當年，我花好幾年才摸索出來的彈法，現在我可以用兩分鐘讓別人學會。你不知道怎樣做是對，怎樣做是錯，腦中沒概念，只能憑自己找出解決之道，試了五百萬次，才依稀有點眉目。這樣很慢，卻能學到某些東西。」

第4章

立竿見影的學習，反而欲速則不達

「好，大家正準備去看費城老鷹隊的比賽。」[1]神采飛揚的數學老師向八年級學生說。她善用學生感興趣的方式，輕鬆呈現數學題目。「那邊有在賣熱狗。」她說。「話說，費城的熱狗真好吃啊。」學生聞言笑了。有個學生脫口而出：「起司牛肉三明治也很讚。」

接著，這位老師把大家拉回課程主題，即簡單的代數表達：「在費城老鷹隊的球場，一根熱狗賣三美元。[2]大家告訴我，要怎麼用變數表達N根熱狗的價錢。」學生需要學一個字母代表未定的數值。這是必學的抽象數學概念，是後續學習的基礎，但不太容易理解。

馬可斯自告奮勇：「N除以三美元。」

「不是除，那會變除法。」老師提出正確用法：「3N。3N表示無論我買多少，每個要付三美元，沒錯吧？」另一個同學聽了，疑惑的問：「N從哪裡來？」

「來自有N根熱狗，那是我用的變數。」老師解釋。一位叫卓恩的學生問，是不是該用乘法。「沒錯。所以如果我買兩根熱狗，要付多少錢呢？」

六美元，卓恩正確回答。

「3乘以2。很好，卓恩。」這時另一隻手舉起。「請說？」

「任何字母都行嗎？」蜜雪兒想知道。嗯，都行。

「不會搞混嗎？」布蘭登問。

任何字母都行，老師解釋道。接著，她進入今日課程的第二部分：代入。「我們剛才算三根熱狗的錢是用『代入』。」老師指著黑板上的「7H」字樣問，如果你一小時賺七美元，這週工作兩小時，你會賺多少錢？十四美元，萊恩說出正解。如果工作十小時呢？七十，喬許說。老師知道大家開始懂了。沒多久，大家卻露出馬腳，顯然沒有真懂，只是把老師給的兩個數字一股腦相乘而已。

「我們是在看有幾個小時，然後怎麼做？蜜雪兒回答。」乘以七，蜜雪兒說。沒錯，老師說，不過我們真正在做的是把數字放進H的地方：「這就是代入的意思，用一個數字取代變數。」

這時另一個女生不懂了，她問：「所以剛才熱狗那題，N可以是2嗎？」「可以，我們可以用2代替N。那就是代入。」老師答。「為什麼不把2直接寫上去，就能算熱狗要多少錢了呢？既然N是2，為什麼要寫『N』不寫『2』呢？」那女生想知道。

大家紛紛發問，顯然並未理解以變數視情況代表不同數字的抽象概念。之後，老師試著回到實例：「社會研究課比數學課長三倍。」他們卻鴨子聽雷。「我以為第五堂最久？」一個學生說。當老師叫同學把文字敘述化為變數算式，大家只能亂猜。

「蜜雪兒，如果我說『比某個數字少六』呢？」老師問。

「6減N。」蜜雪兒答。錯了。

安柏瑞說出剩下唯一可能的答案：「N減6。」很好。

大家繼續像在選擇題裡亂猜，乍看了解實則難說。

「如果是15減B呢？」老師問，希望大家把算式變回文字敘述。又是選擇題時間。「比B少15？」派崔克說。老師沒有馬上應聲，所以他重猜：「以15少B。」這一回老師立刻說他答對了。這類一來一往繼續。「金姆比媽媽矮6公分。」「N減負6。」史蒂夫答。不對。「N減6。」很好。「麥克比吉兒大三歲。萊恩回答。」「3X。」他說。不對，這樣變成乘法了吧？「3加X。」對了。

馬可斯現在知道萬無一失的答法了，在下一個問題立刻舉手。「W除以3。馬可斯要答？」「三分之W，或者W分之三。」他一次講出兩個答案。對，三分之W。

雖然老師清楚說明，學生卻似乎不知道這些數字和字母在學校習題簿以外能怎麼應用。老師問大家，變數代入能用在哪裡，派崔克答：「用來解數學題目。」真是不幸中的萬幸，大家至少想到如何填答習題簿：從老師口中套出正解。

老師誤把他們的亂猜當成在進步。有時學生還會聯手並進，一個猜「8除以K」，一個猜「8乘以K」，一個猜「8加K」。即使學生沒有直接答對，老師仍循循善誘，語帶鼓勵：「沒關係，大家再想一想。」問題在於，他們沒有在想。

各國教學的通病

前述只是一個美國課堂的例子，另有美國、亞洲和歐洲共計數百堂課的錄影，用來分析數學教學的成效。不必說，各個課堂天差地別。在荷蘭，學生多半姍姍來遲，多數時間自學。在香港，課堂跟美國相差不多：多數時候是老師授課而非學生自學。有些國家用很多生活實例，有些學校仰賴符號教學。有些課堂的學生乖乖坐在位子上，有些課堂的學生常需上黑板答題。有些老師精力充沛，有些老師平穩莊重。各種差異不勝枚舉，但跟學習成效不甚相關。不過各課堂也有相同之處，比如全球各地的老師主要是靠兩種問題來教學。

比較常見的是「依照規則」式問題[3]：基本上就是拿剛學過的東西為例。比方說，剛學到多邊形的內角和公式（180×（邊數-2）），拿來算習題裡各個多邊形的內角和。另一個滿常見的是「建立連結」式問題，從基本概念連結到更多概念，比如老師問學生為什麼這公式成立，請學生實際用三角形到八角形來檢驗公式的正確與否。這兩種問題都很實用，隨處可見，出現在全球各地每間教室。然而，老師在問出建立連結式問題之後的做法會造成重大差異。

老師問完之後，時常不是任憑學生一籌莫展，而是給出提示，於是建立連結式問題變成依照規則式問題。此即那位神采飛揚的老師之舉。美國芝加哥大學教授琳西．里奇蘭（Lindsey Richland）是研究學習的專家，跟我一起觀看前述那支影片，指出學生這種做選擇題的方式「其實是在尋找規則」，把不懂的概念問題變得有規則可循，「我們人類很擅長想方設法以最少的努力把事情做好」。這般偷吃步既聰明，也聰明反被聰明誤，當需要把概念舉一反三就自食苦果。

在美國的學校裡，大約五分之一的問題原先是建立連結式問題，但學生會尋求老師的提示，結果幾乎所有問題無一倖免，全變成依照規則式問題。當師生你呼我應，建立連結式問題蕩然無存。

所有國家的老師都時而落入陷阱同病相憐，但在表現較佳的國家裡，不少建立連結式問題仍倖免於難。在日本，略為超過半數是建立連結式問題，而在學生掙扎苦思之後，仍有半數維持為建立連結式問題，老師沒有妥協讓步，改為依照規則式問題。一整堂課可以只處理一道問題，分成數個子題個別探討。當學生提出解題的想法，老師不是化為選擇題，而是請學生上台，在黑板上自己的點子旁標註名字，等到課堂末尾，整堂只處理一個問題，滿黑板的點子各式各樣，展現全班的集思廣益，好主意與餿主意無所不包。

里奇蘭原本想以一個主題涵蓋整堂課，卻說：「日本的課堂無法這樣概括，因為有太多脈絡和點子。」（日文有一個詞專門形容連結概念集思廣益的解題過程：森羅*。）[4]

如同高爾夫球，解題規則的練習在數學上很重要。然而，如果整個數學訓練圍繞著解題打轉，可就不妙。里奇蘭和同仁寫道：「學生沒把數學看成一套系統」[5]，只當作一堆規則。就像老師問全班，變數代入能用在哪裡，派崔克竟然回答：用來解數學題目。

在美國的大學生人數裡，社區大學占四一%，而根據里奇蘭和同仁的研究，社區大學學生高度依賴算式的記誦。題目問 a/5 和 a/8 何者較大，僅五三%的學生給出正確答案，跟蒙眼亂猜差不多。研究人員請學生解釋答案，學生會提及除法算式，記得重點在分母，但很多學生以為，由於 a/8 的分母較大，代表 a/8 大於 a/5。有些學生記得要通分，但不確定所以然。有些學生交叉相乘，因為知道這是分數的算法，但其實這問題不是用交叉相乘來解。僅一五%的學生頭頭是道的說，如果你把一個東西分成五份，各份會比分成八份來得大。最後

* 森羅，日文音 bansho，通常與萬象一詞一起出現。森羅萬象意為宇宙間的各種現象繁多而整齊的排列在眼前。

這些學生統統給出正解。

有些學生對數學的理解，似乎沒比孩童好到哪裡去，例如光只知道兩個數字相加會得到兩者的和，知其然不知其所以然。研究人員請一個學生驗證 462+253=715，他於是用 715 減 253 得到 462，但當研究人員請他換個方法，他就愣在當場，想不到用 715 減 462 得到 253，原因出在他學的規則是拿加號右邊的數字來減，不懂得變通。

里奇蘭告訴我，當孩童帶建立連結式問題回家，「家長會說：『我教你一個又快又好的解法。』」如果老師沒轉為依照規則式問題，有些家長樂於代勞，不想眼看孩子一頭霧水，只盼他們盡快學好。**但如果學習要長久扎根，要舉一反三，又快又好就成了問題。**

「有益的考驗」無法立竿見影，卻能促進學習

「有些人會說，美國中學生之所以在國際上的知識評比表現不佳，原因是他們在課堂裡表現得太好了。」威廉斯大學認知心理學家奈特．康奈爾（Nate Kornell）告訴我，「你該讓學習變得困難才行。」

康奈爾是在解釋一個概念：「有益的考驗」（desirable difficulties）。這種難題一時之間使學習變得困難，變得挫折，效率不彰，但長遠來看，學習效果卻好。至於老師給太多提示，像是這堂八年級的數學課，則適得其反，學生當場能答出來，長期學習效果卻不佳。經研究充分證實，許多有益的考驗能促進學習，這個八年級數學課的老師卻無意間反其道而行，為求立竿見影的學習進展，反而讓學生無法妥善學好。

「給出效應」是個例子。你努力靠自己給出一個答案，即使是錯的答案也好，對學習甚有助益。蘇格拉底顯然深諳其妙，不是給學生答案，而是逼學生想答案。學生不得不犧牲當下午看的表現，卻換得未來的進步。

康奈爾和心理學家珍妮特・梅特卡夫（Janet Metcalfe）聯手合作，衡量美國紐約南布朗克斯區（South Bronx）六年級學生的單字學習情況，依學習方式探討「給出效應」[6]。他們給學生看一些單字和字義，例如「透過討論使意見一致：協調」，還有些單字並未明白寫出來，只寫出字義，要學生限時給出一個答案。之後研究人員測驗學生的學習情況，結果學生比較記得只先寫出字義的單字，學習成效好上許多。

研究人員也找哥倫比亞大學的學生受測，以較進階的單字為題（例如「以高傲態度瞧不起：輕蔑」），測驗結果如出一轍，如果學生必須給出答案，更能記住單字，即使給錯答案亦然。答案錯得離譜甚至更好。梅特卡夫和同仁一再發現「高度修正效應」[7]，受試者對自己的錯誤答案愈有自信，在得知正確答案之後，也就記得愈牢。原本大錯特錯，反而學得最好。*

康奈爾還憑實驗發現，這不僅適用於哥倫比亞大學學生，也適用於智商僅略遜一籌的其他靈長類。歐布蘭和馬可度是經過訓練的兩隻恆河猴，要靠試錯來記住順序。在實驗中，康奈爾透過動物認知專家的協助，給歐布蘭和馬可度一連串按固定順序排列的隨機圖片來記（例如：鬱金香、魚群、紅衣主教、影星荷莉貝瑞，以及渡鴉）[8]。每個圖片同時呈現在螢幕上，兩隻恆河猴得靠觸控來試錯，弄清正確順序，反覆練習排對，只是每回的提示方式不盡相同。

在有些回，歐布蘭（大致較聰明）和馬可度每次嘗試都自動得到提示，可以看到下一張圖片；在有些回合，牠們可以在卡住時碰觸螢幕上的提示鈕，要求給予提示；在有些回合，牠們半數時候能得到提示；有時，半個提示也沒有。

在兩隻猴子能要求提示的那些回合，牠們的行為跟人類相差無幾，幾乎都會要求提示，所以大多能選對圖片。總的來說，牠們約莫能試二百五十次來記住各題的順序。

經過三日練習，研究人員進入驗收階段。從第四天起，兩隻猴子必須依序排出各個訓練方式下的圖片，一點提示也沒有，結果表現慘不忍睹，歐布蘭大概每三題排對一題，馬可度每五題只排對不到一題，但有一種題目例外：始終沒提示的題目。

對於這類題目，第一天猴子倆表現得奇慘無比，就只是亂拍按鈕的一般猴子罷了。然而牠們每天穩穩進步。在測驗那天，歐布蘭幾乎答對四分之三的這種題目，馬可度則大概答對半數。

總的來說，實驗結果如下：訓練期間有愈多提示，猴子練習時表現愈出色，但測驗時表現愈糟糕。對於自動提供提示的題目，馬可度雖然練了三天，測驗那天卻答對零題。牠們彷彿把這類題目忘得一乾二淨，船過水無痕。研究結論很簡單：「**有提示的訓練並未留下學習成果。**」

沒有提示的訓練則又緩又慢，跌跌撞撞。基本上，這種訓練就像測驗，只是目的在於學習而非評量——簡直令人聞風喪膽。那個八年級數學老師其實是在考學生，卻偏偏很快給了答案。

* 這是另一個無法從體育類推到其他領域的例子。談到運動技能的學習，有些壞習慣一旦養成，日後得費一番功夫方能擺脫。頂尖教練常得花九牛二虎之力，協助運動員革除兒時養成的不良動作。但在其他領域，反覆出現的錯誤答案能促進學習，只要最後得知正確答案就好。

談到學習，測驗是很有益的考驗，連自我測驗都有異曲同工之妙。即使在學習前測驗也有效，答案錯誤亦有益。在康奈爾的一項實驗中，受試者需要記住單字和字義，之後接受測驗。結果發現，如果他們先經過小考，能把單字記得最牢，即使小考答錯亦然。當頭腦努力回想所記的東西，即便沒成功想起，仍對學習有益。這種努力貨真價實，實在管用。康奈爾與研究團隊寫道：「學習就如人生，過程最為重要。」9

在刻意練習間，刻意不練習

如果那個八年級班級是照典型的學年課程規畫，正好跟研究所示的學習良方背道而馳：一個主題大概只上一週，然後換下一個主題上一週。如同許多職業訓練，每個概念或技能只集中火力短暫學習，然後換學下一個東西，永不回頭。這種學習架構合乎直覺，乍想合理，卻缺乏另一種重要的有益考驗：「間隔」，或曰分散練習。

這正如字面意思，是指在各次練習之間空些時間，**可謂在刻意練習之間刻意不練習**。科奈爾告訴我：「該等多久有個上限，但比一般人認為的久。學什麼都適用，學外語的單字也行，學開飛機也行，愈難就愈管用。」在各次練習之間留出間隔，難度變高，於是促進學習。一項研究找受試者學西班牙文單字[10]，分成兩組，第一組在學單字的當天就考試，第二組在學單字的一個月後才考，之後受試者都沒再學西班牙文，八年後回來受測，第二組還記得的單字數多出二五〇%。談到學西班牙文，間隔使學習變得困難，也就饒有成效。

不過，間隔的功效不必隔那麼久。愛荷華大學的研究人員念幾串單字給受試者聽[11]，然後請他們複誦，但有些人是立刻複誦，有些人隔十五秒再複誦，有些人則必須先解簡單的數學問題，十五秒後再複誦，結果立刻複誦的人表現最好，隔十五秒再複誦的人次佳，被數學問題干擾的人表現最差。再來，當受試者以為測驗大功告成，研究人員忽然說要臨時測驗：請寫下所有記得的單字。結果原本表現最差的受試者搖身一變，躍居最佳，原先遭數學問題分心，得吃力回想單字，但短期記憶得以成為長期記憶。相較之下，立刻複誦輕鬆容易，學習效果卻敬陪末座，這組受試者在臨時測驗時幾乎沒想起半個單字。實驗顯示，記誦不如吃力重要。

學習時得到正確答案並非壞事，只是欲速則不達，別一步登天，否則學習效果會像歐布蘭，甚至馬可度，乍看進步神速，真要上場時就破功了。如同一群心理學家所說，過度提示「看似帶來突飛猛進，實為誤導，經不起時間的考驗」[12]。**有些學習方式短期來看沒效率，**

長遠來看最見有效。如果你考自己時表現太好，解決之道是等久一點再練習，測驗起來會更困難。學習是挫折連連，而非輕鬆寫意。

舉凡 Medium 和 LinkedIn 等網路平台充斥各種新奇耀眼的學習偏方，宣稱能讓人突飛猛進，例如特殊的補腦食品、「練腦」應用程式，以及據說可影響腦波的音樂。二〇〇七年，美國教育部發表一篇報告，由六位學者與一位出色教師執筆，提出經科學實證的學習策略，整份名單很短，包括間隔、測驗和建立連結等，這三種策略都不利短期表現。[13]

說到芝加哥大學教授里奇蘭所研究的建立連結式問題，一般人很難接受安步當車才是最好的學習之法，**現在表現不佳反而能在日後開花結果**。這深深違反直覺，所以學生自己會懷疑沒有進步，也質疑老師教得不好。這方法的證明，有賴於一個極其特殊的研究，一個唯有美國空軍學院這種環境裡能做的研究。[14]

考出高分不等於進步

在美國空軍學院領全額獎學金的學生，畢業後至少需擔任八年軍官職*。他們的課程經過縝密規畫，要求嚴格，相當著重理工，每個學生至少得修三門數學課。

每年學生由電腦隨機分配進微積分一的班級，每班約莫二十個學生。為了探究教授的影響，兩名經濟學者蒐集十年間修習此課的學生資料，學生總人數超過一萬名，教授將近一百位。每班的課程大綱一樣，考試一樣，期末由學生填寫的教學評量表也一樣。

在修完微積分一之後，學生再次由電腦隨機分配進微積分二的班級，各班的課程大綱與考試依然一樣。再來，學生又隨機分配到進階數學、科學與工程的班級。兩名經濟學者確保各班的入學分數和高中成績為平均分布，所以各教授面對的學生程度大同小異。連閱卷方式都經過統一，確保評分標準一致。兩名經濟學者寫道：「『大好人』型教授無法把分數打高。」這很重要，因為他們想了解個別教授的差異。

不出所料，有一群教授最能教出高分的學生，教學評量分數亦高；另一群教授屢次教出表現黯淡的學生，教學評量分數老是糟糕。然而，當兩名經濟學者檢視學生在以微積分一為基礎的數理進階課程表現如何，結果出人意料。第一群教授雖然最能讓學生在微積分考試考出高分，學生日後的表現卻不盡理想。兩位經濟學者寫道：「平均而言，有些教授擅長讓學

---

* 其中五年需下部隊服兵役。

生馬上考出高分，卻損及學生在進階課程的表現高低。」乍看贏在起跑點，實則不然。

兩位經濟學者認為，有些教授讓學生當下受考驗，卻建立連結，促進長遠的「深度學習」。他們「拓展課程的廣度，使學生深入了解課程內容」。這些課堂格外困難，帶來挫折，從學生的考試低分與負面評語都可見一斑。反之亦然，某位教授的學生日後表現最差，但他的教學評量分數是第六高，學生的微積分考試分數是第七高。學生是依當下的考試分數優劣來替教授評分，但這評分方法不甚理想，他們評價最高的教授反而不好，反而是有損長遠表現的教授。

兩位經濟學者的結論指出，學生其實在懲罰那些最能促長遠進步的教授。顯而易見的，有些教授能力與經驗較差，但學生當下的考試成績亮眼；有些教授能力與經驗較佳，但學生的微積分一考試分數黯淡，日後才在進階課程發光發熱。

義大利博科尼大學的研究人員做過類似研究，[15] 追蹤了一千兩百位學生，他們大一時隨機分配進管理、經濟或法律的概論課程，之後繼續展開學習之路。研究結果如出一轍，有些教授讓學生在當下的課堂表現特佳，在教學評量裡頗獲好評，但學生的長遠表現並不好。

一九九四年，美國心理學家羅伯特．布約克（Robert Bjork）率先使用「有益的考驗」一詞。[16] 二十年後，他在與人合著的書裡這樣談學習的學理，替該章節作結：「最基本的是，**師生絕對要設法避免把當前的表現解讀為學習。在學習期間考出高分可以表示學得很好，但師生須得明白，這種好表現時常只是曇花一現，而非確實進步。**」[17]

交叉練習，更能融會貫通

好消息是，根據全國性調查，這四十來年，美國民眾愈趨認為現在學生受的教育不如當年，但跟他們想的完全相反。[18] 全國教育進步測驗如同美國這國家的「成績單」，而測驗分數從一九七〇年代穩穩上升至今。現在學生的基本能力勝過以前學生，此乃無庸置疑。學校並未變差，教育的目標反而是提高了。[19]

教育經濟學家格雷格．鄧肯（Greg Duncan）是全球舉足輕重的教育權威，他記錄了這個趨勢。四十年前，著重「依照規則式問題」很管用，畢竟當年的中產階級工作，大多屬於照著規則走的類型，例如打字員、歸檔員和生產線工人。鄧肯說：「高薪工作愈趨需要解決意料之外的問題，常屬團隊合作……由於這種人才需求的改變，學校教育也在轉變，要求日趨嚴格。」

以下這個六年級的數學問題出自一九八〇年代早期，麻州所有公立學校適用的基本能力測驗：

卡蘿騎單車，每小時能騎十六公里。如果她騎車去商店，要花多少時間？

為了回答問題，你需要知道：

1. 商店的距離。
2. 卡蘿的車款。
3. 卡蘿離開的時間。
4. 卡蘿得花的時間。

以下這個則是二〇一一年麻州六年級學生要答的題目：

佩姬、蘿西和雪柔各花九美元點餐。

- 佩姬買了三包花生。

- 蘿西買了兩包花生和兩個蝴蝶餅麵包。
- 雪柔買了一包花生、一個蝴蝶餅麵包、一杯奶昔。

1. 一包花生賣幾美元？寫下算式或解釋之。
2. 一個蝴蝶餅麵包賣幾美元？寫下算式或解釋之。
3. 一杯奶昔的錢總共能買幾個蝴蝶餅麵包？寫下算式或解釋之。

第一種問題能用「距離＝速率 × 時間」這個簡單公式來解，一招打天下，記住公式就行。第二種問題需要連結多個概念，用來解決新問題，老師若想挪用自己學生時代的教法，可就捉襟見肘。知識愈來愈不只要扎根，還得靈活，能拿來廣泛應用。

在我和里奇蘭看的那支八年級數學課堂影片末尾，學生們是進行心理學界所稱的「封閉」練習，亦即重複演練相同的解題步驟，一模一樣，一成不變。這樣很快就能有出色表現，但如果知識要靈活，就得依不同情境練習，稱作變化練習或綜合練習，學者則用「交叉」練習一詞。

經證實，**交叉練習有助歸納推理。當不同例子混合並陳，學生能學到抽象概括，融會貫

通，應用到其他地方。比方說，你打算去美術館，希望能懂得辨別塞尚、畢卡索或雷諾瓦等畫家的作品，在出發之前不會是先看塞尚的圖卡，再看畢卡索的圖卡，再看雷諾瓦的圖卡，而是把所有圖卡混在一起，洗一洗牌，讓各卡片交叉交錯，這樣一來辨別圖卡時更吃力，大概沒多少自信，但實際去美術館那天會更能分辨各自的風格，連圖卡裡沒有的畫作或許也難不倒你。

一項研究以大學數學為題[20]，受試學生分成兩組，一組學生採封閉練習，一次都練特定類型的題目，另一組學生採綜合練習，把各式各樣問題混在一起，結果採綜合練習的學生在考試時表現出色許多。封閉練習的學生靠重複練習熟悉各類問題，綜合練習的學生則學到如何分辨各類問題。

這種效應見諸各種學習，無論是辨識蝴蝶種類，還是心理疾患診斷，統統適用。[21]根據一項海空防衛模擬的實驗[22]，高度綜合練習的受試者在訓練期間進步緩慢，需逐步熟悉各類潛在威脅的情境，表現不如封閉練習的受試者，但在正式測驗時，每位受試者面對全新情境，綜合練習的受試者把封閉練習的受試者打得落花流水。

不過交叉練習，往往使人看不清自己的進步。根據康奈爾和布約克的一項交叉練習研究，八〇％的受試學生自認靠封閉練習學得比較好，勝過綜合練習，但實際測驗結果恰好相反，八〇%的受試學生憑綜合練習獲得較佳表現。[23]依研究結果，對自身學習成效的評估，是來自眼前可見的進步，但深度學習不是這回事。康奈爾對我說：「直覺叫你封閉，但你大概該選交叉。」

交叉練習是一種有益的考驗，對身心技能皆然。在此舉一個簡單的動作技巧例子。某項實驗的研究人員找來練鋼琴的學生，請他們練習在五分之一秒內以左手跳彈隔十五個鍵的音，總共能練一百九十次，[24]有些學生從頭到尾都在練十五個鍵的跳彈，有些學生則交錯著練八個、十二個、十五個和二十二個鍵的跳彈。後來測驗時，綜合練習的學生跳彈得既快又準，勝過只練十五鍵跳彈的學生。

布約克曾談到NBA球星俠克歐尼爾（Shaquille O'Neal）老是慘不忍睹的罰球命中率，[25]認為歐尼爾需運用「有益的考驗」，不該練習從罰球線投籃，而是練習從罰球線前面三十公分處投籃，也練從罰球線後面三十公分處投籃，藉此調整投籃動作。

無論是動腦或體育的活動，交叉練習都讓人更能對症下藥，針對不同問題採取合適的應對策略，成為解決問題的好手。[26]無論在化學、醫學或政治學家，最能解決問題的好手，會把精力花在分辨問題的種類，再採取相應策略，而不是直接套用記憶中的解決步驟。這樣一來，他們將不同於從和善學習環境裡出來的人，不像西洋棋大師無比仰賴直覺。從和善學習環境裡出來的好手先選擇策略，再衡量評估；較少反覆練習的好手則先衡量評估，再選擇策略。

慢慢學，最能建立複雜技能

諸如測驗與間隔等有益的考驗使印象扎根。諸如建立連結和交叉練習等有益的考驗使頭腦靈活，足以因應未曾見過的問題。短期來看，這些都拖慢學習，阻礙表現。這可能成為問題，畢竟就如空軍學院的學生那樣，我們是以當下表現衡量進步幅度，而這樣衡量常是錯誤的。

二〇一七年，教育經濟學家鄧肯和心理學家貝里（Drew Bailey）合作，率研究同仁檢視六十七個意在提升學業表現的幼兒課程。[27]「贏在起跑點課程」確實使幼兒贏在起跑點，但說到日後的學業表現則不然。他們普遍發現一種「消退」效應，一時的學業優勢轉眼無所依憑，甚至徹底煙消雲散。在他們的圖表上，這類似刻意練習的早慧選手漸居下風，遭日趨出色的頂尖運動員迎頭趕上。[28]

研究人員指出，一個原因是在於幼兒課程是教「閉鎖型」技能，可由反覆練習迅速習得，但別人遲早也會跟上。**消退效應與其說是自己退步，不如說是別人進步**。舉肢體技能為例，這就像早點教幼兒走路，也許一時看起來很厲害，但其他小孩之後也會學走路，並無證據顯示早學走路有何重要。

研究人員建議，如果課程想長遠增進學業表現，重點該放在「開放型」技能，以利日後的學習。稍微提早教孩子閱讀不具長遠效益，但教孩子從上下文找出關連可能有益。不過一如所有有益的考驗，箇中缺點在於，贏在起跑點很立竿見影，深度學習則否。研究人員寫道：「成長得最慢，最能建立複雜技能。」

鄧肯在《今日秀》暢談研究團隊的發現。家長和幼教老師提出反對意見，自認能看見孩子的進步。這一點殆無疑義，但問題是他們能否判斷對日後學習的影響，而根據美國空軍學院的那項研究，答案並不樂觀。*

由於進步近在眼前，我們更加照直覺走，重複練習再三，但就如傷寒醫師的例子，當局

---

* 兩個最以密集訓練著稱的幼兒課程明明想讓學生進步，卻在許多認知層面面臨消退效應，然而也有一些長遠重要的社交益處，例如減少自我封閉的比例。即使對學業的幫助消退無蹤，至少孩子與成人的正向互動會留下深遠影響。在我看來，孩童體育課程該注意這一點：相較於及早培養閉鎖型技能，教練與學生的互動更能帶來長遠影響。

者迷，經驗反被經驗誤。相較之下，深度學習意謂著慢慢學習。**想贏在起跑點，反而欲速則不達。**

知識要長期有用，必然很靈活，能用來因應新問題。無論是海空防衛模擬，或交叉練習的數學課學生，都在學抽絲剝繭，分辨各種問題底下深層結構的相通之處。他們無法指望相同的問題一再出現，所以得學著看出全新問題底下的概念連結，再靠相應的策略解決問題。當知識結構如此靈活有彈性，能有效應用於全新領域，就稱為「遠效」。

根據俄國心理學家魯利亞所見，這種能促進遠效的特定思維，是烏茲別克偏鄉村民無法應用的思維，甚至也是我們所有人應用不夠多的思維。

第 5 章

解決難題，與其鑽牛角尖，不如大破大立

十七世紀將至，人們相信星體是繞著靜止不動的地球轉，背後為妙不可言的神靈作用。波蘭天文學家尼古拉．哥白尼（Nikolaj Kopernik）倒認為是行星繞著太陽轉，但日心說太驚世駭俗，義大利哲學家焦爾達諾．布魯諾（Giordano Bruno）[1]因教唆這概念引來譴責，後來更因堅稱有其他行星繞著別的恆星，被控以異端邪說蠱惑人心，遭處以火刑。

雖然是神靈在控制星體，但仍需要供其移動的機制，普遍認為星體是在水晶球般的表面馳騁。那表面從地球看不見，彼此扣連，像時鐘的齒輪，眾星遂依同樣速度一齊移動，直至永恆。柏拉圖和亞里斯多德替此天文觀奠定基礎，二千年來為世人所信。德國天文學家約翰尼斯．克卜勒（Johannes Kepler）正是承襲這種時鐘齒輪的概念，起先照著接受。[2]

當仙后座突然出現一顆新星（實為恆星末期的超新星爆炸），克卜勒明白天象不會是永恆不變。幾年後，一顆彗星劃過歐洲的天空。克卜勒心想，難道彗星沒有撞破水晶球面嗎？他開始質疑兩千年來舉世的認知。

一五九六年，克卜勒二十五歲，已經接受哥白尼的日心說，還提出一個深奧問題：為什麼離太陽遠的星球動得慢？也許遙遠星球的「神靈」比較弱。但為什麼？純屬巧合？他心想，也許神靈不在各個星球，只在太陽裡，而且基於某種原因更能影響比較近的星球。克卜勒的看法太橫空出世，有別過往，所以無法證明，只能運用類推。

氣味和熱度愈遠愈消散，太陽移動行星的神祕力量或許也是如此。克卜勒寫道，雖然太陽的神力「撒遍整個世界，但只存在於移動的東西上」。這個存在有辦法證明嗎？

對此，克卜勒寫道，光線「巢居於烈日中」，但在太陽和照亮的東西之間，彷彿並不存在。若光線能如此，總有東西亦然。他開始用「力量」等字眼，代替「神靈」等用語。克卜勒的「移動之力」一語，如同萬有引力的先聲，無比別開生面，畢竟當時尚無物理力遍及宇宙的科學概念。

基於移動之力似乎從太陽發散至四面八方，克卜勒好奇是否光線本身或某種力量驅使星球移動，而若是如此，移動之力是否能像光線般阻斷？依他推斷，由於星球在日食期間仍會移動，可見移動之力不會只像光線，也不是靠光線。他得找到新的類推。

克卜勒讀到談磁場的新研究，心想也許眾星就像磁鐵，兩端各有磁極。[3] 他發覺，行星在軌道上離太陽愈遠，移動速度愈慢，所以也許行星與太陽是依哪個磁極較近，決定如何相吸或相斥。這或許能解釋為何行星朝太陽接近或遠離，但為何行星會在軌道裡持續行進呢？畢竟太陽的力量似乎也推星而動。他又得換類推了。

克卜勒的新類推法是太陽循軸而轉，形成移動之力的漩渦，使眾星如水流中的船隻。克卜勒喜歡這比喻，但有個新問題。他知道眾星繞行的軌道並非渾圓，所以太陽是造出何種古怪的水流？這個漩渦的類推得有船夫才告完整。

克卜勒思考，船夫能操控船與水流垂直，所以或許行星也能操控於太陽的水流裡。環形水流能解釋為何所有行星循相同方向，而各顆行星順流操控方向以免被吸進中央，所以軌道並非渾圓。然而船夫是何方神聖？這樣又兜回神靈的老路，克卜勒可不樂見。他寫給自己道：「克卜勒啊，難道你想替眾星各配一雙眼睛？」

克卜勒每次卡住，就冒出一堆類推，不只是光、熱、氣味、水流與船夫，還有透鏡、天平、掃帚、磁鐵、磁掃帚、盯著觀眾的辯士，族繁不及備載。他一一打破砂鍋檢視到底，屢屢挑出新問題。

最終克卜勒認為，星體互相牽引，星體愈大，引力愈大。他因而認為月亮影響地球的潮汐（確實如此）。伽利略素以求真著稱，卻笑他竟然提出「月亮擺布海水」的可笑主意。[4]

克卜勒的思索迂迴兜轉，原先世人相信一層層水晶球面的神靈作用，地球固定不動，行星繞渾圓軌道運轉，但他大破大立，提出行星運行的法則，闡述行星如何受太陽影響而繞橢圓軌道運行。

更重要的是，克卜勒提出天體物理學。在他之前，世人不知道有無所不在的物理力，不知道萬有引力，[5]他也沒有星體移動的動量概念，只能運用各種類推法。他是第一個以物理定律解釋天體現象的人，在發表行星運動定律時寫道：「諸天文學家洗耳恭聽，吾等將攻入天文領域。」他的大作名為《據理而論之新天文學》（*A New Astronomy Based upon Causes*）。

當時仍是慣以煉金術探討自然現象的時代，克卜勒卻指出我們周遭這宇宙充斥看不見的引力，替科學革命照亮一條路。他鉅細靡遺記下自己的思路，每處轉折，每條岔道，清楚呈現創新思考的歷程。若說克卜勒跳脫思考，毫不為過。每次他卡住就別開生面，跳脫領域另作他想。有關如何另闢蹊徑，如何在別人不疑處跳脫開來，他寫道：「我尤其喜歡類推思考。類推是我最可靠的老師，明瞭世間諸般祕密……你該好好善用。」[6]

類推思考，幫你了解根本看不見的問題

西北大學心理學教授德蕾．詹納（Dedre Gentner）聽到克卜勒就眉開眼笑，手舞足蹈，玳瑁眼鏡盪上晃下。放眼全球，她大概是最懂類推思考的權威。深度類推思考是看見多個領域或情境裡的相似概念，儘管表面乍看互不相干。類推是解決棘手難題的有力工具，而克卜

勒對此熱愛無比，詹納也就很喜歡他。她談著克卜勒，講到一段現代讀者唯恐誤解的逸事，建議我別寫進文章，以免他聲名受損，雖然他已辭世將近四百載了。

詹納對我說：「在我看來，人類能主掌地球的一大原因是類推思考。其他物種很難這樣互相比較。」類推思考把新事物變得熟悉，把舊事物變得新奇，助人思考陌生不明的疑難雜症，助人了解根本看不見的問題。學生能把分子類推為撞球互撞以便了解，把電流類推為水管裡的水流。人工智慧領域挪用生物學概念闡明最新觀點，從範例中學習影像辨識（像你搜尋貓咪圖片般）的「人工神經網路」類似大腦神經元，「遺傳演算法」的概念源自演化與天擇：嘗試解法，分析衡量，較為成功的解法進入下一輪，依此類推反覆進行。這是烏茲別克前現代偏鄉村民最陌生的思考方式，他們通常是靠第一手經驗解決問題。

克卜勒面對的嶄新問題不只對他陌生，對全人類皆陌生，沒有前人經驗可依循。當他思考是否該率先提出太空裡有一股看不見的神祕力量能「遙相施力」[7]，他靠類推（光、熱與氣味）衡量這概念是否可行，然後以一連串天馬行空的類推（磁鐵和船隻）拆解問題。

多數問題當然並不新，所以我們能從自身經驗擷取詹納所謂的「表面」類推。她解釋：「多數時候，如果你想到哪些東西表面相仿，則往往確實相若。」還記得你在舊家怎麼修阻塞的浴缸嗎？當新家廚房的洗碗槽阻塞，那段記憶大概會浮上心頭。

然而詹納跟我說，若認為心頭浮現的表面類推能解決嶄新問題，不啻一種「和善世界」的想像。和善世界就如和善的學習環境，背後是基於重複的模式。她說：「如果你終其一生待在同一個村子或鄉下，這樣倒也無妨。」今日世界倒沒那麼和善，思考得跳脫過往經驗。就像那些數學課學生，我們需要有辦法為全新的問題採取對策。詹納對我說：「當今之世，我們會碰到僅在抽象關連層面上相近的事物。你想愈有創意，這些就愈重要。」

一九三〇年代，心理學家卡爾．鄧克（Karl Duncker）在研究問題解決的過程中，提出認知心理學領域極其知名的假設問題：

假設你是位醫師，病人罹患胃癌，不能動手術；但若不摧毀腫瘤，病人會喪命。某種放射線能用來摧毀腫瘤，若在足夠強度下一次全部照射到腫瘤，腫瘤會被摧毀，但不幸的是，在這種強度下，放射線穿過的健康組織也會毀掉，而若調降強度，健康組織不受影響，但腫瘤也安然無事。試問何種方法能既摧毀腫瘤，又保全健康組織？[8]

現在你要拯救病人，但放射線既不能太強，也不可太弱，該怎麼辦？在你思考之際，順便讀一個小故事吧。[9] 曾有個將軍得從殘酷暴君手中搶下某國中央的一座堡壘，如果他能讓所有軍隊同時集結在堡壘外，毫無疑問攻得下來。從堡壘有許多條路往外輻射出去，但路上埋有地雷，唯有小部隊能安然通過，於是將軍想出一個計畫，把大軍分成許多小隊，各隊從不同條路攻向堡壘，並各自帶著鐘，經過對時，確保不同條路的各隊能同時抵達堡壘。結果這計畫奏效，將軍攻下堡壘，推翻了暴君。

你解救病患了嗎？還在想的話，再讀最後一個故事：許多年前，某個小鎮的救火隊長來到失火的柴房旁，擔心若不趕快把火勢撲滅，唯恐延燒到一旁的住家。附近沒有消防栓，但有一座湖，所以有很多水。數十個鄰近居民已經在提水桶救火，但杯水車薪沒有用。救火隊長見狀忽然叫居民停下來，統統去湖邊把水桶裝滿，他們聽了很訝異。等大家裝完回來後，救火隊長叫他們圍著火場繞成一圈，數到三，一起把水潑出去。火勢立刻變小，不久後熄滅了。事後小鎮替救火隊長加薪，表揚他的當機立斷。

你解救病患了嗎？別覺得自己很糟，其實幾乎沒人解出這題，至少沒立刻解出來，但後來將近所有人都解開了。最初，大約一〇％的人解開「鄧克放射線問題」。當有聽到堡壘故事，大約三〇％的人解開問題。當有聽到堡壘故事和救火故事，大約一半的人解開了。當有聽到這兩個故事，而且得知要靠這兩個故事協助解題，八〇％的人成功了。

答案是你（即醫師）能從不同角度把低強度的放射線照向腫瘤，健康組織完好無損，各放射線只聚焦於腫瘤，總強度夠高，足以摧毀之。就像將軍分成小隊分進合擊，救火隊長叫居民圍成一圈同時潑水。

前述實驗結果出自一九八〇年的一系列類推思考研究。如果你沒會意到，真的別自認糟糕。在真正的實驗中，你會花更多時間想，而且無論你是否想到都無關緊要，重點是這實驗反映解題的情況。**單一類推讓受試者的答對率提高三成，不同領域的兩個類比讓答對率進一步提高**。堡壘故事本身就像告訴受試者：「如果你需要一個夠強的力量以達成目的，卻不得直接施加這麼高強度，那麼從不同角度同時施加較小力量或許也能見效。」

研究人員認為類推有助於解題，卻赫然發現多數受試者沒從堡壘故事得到提示，要明確叫他們拿來運用才想到：「原本還以為，在心理學實驗中，所有受試者會思考實驗的第一部分或許會和第二部分相關。」

根據這研究，人類面對研究人員所謂的「定義不清」問題時，不太能憑直覺善用最佳工具。我們基於經驗的直覺很適用於老虎伍茲型領域，即詹納所謂的和善世界，問題與解法會重複出現的世界。

冷戰期間，一項以史丹佛大學國際關係學生的實驗也反映和善世界型思考[10]，即只依靠感覺類似的類推法。研究人員告訴受試者，一個虛構民主小國面臨極權鄰國的威脅，他們得決定美國該如何反應。對於有些學生，會被給予描述，將情況連結到二戰（難民搭貨卡車，總統「跟小羅斯福一樣來自紐約州」，在「邱吉爾廳」開會）；對於其他學生，這情況是連結到越戰（總統「跟詹森一樣來自德州」，難民是搭船）。結果，連結到二戰的學生遠遠更可能選擇開戰，連結到越戰的學生選擇以外交斡旋避免動武。這現象隨處可見。大學足球教練會在聽新球員自介時，把他們聯想到先前的球員，從而對其潛能有天差地別的判斷，儘管其他個人資料一模一樣。

回到先前那個困難的放射線問題，最成功的策略是能把乍看不同的各種情況連結起來，看見深層結構的相似之處。多數人解問題時不像克卜勒，會一頭鑽進問題裡，琢磨各個細節，也許回想其他醫學知識，畢竟這在表面上是醫學問題。他們依直覺不會拿相去甚遠的類推探究解法，雖然他們該當如此，且應明白有些好類推乍看跟問題差了十萬八千里。在不善的世界，依靠單一領域的經驗是自我局限，甚至可能釀災。

善用局外觀點，使狹隘的眼光變寬闊

使用單一類推，尤其是很類似的類推，背後問題在於無法打破心理學家康納曼和阿摩司・特沃斯基（Amos Tversky）所稱的「局內觀點」（inside view）。這個詞由他們所創，當我們只以眼前特定問題的細節做判斷，就是採取局內觀點。

對於局內觀點的危害，康納曼有切身經驗。當時他招集一組人設計決策科學的中學課程，經過一整年每週開會之後，他調查所有組員認為這個專案要花多長時間，結果最短的預估是一年半，最長的預估是兩年半。接下來，康納曼問團隊裡一位叫賽門的知名課程專家，請看過其他團隊作業的他比較這些專案。

賽門思索一陣子後，預估得再花兩年左右。據他的說法，當康納曼提及其他團隊，他才發覺先前並沒有拿來跟其他專案相比，但在他看過的團隊中，大概有四成的團隊根本沒完成專案，而且他想不到只花七年以下的專案。

康納曼的團隊可不想再花六年投入一個可能失敗的專案。他們花幾分鐘討論，決定繼續前行，相信這個再兩年左右的看法。八年後，他們終於大功告成，那時康納曼已經不在團隊，甚至不在國內，當初請他們設計課程的機構也不再感興趣了。

這種訴諸局內觀點的自然傾向，可由「局外觀點」（outside view）的類推打破。局外觀點探究不同問題深層結構的類似之處，深深違反直覺，有賴於忽略自己所深諳的表面特徵，反而向外尋求類推，眼界得由狹窄轉為開闊。

雪梨大學商業策略學者丹．勒法羅（Dan Lovallo）跟康納曼合作過局內觀點的研究，他在二〇一二年與兩位經濟學家做了一項特殊實驗[11]，認為如果由克卜勒式的廣泛類推著手，自然能獲得局外觀點，提升決策品質。他們找大型私募股權公司的投資員參與實驗，這些投資員平日負責考量各種領域裡大量潛在專案的好壞，理應自然趨向局外觀點。

研究人員給這些投資員一份詳細的檢核表，請他們用來評估自己手頭上正進行的投資專案，然後預測該專案的投資回報率。再來，研究人員請他們據自己所知，寫出在廣泛概念上類似的其他投資專案，例如也是業主意圖出售的案例，或是產品具技術風險的新創公司，然後也預測各類似專案的投資回報率。

結果這些投資員認為自己專案的投報率比其他類似專案高五〇％左右。研究人員最後給他們一個重新考慮與修改的機會，他們紛紛改變最初的預估。勒法羅告訴我：「他們有點驚訝，資深的人員尤其訝異。」他們對自己清楚了解的專案是估成這樣，對局外的類似專案是估成別樣，兩者相去甚遠。

這現象隨處可見。當叫你預測某匹賽馬是否能贏得比賽，或某位候選人是否能贏得選舉，這時你如果知道愈多內部資訊，例如那匹賽馬的體能條件，或那位候選人的身分背景與競選策略，則你愈可能認為自己的預估會成真。[12]

心理學家反覆證明，**一個人知道愈多內部細節，做的判斷愈極端**。[13] 那些投資員對自己的專案瞭若指掌，認為會無比成功，但在必須考量廣泛概念上類似的其他投資專案後，才發覺自己預估偏頗。在另一個例子，受試學生分成兩組，一組得知某間大學的特定幾個理學院科系在全國排名前十，另一組只得知那間大學的每個理學院科系在全國排名前十，結果前一組對那間大學的評價遠高過後一組。

在一項知名實驗中，受試者認為，某個人死於「心臟病、癌症或其他自然原因」的機率高過死於「自然原因」。[14] 特別留意一個問題的許多細節資料，感覺上是正確之舉，卻往往不然。

牛津大學商學院重大專案管理學主任傅以斌（Bent Flyvbjerg）指出，全球大約九成的重大基礎建設案超支（平均超過二八％），[15] 部分原因在於管理人員著重案子的細節，變得過度樂觀。他們就像康納曼那實驗裡的課程設計人員，後者自認團隊裡人才濟濟，不會像其他團隊那樣延誤。傅以斌研究蘇格蘭的一個鐵路系統建設案，該案聘請外部顧問團隊進行分析，流程類似那些私募股權公司投資員，忽略建設案的細部內容，著重架構類似的其他案子，發覺儘管建設案團隊依據所有工程內容做出嚴密分析，但當跟其他案子類比，建設案團隊所估的三億二千萬英鎊經費應屬嚴重低估。[16] 三年後，鐵路開始營運，興建經費逼近十億英鎊。在這之後，英國其他基礎建設案開始聘請外部顧問，尤其必須跟過去許多局外案子做比較。

局外觀點研究團隊在做完私募股權公司投資員的研究之後，轉為研究電影產業。[17] 電影產業以難捉摸著稱，高風險也高報酬，有大量實際結果的數據。研究人員好奇，如果讓影迷進行類推，是否能準確預測電影的成功與否。

他們首先給數百位影迷幾部即將上映新片的基本資料，像是主要演員名單、宣傳海報和劇情大綱，片子包括《婚禮終結者》（*Wedding Crashers*）、《驚奇四超人》（*Fantastic Four*）和《哈拉猛男秀2：歐亞種馬》（*Deuce Bigalow: European Gigolo*）等，然後提供一份四十部舊電影的名單，請影迷們分別拿來與新片比較並評分，研究人員利用這些比較分數（加上該片是否屬於續集等基本資料），預測新片的最終票房。

另外，研究人員也用一個數學模型預測票房，模型資料庫裡有一千七百部電影，參數包括類型、預算、影星、發行年分、上映日是否為假日等。結果顯示，利用影迷比較分數的票房預測儘管不涉細節參數，準度卻高上許多，在十九部新片中，對十五部做出比較準的預測，跟《世界大戰》（*War of Worlds*）、《神仙家庭》（*Bewitched*）和《赤眼玄機》（*Red Eye*）的實際票房金額只差四％，跟《哈拉猛男秀2：歐亞種馬》的實際票房差一．七％。

串流影片平台Netflix也認為這方法能提升推薦功能的演算法。[18] 利用電影的各項特點評估是否合乎你意，可謂複雜無比，還不如把你跟看片紀錄類似的客戶互相參照，既簡單，也準確。Netflix不是預測你可能喜歡哪種片，而是檢視你是哪種人，當中就包含複雜變數。

有意思的是，如果研究人員只把影迷眼中最能跟新片類比的那一部片當參考，預測準度會大幅下降。看似最像的電影本身反而預測效果不佳，採用「整組」參考類推（局外觀點的骨幹）準確許多。

現在回想第1章，心理學家克萊恩所研究和善環境裡的直覺型專家，例如西洋棋大師和消防員，他們不是從提出各種選項著手，而是靠辨別表面上的模式來判斷，之後若有時間也許會衡量判斷的好壞，但往往選就選了，效果大概會跟前一次如出一轍，所以這種狹隘經驗很管用。提出新點子或面對新問題則不是這樣，充滿不確定性。在直覺主導之前先衡量各種選項，乃是不善世界裡的做法。

在另一項實驗中，勒法羅與學者費迪南．杜賓（Ferdinand Dubin）合作，提出一家虛構的米奇公司，該公司在澳洲與中國的滑鼠市場表現不佳。他們找來一百五十位商學院學生，告知米奇公司面臨的難題，請他們寫下所有能助米奇公司擺脫頹勢的策略。[19]

有些學生從勒法羅與杜賓那邊得到一至多個類推（例如「耐吉和麥當勞的資料或許有幫助，但別被局限住」），有些學生則沒得到半個類推。結果，得到一個類推的學生比沒得到的學生想出更多策略，得到多個類推的學生又比得到一個的學生想出更多策略，而當類推的例子相差愈大，學生愈能提出點子。相較於得到蘋果和戴爾電腦等類推的學生，得到耐吉和麥當勞等類推的學生想出更多策略。光是提醒他們可以廣泛類推，他們就更有創意。可惜受試學生也說，如果要用類似的公司做比較，他們認為最好是專注在相同領域的一個例子就好。如同私募股權公司投資員，他們直覺認為少些類推更好，而且仰賴表面上最像的類推。勒法羅對我說：「談到運用類推，這通常恰好是錯的方法。」

好消息是，我們很容易靠類推從直覺的局內觀點跳到局外觀點。二〇〇一年，引領全球的波士頓顧問集團建立一個內部網路，協助顧問人員進行各形各色的類推思考。[20] 互動「展示案例」是依不同方面挑選，如領域（人類學、心理學和史學等）、概念（改變、物流和產能等），及策略主題（競爭、合作與結盟等）。假設一個顧問人員要替併購後的公司提整合建議，也許會看到十一世紀征服者威廉如何「融合」英格蘭和諾曼王國。資深顧問也許能從福爾摩斯的觀察策略得到靈感，從原本視為理所當然的事物中看見不同之處。假設一個顧問人員與迅速擴張的創新公司合作，她可以向普魯士的戰略專家擷取靈感，看他們研究如何在獲勝之後既避免好高騖遠，又保持旺盛鬥志，取得如履薄冰的平衡，避免盛極而衰的敗局。如果上述例子顯得跟商場八竿子打不著關係，重點就在這裡。

解決問題的高手，擁有「多樣基礎領域」的概念

心理學教授詹納想探究是否人人都能有點像克卜勒，以相隔很遠的類推了解問題，所以她協助設計「模糊分類牌」。

這副牌有二十五張，各自描述一種真實世界的現象，例如網路路由器或經濟泡沫，每張牌屬於兩個類別，一個是領域（經濟或生物等），一個是深層結構。受試者需要把牌加以分類。

舉深層結構來說，你可以把經濟泡沫和北極融冰同樣歸為正向回饋的一類（在經濟泡沫下，消費者買股票或資產，認為價格會上漲，而這種購買推升價格，推升的價格又進而增加

買氣；當冰帽融化，更少陽光反射回大氣，地球因而變暖，冰帽就融得更多。）或者，你可以把流汗和聯準會同樣歸為負向循環（流汗使身體冷卻，不需要再流那麼多汗；聯準會調降利率以刺激經濟，若經濟迅速增長，聯準會就會升息降溫）。油價導致物價上漲，訊息穿過腦中神經元，兩者都是因果鏈的例子，前一個觸發下一個，下一個再觸發下下一個。

或者，你也可以把聯準會調利率、經濟泡沫和油價歸為一類，因為三者皆屬經濟學範疇。同理，你也許把流汗和神經傳導都歸類進生物學。

詹納與同仁把模糊分類牌發給西北大學不同科系的學生，[21] 發覺所有學生想到以領域歸類，較少學生想到以因果結構歸類，但有一群學生格外擅長找到共通的深層結構：他們會修不同科系的課程，例如參加整合科學學程。

西北大學網站這麼描述整合科學學程：「請把整合科學學程想成輔修生物、輔修化學、輔修物理與輔修數學，匯合為一個主修。本學程旨在使學生接觸自然與數學科學的所有學門，以期能看見自然科學裡不同學門的共通點……整合科學學程助你看見跨領域的連結。」一位讓我詢問整合科學學程的教授告訴我，各系對這概念不是很熱中，他們是希望學生專精於單一科系的專業課程，怕學生進度落後，寧可催促學生走上專業，而非傳授詹納所謂的「多樣基礎領域」的概念，**而這概念能促進類推思考與概念連結，協助學生把眼前問題分**

門別類，解決問題的高手就是在這裡把別人遠遠甩在後頭。

在一項引用次數極高的專業問題解決研究裡，跨領域的研究團隊得到一個極簡單的結論[22]：成功的解題好手更能決定問題的深層結構，再採取相應策略。多數以模糊分類牌受測的學生沒那麼行，只依表面明顯的特性替問題分類。對最厲害的高手來說，解決問題「始於問題的分類」。

如同教育界先鋒約翰・杜威（John Dewey）在《邏輯：探究的理論》（*Logic, The Theory of Inquiry*）所說：「問題分好類，已解決一半。」

背景愈多元，愈有新見解

克卜勒憑千迴萬轉的類比重新想像宇宙之前，必然對自己的工作非常困惑。不同於伽利略和牛頓，他寫下這份困惑：「對我而言，重要的不是把欲說之言傳達給讀者，更是使讀者明白我這條發現出路背後的理由、妄言與僥倖。」[23]

克卜勒年輕時到丹麥天文學家第谷・布拉赫（Tycho Brahe）的天文台工作。這天文台在當時設備之好，竟然花掉丹麥百分之一的國家預算。[24] 克卜勒分配到沒人要的任務：觀測火星及其古怪的軌道。他們告訴克卜勒，軌道該是圓形，所以他必須弄清為何布拉赫天文台的觀測結果並非如此。每隔一陣子，火星會往後退，繞一小段，再繼續原本的方向，稱為逆行運動。天文學界認為原因是複雜的軌道扭曲，所以火星能既在彼此扣連的球面之間行進，又出現逆行的現象。

克卜勒一如往常，不接受軌道扭曲的理論。他向同仁求助，但大家充耳不聞。在他之前的人員向來能設法解釋火星的反常現象，又不致違反整個理論。克卜勒原本猜這個任務是小事一樁，八天就能解決，結果他卻花了八年努力計算，想描述火星任一時刻在天空的位置。然而當他相當準確算出結果，卻一把拋開。

這個算法十分接近，卻不完全吻合，有細微誤差。在布拉赫天文台的觀測結果中，只有兩個位置不符合計算結果，而且僅差八角分，等於是手伸直時八分之一根指頭的誤差。克卜勒大可認為自己的計算模型正確，是那兩個位置觀測略有誤差，不然就是他這五年的心血付諸東流。而他選了放棄計算模型。他寫道：「如果我認為能忽略那八角分，我的假設就成立了。」[25] 由於這個沒人要的任務，克卜勒窺見了嶄新的宇宙觀，踏入未知之境。各個類推始於誠實，而他重新發明了天文學。光線、熱度、氣味、船隻、掃帚、磁鐵——全始於不符計算的觀測結果，最終澈底推翻亞里斯多德的時鐘齒輪宇宙觀。

結果克卜勒的做法與現在遙相呼應，如同現今的世界級實驗室。心理學家凱文・丹巴（Kevin Dunbar）從一九九〇年代開始記錄實驗室成效，見識現代版的克卜勒思維。當實驗發現不符預期，不是認定現有理論正確，觀察結果有誤，而是把不符預期的觀察當成機會，去探索新天地，而類推思考如同曠野的嚮導。

丹巴剛開始只打算即時記下實驗發現的過程[26]，把焦點放在分子生物實驗室，因為這是一條熠熠生輝的新路，尤其是在基因領域與愛滋病毒治療等方面。他花一年追蹤美國的四間實驗室，數月間天天造訪，從旁觀察，之後卻把範圍擴大到美國、加拿大和義大利的多間實驗室，跟大家變得很熟，他們開臨時會議還會通知他。這些實驗室乍看截然不同，其中一間相當有錢，其他幾間規模頗小，其中幾間只有男性，一間只有女性，不過每間都享有國際聲望。

每週的開會最有意思。每週一次，整個實驗團隊齊聚一堂，包括負責人、研究生、博士後人員與技術人員等，大家討論成員面對的難題。這些開會不像一般人對科學家的刻板印象，不是大家低頭安靜各忙各的，而是自由拋出問題交流意見，你來我往，點子滿天飛，提出新穎實驗，討論疑難雜症。丹巴告訴我：「這些是科學界裡幾個最有創意的時刻。」於是他記錄下來。

前十五分鐘可能是談雜務，像是輪到誰訂耗材，誰留下爛攤子沒收。之後討論展開，有人拋了一個出乎意料或令人費解的發現，他們自己版本的克卜勒火星軌道。科學出身的大家基於謹慎，第一直覺是怪自己，也許計算有誤，也許儀器調錯，但如果一再做出這個實驗結果，大家就接受為事實，開始想是怎麼回事，開始想該從何嘗試。丹巴每錄一小時的開會，要花八小時打成逐字稿，標明問題解決的行為，才能分析科學創意的發揮過程，結果他發現其中有很多類推。

丹巴目睹重大的研究突破，發現研究人員要是能從不同角度做很多類推，這個實驗室就滿可能把意外發現變成學說知識。實驗室成員的背景愈多元，類推愈五花八門，研究愈常突破。這些實驗室就像是一個克卜勒委員會，大家有各式各樣的經驗和興趣，當需要探究令人困惑的資料，往往會提出類推，並由很多人紛紛提出。

對於直截了當的問題，大家會先跟其他類似實驗相比。當問題愈非比尋常，所找的類推就愈遠，跳脫表面乍看的相似，進入深層結構的相似。在有些實驗室會議中，平均每四分鐘就有人提出類推，有些完全來自生物學以外。

舉例來說，丹巴看到兩間實驗室在相近時間遇到同一個實驗問題，他們想測量的蛋白質會卡在過濾層上，難以分析。其中一間實驗室全是大腸桿菌專家，另一間實驗室的成員則來自化學、物理、生物和基因領域，外加醫學生。丹巴告訴我：「其中一間實驗室由醫學背景的成員提出一個類推，大家當場想出解決之道。另一間實驗室用大腸桿菌的知識處理所有問題，在這裡行不通，只好開始實驗好幾週來克服問題。那時我處於很尷尬的位置，因為我看過另一間實驗室找出來的答案。」（基於這項研究的情境，他不得透露各實驗室之間的資訊。）

當面臨意外結果，能廣泛類推的一方更有機會想出新見解。在丹巴的記錄期間，有一間實驗室沒有任何新發現，每位成員都有類似的專業背景，幾乎沒用過類推思考。丹巴說：「如果實驗室所有成員具有的知識相同，當問題出現，整群人提出的類推或許還不如單單一個人。」[27]

丹巴對我說：「這就像股市，你需要綜合的策略。」

西北大學整合科學學程這種課程有個問題，即學生無法在主修或職場上及早起步。這是個艱難選擇，雖然這種課程能刺激廣泛策略，對學生長期有益。

無論是里奇蘭研究的建立連結，是弗林研究的廣泛概念，還是詹納研究的深層結構類推，我們都能看到，大家往往不會有很深的興趣去跨界學習，去慢慢探索。各方各面都在獎勵大器早成，及早投入專業，雖然以長遠來說這是不良策略。這是個問題，因為另一種知識——也許是最重要的知識，一種助你一開始找對問題的知識——是需要慢慢學習的。

第 6 章

看似不被擊潰的恆毅力，深藏危機

這男孩的母親喜歡音樂與美術[1]，但他試著徒手畫家裡的貓，畫得很糟，憤而把畫毀了，從此不肯再試。童年在荷蘭打彈珠，和弟弟滑雪橇，多數時候只是東看西看。知名育兒手冊建議別任由孩子自行晃蕩，免得「有害」想像力，但他偏偏成天獨自晃，在暴風雨裡走，在夜路亂逛，有時一連走上好幾公里，然後坐下來好幾小時盯著鳥巢，或是看水蟲渡過小溪。他尤其沉迷於蒐集昆蟲標本，分別標上拉丁學名。

男孩十三歲時進入一間位於巨大舊皇宮的全新學校，離家很遠，只能寄宿附近的人家。他上課心不在焉，卻是好學生，會趁空閒時間背詩。

美術老師很有名，堪稱教育界先鋒，認為設計這項學問該成為這國家經濟引擎的核心。這倡議無比成功，聯邦政府把徒手畫列為公立學校的必修課。這老師不是站在教室前面，而是叫學生坐在中間，他像縫衣針般穿來穿去做個人指導。多數學生喜歡他，但這男孩沒感覺。男孩成年後抱怨沒人教過他繪畫裡的透視法，雖然這老師極重視透視法，甚至特別列進美術教育的規定裡。

這男孩不喜歡跟陌生人同住，所以剛滿十五歲就離開了學校。接下來十六個月，他幾乎都在大自然裡散長長的步。這種日子無法永遠，但他不知道還能做什麼。幸好他伯父是位非常成功的畫商，才剛封爵，給了姪子一份大城市裡的工作。這男孩不愛畫畫，倒愛賣畫，把在大自然裡琢磨出的敏銳觀察力用在版畫與照片上，像當年替昆蟲分門別類那樣。到了二十歲，他負責重要客戶，還出國賣畫，信心滿滿的對父母說，他永遠不需要再找工作了。可是他錯了。

他是在城市裡的鄉下人，難以圓滑處理與老闆的歧見，而且不愛和客人討價還價，覺得像是在占客人便宜。不久後，他換到倫敦的畫廊，沒有直接接觸客人。二十二歲時再度調職，調到巴黎。那時法國正經歷藝術革命。年輕的他走路去工作，經過一間間畫廊，那些畫家正在名聲鵲起。但就如日後他的傳記作者所寫道，他跟當年遇到美術老師時一樣「無動於衷」[2]。那時他正滿心著迷一件新的事：宗教。數年後，他和弟弟討論到這些掀起繪畫革命的畫家，他說自己「完全沒看到他們」[3]。

他最終離開畫廊，到英格蘭某個海濱小鎮的寄宿學校當代課老師，一天工作十四小時，教法文和數學等課程，監督宿舍，帶學生上教堂，外加幹雜活。這學校只是校長的營利事業，他只是廉價勞工。之後他找到另一間不錯的寄宿學校，擔任輔導老師，但才待幾個月就決定去南美洲當傳教士。父母出面反對，勸他別再「一意孤行」[4]，回歸安穩生活。母親希望他找在大自然的工作，活得「快樂和平靜」，但他想跟隨父親的腳步，當個牧師。

這時父親替他安排書店店員的工作。他很愛書，從早上八點工作到午夜。當書店淹水，他發揮過人體力把一疊疊書搬到安全地方，把同事嚇了一跳。他的新目標是進大學，日後能受訓當牧師。他再次展現廢寢忘食的熱情，替一位私人教師工作，用手抄寫整本書的內容，對弟弟說：「我得熬夜到眼睛睜不開為止。」[5]他告訴自己「熟能生巧」，但拉丁文與希臘文並不好學。

他搬去跟一位叔叔住，那位叔叔是戰場英雄，個性嚴格，只敦促他「繼續努力」。這年輕人決定要在別人起床前就工作，工作到別人入睡以後。叔叔發現，他會在破曉時分讀書。然而他的學習之路仍跌跌撞撞。二十五歲生日前，他聽牧師說經濟革命使有些人家財萬貫，那位經營畫廊的伯伯就屬一例，其他人則簡直一貧如洗。他決定不讀大學，及早傳福音，於是選了一個較短的教育課程，卻不擅長學校要求的簡潔有力式講道，表現糟糕，可是誰也阻擋不了他想布道的念頭，他前往產煤的鄉間，那裡最需要有人講道。

當這年輕人到了鄉間，看見陰暗天色，覺得像巴洛克畫家林布蘭特的色調。在這裡聽他講道的礦工備受壓迫，說礦井上方的世界是「上頭的地獄」[6]。他抱持一貫熱情投入傳道，捐出衣物金錢，日夜照顧數量可觀的病人傷患。

在他到來不久後，發生一連串爆炸意外，導致一百二十一位礦工喪命，天然氣冒出地表，一道道火柱竄燒，似地裡熊熊燃著本生燈（Bunsen burner）＊。這年輕人忙著安慰家屬，受苦受難的當地人驚訝於他的堅毅，卻也覺得他異於常人。他教的孩子都不太聽他的話，沒多久，他的臨時講道機會沒了。他二十七歲，沮喪失意，在第一份耀眼畫廊工作的十年後身無長物，一事無成，茫無方向。

他寫信給已是成功畫廊老闆的弟弟，掏心掏肺，自喻為春天的籠中鳥，胸懷大志，卻記不得是什麼志，只好「頭猛撞籠子，籠子紋風不動，他痛苦得快瘋了」[7]。他還自稱：「有時不知自己能做什麼，卻直覺感到，即便如此我還是很有本事的，我知道我能出類拔萃……我有一番好本事，但是什麼本事呢？」他當過學生，當過賣畫的，當過教書的，當過賣書的，當過預備牧師，當過巡迴傳道。在耀眼起步之後，每條路都走得灰頭土臉。

弟弟們建議他做木工，當理髮師也行。妹妹認為他當麵包師不錯。他愛讀書，做圖書館員也好。不過，在絕望之際，他把大把精力投注在一件此刻最想不到的事。下一封給弟弟的信很短：「我畫畫到一半寫信給你，迫不及待要再回頭去畫。」[8] 先前他認為繪畫無法讓人看見真實，現在卻想靠畫筆描繪周遭以記錄真實。他兒時自認畫不好，拋開畫筆，所以現在從最基本開始，讀起一本叫《繪畫基礎ABC》（*Guide to the ABCs of Drawing*）的書。[9]

---

* 本生燈是科學實驗室常用的高溫加熱工具之一，用於加熱、殺菌，和燃燒。

接下來幾年，他很短暫接觸過幾次正規訓練。他的表姊夫是畫家，教他水彩畫。在他的維基百科頁面上，「教育」一欄旁邊只列了這位表姊夫。不過他很難畫出水彩的纖細筆觸，師徒關係短短一個月即告終。他先前的畫廊老闆如今在藝術圈地位隆崇，堪稱開潮流之先的人物，卻認為他的畫沒法掛出來賣，跟他說：「我很確定一件事：你不是畫畫的料。」[10]這位前老闆又冷冷補上一句：「你太晚起步了。」

將近三十三歲時，他到藝術學校就讀，同學比他小一輪，但他只讀幾週就不讀了。他參加班際繪畫比賽，評審卻建議他轉到十歲兒童的初級班。

如同當年常換不同工作，他的繪畫喜好也變來變去，今天認為真正的畫家該把靜物畫得栩栩如生，但他實際動筆畫得很差，隔天轉為相信風景畫才是王道，一下子崇尚寫實主義，一下子追求隨興表達，這週覺得藝術要為宗教奉獻，下週認為藝術是純粹的創作，今年認定貨真價實的藝術只能有黑灰深淺色調，隔年認為繽紛色彩方為至理。每一次他都一往情深，卻又迅速移情別戀。

某一天，幾乎沒畫過油畫的他，拖著畫架和油彩在暴風雨裡走上沙丘，在遮棚下跑進跑出，在一陣陣來襲的風沙之間，把顏料大把大把潑灑到畫布上，必要時直接把顏料擠在畫布上。油彩黏黏稠稠，在狂風裡作畫得眼明手快，他施展之際解放了想像力，擺脫了先前追求寫實時不足的畫技。一個多世紀後，他最權威的傳記寫道，「他赫然發現，他能畫畫」[11]，他感覺得到，而且在寫給弟弟的信上說：「我非常樂在其中。畫畫沒有原先以為的那麼難。」[12]

他持續一場場繪畫實驗，嘗試與推翻，推翻與嘗試，先是抨擊繪畫無從捕捉陽光，卻又帶著畫布到室外想留住豔陽。一度著迷於深鬱濃密的墨黑，抹去各種色彩，卻又轉瞬間拋開這想法，從此崇尚五彩繽紛，甚至不願以黑色描繪夜空。他開始學鋼琴，認為音調跟色調也許觸類旁通。

在所剩不多的短短餘生，他繼續漂泊跋涉，生活上如此，繪畫上亦然。他終究放棄畫匠之夢，一一揚棄先前自認重要卻畫不好的畫風，想出一種新藝術：奔放恣意，潑灑色彩，不拘形式，但求捕捉永恆。* 他希望藝術是老嫗可解，而非曲高和寡。多年來他試了又試，想準確畫好人像的細節比例卻不可得，如今乾脆徹底拋開所謂的準確，畫出樹林裡的人，卻一個個臉孔空白，手如手套。

先前他曾認為要原原本本畫出真人與實像，現在卻睜開了心眼。某個晚上，他從臥房窗

* 他在給弟弟的信中以法文寫道：「消逝中見永恆。」

戶望向遠方的山丘，如同兒時賞鳥觀蟲那般，凝望夜空好幾個小時。當他拿起畫筆馳騁想像，窗外的小鎮變成小村，高聳教堂變得小巧，背景的墨綠柏樹變得龐然，如同海帶繞進夜空的漩渦。

十歲的他被逐出繪畫課，現在的他畫出如許夜空，連同許多改採嶄新畫風的畫作，從跌跌撞撞的失敗中煥發燦光，照亮藝術的新時代，啟發對美感與表達的新概念。在人生最後兩年，他僅以幾小時就畫出一張張實驗畫作，如今一張張成為稀世珍寶，價值連城舉足輕重。

起步晚非劣勢，反而造就最後的成功

若謂梵谷死得沒沒無聞，實乃一個迷思。在他過世前的數月，藝評欣然大讚他的畫作為石破天驚，[13]他成了巴黎的話題人物。印象派泰斗莫內說梵谷的畫作是某場年展上的珍品。說到印象派，梵谷原本置之不理，後來回心轉意，由此開創顛覆。

經通膨調整，至今梵谷有四幅畫的拍賣價超過一億美元，而且這四幅尚非他最出名的大作。如今他的畫作隨處可見，襪子上有，手機殼上有，同名伏特加上也有，但他的影響力不僅限於商業用途。

「梵谷改變了畫家在做的事。」畫家兼作家的史蒂芬．奈夫（Steven Naifeh）說。（根據梵谷博物館館長的說法，奈夫與古格里．懷特．史密斯（Gregory White Smith）寫出了「最權威的梵谷傳記」。）梵谷的畫作是通往現代藝術的橋樑，而且廣受熱愛的程度之高，超越其他畫家，也許無人能及。有些青少年連美術館都沒去過，卻把他的畫貼在房間牆上。日本人千里迢迢攜著祖先的骨灰，撒在他的墓地。二〇一六年，芝加哥美術館一起展出三幅經典的《臥室》畫作，據梵谷所言是「讓腦袋或想像力休息」之作，結果參觀人數打破紀錄，館方不得不臨時限制進場人數，設置類似機場預檢的快速通關。

如果梵谷死於三十四歲而非三十七歲（當年荷蘭人的平均壽命是四十歲）[14]，他確實可能死得輕如鴻毛。高更也是這樣，高更曾短暫跟梵谷一起住過，開創名為綜合主義的畫風，以粗大線條分隔繽紛色彩，有別於傳統繪畫的細膩漸層。高更也擠身少數畫作拍賣價超過一億美元的畫家行列。他剛開始工作的前六年在跑船，然後找到此生的天職：股票經理人。

一八八二年股市崩跌，高更才終於全職投入作畫，以三十五歲之齡。[15]他這種轉變類似J．K．羅琳。羅琳曾說，她二十多歲時「失敗到慘不忍睹」[16]，私人與工作上皆然。短暫的婚姻「潰決」，她成了單親媽媽，丟掉教職飯碗，靠救濟金過活。如同在煤鄉的梵谷，還有股市崩跌後的高更，羅琳因失敗而「得到解放」，轉為從事更合乎個人天分興趣的工作。

他們都起步甚晚，卻成就非凡。誠然，刻意挑出大器晚成的例子並不困難，但大器晚成確非特例，較晚起步也不是劣勢，反而造就了他們最終的成功。

了解自己，比了解專業知識更重要

在經濟學，「契合度」（match quality）指所做工作與個人特質（含能力與性情）的吻合程度。

西北大學經濟學家奧弗．馬拉姆德（Ofer Malamud）基於個人經歷，投入契合度的研究。他生於以色列，父親任職船運業，馬拉姆德九歲時隨家人搬到香港，上英語學校。按英國教育系統的規定，中學最後兩年需主修一門專業。「如果你申請英格蘭的大學，就必須選定你的主修。」馬拉姆德告訴我。他的父親是工程師，所以他覺得自己該讀工程。但最後一刻，他選擇不挑特定專業。「我決定申請美國的學校，因為我還不知道自己想做什麼。」他說。

馬拉姆德先試電腦科學，很快發現非己所愛。於是他多試幾個學科，再選定經濟學，之後又選了哲學。由於這段經歷，他很好奇進入專業的時機是如何影響職業選擇。一九六〇年代初期，日後的諾貝爾經濟學獎得主狄奧多．舒爾茨（Theodore Schultz）認為，經濟學界充分呈現高等教育對人員工作效率的提升，**卻沒探討教育如何允許個人把選擇專業的時間延後，藉此探索一己的興趣喜好，找出一己的合適方向。**[17]

馬拉姆德可無法為了研究進入專業的時機，隨機替別人指派人生路，但他發現英國學校系統可以用作實驗。[18] 在他研究的期間，英格蘭和威爾斯的學生必須在大學之前選主修，才能擠進校系的窄門，蘇格蘭的學生則不然，在大學的前兩年需要涉足不同領域，之後還能繼續東試西試。

在這三個地方，所有大學課程既提供特定領域的知識，也讓學生知道自己和這領域的契合度高低。如果學生早早選定專業，能獲取更多職場要的知識。如果學生多方嘗試較晚選定，他們會懷著較少特定專業進職場，卻更明白哪種工作符合自身能力和性情。馬拉姆德的疑問是：早選專業與晚選專業，何者通常更有利？

如果高等教育的益處只是傳授工作技巧，早早進入專業的學生比較不會在大學畢業後換跑道，投入與所學無關的領域。**因為他們已經學習到特定職業的很多技能，轉換跑道的損失**

較大。然而如果大學的重要益處是協助了解契合度，則早早進入專業的學生該更會轉換跑道，因為他們沒時間多方嘗試，找出符合能力與興趣的一條路。

馬拉姆德研究數千名畢業學生的資料，發現英格蘭和威爾斯的大學畢業生更可能澈底轉換跑道，超過較晚選擇專業的蘇格蘭畢業生。雖然蘇格蘭畢業生的專業技能較少，起初薪資較低，但很快迎頭趕上。[19] 英格蘭和威爾斯的學生花更長時間投入專業，本應不願換領域，卻在大學後和求職後更常換領域。很多學生缺乏多方嘗試的機會，還不知道領域是否適合，就踏進專業的窄路。正因英格蘭和威爾斯的學生太早選擇專業，所以容易犯錯。[20] 馬拉姆德的結論是：「提升契合度的益處……大於專業技能的不如。」[21] **了解事物沒有比了解自己重要**。探索不是教育的奢侈奇想，而是核心益處。

無怪乎，蘇格蘭學生最終比較可能主修高中沒有的學科，例如工程。在英格蘭和威爾斯，學生是期望從高中及早接觸的學科裡做選擇，就像十六歲時被迫決定是否跟男女朋友結婚。這在當時也許看似好主意，但你經歷得愈多，這愈不顯得好。在英格蘭和威爾斯，成人更常跟所投資的職業分手離婚，原因是太早定下來了。如果我們把選職業當成約會，沒人會七早八早就選定終生。

對於確實轉換跑道的人來說，無論他們是較早或較晚進入專業，換跑道都是好主意。馬拉姆德說：「你的很多技能變得英雄無用武之地，這是個打擊，但你換跑道之後確實進步得更快。」無論轉換跑道的人當初是何時進入專業，**他們從經驗中，變得更懂得這一條路是否符合自己。**

經濟學家史蒂芬．李維特（Steven Levitt）是《蘋果橘子經濟學》（*Freakonomics*）的作者，[22]巧妙利用讀者做了實驗。在蘋果橘子經濟實驗網站，他邀在考慮改變人生的讀者擲一枚數位硬幣，正面表示該改變，反面表示不該。兩萬個網友自願參與實驗，各有各的左右兩難，例如是否該刺青、試網路約會或生小孩，其中二千一百八十六個人考慮換工作。（換工作是這項實驗裡最多人提出的兩難）然而他們是否真該憑一時衝動行事？對擲出正面的考慮轉職者來說，答案是：如果他們想更快樂的話就放手一搏吧。六個月後，擲出正面並轉職的人明顯比沒轉職的人更快樂。* 根據李維特的說法，這項研究反映「『贏家不放棄，放棄非贏家』等忠告儘管立意良善，卻可能實為極糟建議」。李維特說，他有個相當重要的本事是「樂於放棄」研究計畫[23]，甚至放棄整個研究領域，轉至更合適的方向。

---

* 根據仔細分析，李維特指出硬幣投擲結果確實影響網友的決定。考慮轉職的人若擲出正面，比擲出反面的人更可能確實換工作，雖然人人當然能自行作主，不必受投擲結果影響。在依投擲結果做決定的人當中，擲出反面（並轉職）的人之後更感快樂。

邱吉爾有一句名言常獲引用：「決不放棄。決不，決不，決不。」但這句話的後半段總遭忽略：「除非是基於理智與信念。」

美國勞動經濟學家奇拉博・傑克森（Kirabo Jackson）指出，連行政單位頭痛的「教師更動」也反映妥善轉換的價值。教師換到新學校後，更能有效提升學生的表現，而這效應並無法以學校或學生本身素質更佳來解釋。他說：「教師通常是離開不適合自己的學校。教師更動……也許其實讓教師配置更加理想。」[24]

轉換的人是贏家。這不僅打臉古諺反對放棄的觀念，也推翻現代心理學的認知。

恆毅力量表，無法預測成功與否

談到放棄，心理學家安琪拉・達克沃斯（Angela Duckworth）做出最著名的相關研究。[25]在這項研究中，她試著預測哪些新生會撐不過俗稱「野獸營」的密集新生訓練課程。

野獸營為期六週半，極度考驗身心，意在使剛過完暑假的十來歲男女新生改頭換面為堂堂軍人。凌晨五點半，新生就得集合好，開始跑步或做操。在學員餐廳，大家務必抬頭挺胸，以碗就口，而非埋頭苦幹。學長姊可以拿問題考他們，「牛怎樣？」是指「剩多少牛奶」，新生會學到答法：「學長／學姊，乳牛走，乳牛叫，乳牛滿滿都是奶！從乳牛身上提取出來的豐沛乳汁高達〔N〕度！」N代表預估剩下幾盒牛奶的量在桌上。

這天接下來的時間包括教室上課與訓練活動，例如在密閉無窗的毒氣室裡脫下防毒面具，背誦句子，承受滿臉的灼痛，會不會吐就看你。晚上十點熄燈，以便翌日凌晨繼續訓練。野獸營期間對新生的士氣是莫大考驗；西點軍校的新生每個都無比優秀，人中龍鳳，許多人是出色運動員，而且大多在申請時都有國會議員的推薦。沒有三兩三，無法進西點。然而第一個月還沒過，有些新生就會打退堂鼓。

達克沃斯知道入學申請的最重要部分是整體綜分，包括大考成績、高中排名、體測成績和領導能力，但這些無法預測某個新生是否撐不過野獸營。[26] 她訪談各領域表現出色的人員，決定研究熱情與毅力，並把兩者巧妙合稱為「恆毅力」（grit）。她設計一份自我評量表，包含恆毅力的兩大要素，一為工作倫理與韌性，一為「興趣的一致」，意旨有方向，確切知道自己要什麼。

二〇〇四年，野獸營展開之際，達克沃斯把自我評量表發給一千二百一十八位新生。他們需以一到五分評估十二句陳述與自己的符合度。有些陳述明顯有關工作倫理（「我做事認真」、「我很勤勞」），有些陳述反映堅持不懈（「我常設好目標卻又變調」、「我的興趣每年變來變去」）。

結果整體綜分難以預測新生是否會退出野獸營，達克沃斯的自我評量表比較有辦法。之後她把這項研究延伸到其他領域，例如全美拼字大賽的決賽階段，發現語文智商測驗與恆毅力都能預測參賽者可以走得多遠，而兩者是各自發揮作用，**恆毅力低的人能靠語文智商扳回一城，語文智商低的人能靠恆毅力反敗為勝**。

由於達克沃斯的有趣研究推波助瀾，龐大產業應運而生。舉凡球隊、《財富》（*Fourtune*）雜誌世界五百強企業、特許學校系統和美國教育部都開始主打恆毅力，設法訓練恆毅力，甚至檢測恆毅力。達克沃斯為此贏得麥克阿瑟獎，卻在《紐約時報》（*The New York Times*）特稿裡對這股狂熱語帶擔憂：「我擔心我在不經意間促成自己大力反對的一個概念：影響重大的性格評估測驗。」[27]而且恆毅力在其他方面也掀起浪潮，背後缺乏實證依據。

由於西點軍校新生是依整體綜分錄取，所以有統計學中的「全距限制」（restriction of range）。大家是按整體綜分雀屏中選，據此從全人類裡脫穎而出，於是在此之外的其他變數可能忽然顯得重要許多。舉體壇為例，這就像是一項探討如何在籃壇成功的研究，只以

NBA球員為研究對象，於是指出身高不太影響成功與否，決心才是關鍵。

當然，NBA已經是從整個人口裡挑出高挑的人，所以這項研究裡的身高範圍（即全距）受到限制，身高的影響也就變得比實際上小得多。* 同理，如果不是對於西點軍校新生或拼字大賽選手，而是在較少全距限制的地方，恆毅力等因子的預測準度也許有所不同。如果由真正隨機挑選的高中畢業生參加野獸營，而非由西點軍校新生參加，**從體能、成績與領導經驗或許能預測他們是否能撐過去，也許比從恆毅力預測更準**。達克沃斯和研究同仁指出，由於他們的研究對象為預先經過高度篩選的團體，「我們研究的外部效度必然受限」。[28]

西點軍校新生的恆毅力分數或高或低，但大多都能撐過野獸營。在達克沃斯研究他們的第一年，新生人數為一千二百一十八位，其中七十一位半途退出。二〇一六年，一千三百〇八位新生裡有三十二位退出。更深一層的問題是，中途退出是否也許實屬好選擇。校友告訴我，新生休學的原因各式各樣，有的在野獸營期間放棄，有的在撐過之後離開。「我認為，

* 在有些期間，如果有研究人員只以NBA球員來探討身高與得分的關係，研究結果會是兩者呈負相關。研究人員要是沒想到，NBA已經把世上大多數的人刷掉，他們可能會建議家長讓孩子長矮一點，才能成為NBA裡的得分健將。

有些新生頭腦比較行，體能沒那麼好，但訓期很短，咬緊牙根撐過去就能念大一了。至於體能好的新生，野獸營會是絕佳的體驗。」二〇〇九年的畢業生艾希利．尼可拉斯（Ashley Nicolas）曾告訴我。

尼可拉斯曾在阿富汗擔任情報官員，認為有些新生撐過野獸營之後，才發現西點軍校不符他們的能力或興趣：「我記得，更多人是在第一個學期休學，發現學業跟不上。更早離開的人不是因為想家，就是自認不適合。這些人多半是被硬逼著讀西點軍校，缺乏真心的熱忱。」換言之，在這一小群沒撐過野獸營的新生當中，有些人不是沒毅力，只是了解到自己的契合度——他們不適合這裡。

同理，有些人也許為全美拼字大賽背起字根，卻發覺自己不想把學習時間花在這上頭。半路離開也許是恆毅力的問題，也許是試過方知不適合，亦即契合度的問題。

根據卡內基美隆經濟學暨統計學教授羅伯特．米勒（Robert A. Miller），職業配對是「多重吃角子老虎選擇過程」。這講法是一個假設的情境：有個賭客坐在一整排吃角子老虎機器的前面，每部吃角子老虎各有勝率，賭客的目標是加以測試，設法想出妥善分配籌碼以賺得最多獎金的方式。

米勒指出，追求契合度的過程也是如此。我們起先一無所知，多方嘗試，盡快獲得資訊，愈來愈懂得如何分配精力。他寫道，「年少無知」[29]這個詞是指年輕人往往受風險高的工作吸引，但這樣做並非無知，畢竟年輕人的經驗較少，所以該先試風險與報酬俱高的工作，其中的資訊價值更高。他們一再提升認知，承受無情打擊，得以迅速明白自己適不適合，至少比從事難以提升認知的工作來得好。如果不適合，他們就掉頭離開，做新嘗試，繼續提升對選項與自我的了解。

寫過數本探討職涯大作的美國行銷大師賽斯．高汀（Seth Godin），就曾寫過一本書來駁斥「放棄非贏家」這個觀點。高汀認為所謂「贏家」，也就是那些在各自領域達到頂端成就的人，通常會在他們發現計畫無法確切執行，或苗頭不對時就儘速退場。他寫道，當我們遲遲「沒膽斷然放棄，就會失敗」[30]。高汀並非主張遇到困難放棄就好。不屈不撓可是長久奮鬥的競爭優勢，但知道何時該退出更是一項強大的戰略優勢。因此，任何人在放手一搏之前，都應該先訂好放棄的條件。他說，**重要的竅門是，能了解轉變只是單純的無法堅持，還是敏銳地察覺有更符合的選項**。

野獸營是絕佳的多重吃角子老虎選擇例子。可以這麼形容，一群完全沒有任何軍事經驗的優秀人士，拉下了西點軍校的「拉桿」。他們開始進行高風險、高報酬的訓練，並從第一週起就不停接受大量，有關自己是否真能適應軍事紀律的訊號。絕大多數人都能堅持到底，但如果期盼這一大群年輕新生的每一位原本就清楚自己要什麼，是件不切實際的事。那些選擇離開的少數人，他們是否該堅持完成訓練？如果他們純粹是基於一時慌了手腳而放棄，或許確實該繼續撐下去；如果是對軍旅生涯與未來有新認知而放棄則不然。或許更多新生該趁早放棄才對。

每位西點軍校的學生會獲得由納稅人出資，約為五十萬美金的獎學金，是他們畢業後要服役五年的回報。讓軍方感到困擾的是，從一九九〇年代中期之後，大約有一半的西點軍校畢業生，在服役期滿五年後就會選擇退役，亦即一能離開就走人。培訓軍官的花費大致五年左右能回收，他們就離開了。軍官服役滿二十年退休，可領終生俸，從四十歲出頭領到死，但四分之三的軍官做不到，未滿二十年即半途轉行。[31]

陸軍戰略研究所於二〇一〇年發布的論文報告發出警告：「由於軍官培訓的投報率持續下降，美國陸軍軍官的前景黯淡無光，連級軍官的離職率節節攀高，這就是證據。」[32]

西點軍校新生通過野獸營與艱難課程，然後從軍服役，堪稱接受過最高階軍官訓練的佼佼者，高於大學儲備軍官訓練團或預備軍官學校出來的軍官；然而，近來軍官訓練的投報率正好相反：預備軍官學校出身的軍官服役最久，在大學儲備軍官訓練團裡沒拿任何獎學金的軍官次之，再來是在大學儲備軍官訓練團裡領兩年獎學金的軍官，接著是在大學儲備軍官訓練團領三年獎學金的軍官，最後才是西點軍校畢業生，和在大學儲備軍官訓練團領全額獎學金的軍官。軍方愈認為某個人日後會成為出色軍官，花大錢培養，結果他們愈可能及早退役。軍方的目標不是看新生通過野獸營，而是培育將領，這現象可謂事與願違，與期望背道而馳。

這現象日趨顯著，甚至有高階軍官認為西點軍校是在培育半途而廢的傢伙，軍方該減少資助「這樣一所教學生退役的機構」。

當然，不論是西點軍校還是大學儲備軍官訓練團，都並非在教他們的學生放棄軍職生活。難道是學生在通過野獸營之後，就突然失去了恆毅力？當然也不是。陸軍戰略研究所那篇專題報告的三位作者，分別是少校、退役中校和上校，皆為西點軍校的現任或前任教授，將其問題定義為契合度的困境。因軍方會認定，某位申請者日後有望成為出色軍官，愈可能提供獎學金。隨著那些努力用功且才華洋溢的獎學金獲得者，成為年輕有為的專業人士後，漸漸意識到除了軍職以外，他們還有很多選擇，最後決定另覓出路。換句話說，他們在二十幾歲時了解了自己的潛能，並依此做出了契合度的抉擇。

一九八〇年代，當美國轉為知識經濟，西點軍校學生開始會轉換跑道。到了千禧年，轉換跑道的人變得很多。軍校開始提供留營獎學金：只要初階軍官同意多服役幾年，就會支付現金。這讓納稅人多損失了五億美元，那些本來就想要留下的軍官拿到了錢，但原本就打算離開的人，卻沒有因此而改變決定。軍方學到慘痛的教訓：問題不在金錢多寡，而在契合度。

該報告作者指出，在工業時代，或「公司人」時代，公司都是屬於高度專業化分工，通常員工都需反覆面對相同的問題。依當代文化，退休金制度普及，跳槽可能會被視為對公司不忠的表現，此外，由於職員是處於和善的學習環境，反覆操作就能熟能生巧，公司也就沒誘因再從外部招募員工。

到一九八〇年代，企業文化發生了轉變。**知識經濟創造了對「發想新概念與創造新知的壓倒性需求」**。突然間，許多職業需要思維技能，員工也突然有了對職涯發展的掌控權，從雇主決定誰能往上晉升，轉為由員工自身就能創造出無限可能。在私部門，人員時常為追求契合度而換工作，市場得以迅速發揮效能。當這個世界正發生轉型的同時，軍隊卻仍停留在工業時代的職涯發展思維。

這些西點軍校的教授解釋，軍隊如同許多官僚機構一樣，錯過了契合度的市場。他們寫道：「軍隊中缺乏讓人才適得其所的市場機制」。當一位初階軍官因選擇轉變方向而離開軍職，並非是因為失去動力，而是有尋求個人發展的更高動力，整個目標澈底改變。前情報軍官尼古拉斯表示：「我從沒遇過哪個同學因離開了軍職而感到遺憾。」她離開軍職後，先是成為一名數學老師，然後又當上律師。她補充道，即使沒成為一輩子的志業，這些都是很值得感謝的經歷。

私人企業適應了對契合度迅速增加的需求，而軍隊只是對著人們砸錢。然而，目前事態稍有改變。這個最重階級的組織開始成功著重契合度。推出「軍官職涯滿意度計畫」（The Officer Career Satisfaction Program），旨在使大學儲備軍官訓練團獎學金學生和西點軍校的畢業生更能掌握自己的職業發展。只要多服役三年他們就能選擇服役單位（步兵、情報、工程、牙科、金融、獸醫、通訊科技等），或選服役地點。相較於留營獎金的極糟成效，這個促進契合度的方法奏效了。在該計畫的前四年中，有四千名學員同意延長服務承諾，以換取不同選擇。*

這只是一小步。二〇一六年，國防部長艾許・卡特（Ash Carter）到西點軍校與學生會面[33]，一個個直言無諱的學生告訴他，軍職規畫太過僵固，導致職涯調整的不易。卡特承諾

---

* 軍方也推出「依天分選單位」計畫[34]，協助年輕學生和軍官在訓練過程衡量自身天分和興趣，以期提升工作上的契合度。如同穆爾（Joanne Moore）上校在二〇一七年的報告所言，學生初入軍中時夢想的工作通常不太適合自己，試過方知不對，所以需要靠工作調動以盡量提升契合度。

要大幅調整軍方「工業化時代」的人員管理方式，改掉僵化的「不晉則退」模式，容許他們持續調整嘗試以增進契合度。

西點軍校的學生高中剛畢業時，不具備多少技能，不清楚職涯選擇。可很容易在回答恆毅力量表時，把「我常設好目標卻又變調」這題答為「與我不符」，幾年後，隨著他們對技能與自身偏好有更多了解，改變目標不再是欠缺恆毅力的象徵，反而是明智之舉。

為了堅持而堅持，反而會成為阻礙

很直覺地，恆毅力的研究吸引了我。若按這個詞不甚科學的口語定義，我自認很有恆毅力。在一家大型的公立高中跑過田徑、踢過足球、打過籃球和棒球以後，我以一百六十七公分的身高之姿加入了大學田徑校隊，成為八百公尺跑者。

結果大一那年我的表現敬陪末座，奇慘無比。學校讓我留在校隊練習，但不讓我出校比賽或訓練，這樣就不必花經費在我身上，連跑鞋都不發給我。當校隊在春假期間去了南卡羅納州集訓時，我沒有回家，而是待在異常寂靜的校園裡專注地訓練。我堅持了兩年痛苦、令人想吐的訓練和不斷打擊自我的競賽，這期間眼看許多成績優異的新生紛紛放棄，由其他人遞補。有許多的日子（甚至足足數週到三個月）我覺得應該選擇放棄。然而我逐漸找到適合自己的訓練方法，向前進步。

在我大四時，我擠身創校以來的前十名紀錄保持人，參加兩次全東區大賽，憑接力賽打破校內紀錄。唯二打破紀錄的另一個同學是我室友，他也充滿恆毅力，起先表現不佳，卻後來居上。在跟我們同一屆的人幾乎都已經退出之際，我卻被授予賈格紀念獎（The Gustave A. Jaeger Memorial Prize），被認證為是「面臨超凡挑戰卻取得傑出表現」，這很值得玩味。我的「超凡挑戰」只是因為我一開始就爛得不可思議。頒獎過後，絕少直接跟我講過話的總教練說，在我還是大學新鮮人時，他看我訓練的樣子，便為我感到非常難受。

這個故事沒有什麼特別之處，每支運動校隊都有這樣的故事。但我認為這個故事展現了我對工作的追求態度。儘管在我的恆毅力量表上，跟全美的成年人相比，我的落點只在五〇百分點。[35] 我認定自己是個非常努力的人，不為挫敗擊倒。但就像多數西點軍校的畢業生，我承認自己「每年會換一個興趣」和「不為挫敗擊倒」而失去了許多分數。我十七歲時一路取得芝加哥地區國會議員葉慈的推薦信，自認會進美國空軍學院，先當飛行員，再做太空人，那時的我大概最在恆毅力量表填出極高成績。

但我什麼都沒做到。相反地，我在最後一分鐘改變了主意，並決定要去念政治學。我選修了相關課程，最後卻主修地球與環境科學，輔修天文學系，並堅信自己會成為一名科學家。大學期間，我在各實驗室做研究，畢業後繼續投入，卻發覺我不是那種想窮盡畢生鑽研某個狹窄領域的人，而是更想持續學習新知並分享出去。

於是，我從科學界跨領域到新聞界，我的第一份工作是在紐約市擔任午夜輪班的街訪記者（在午夜至早上十點之間，《紐約每日新聞》（*New York Daily News*）實在沒什麼好新聞）。不斷增長的知識不斷地改變我的目標跟興趣，終以多元探索為職業主軸。日後我在《運動畫刊》工作時，有些認真的學生會問我，想要進入《運動畫刊》工作，要念新聞學還是念英文系？我跟他們說我沒有答案，但去念統計學或生物學也不會造成什麼傷害。

我不認為我會隨著時間的流逝，而變得失去熱忱或韌性，也不認為那些離開軍職的西點軍校學生會因此失去初衷。我認為，恆毅力對預測那些想通過嚴格培訓的軍校生、小學生和拼字比賽的選手才能發揮有力成效。年紀尚輕的人們通常會被訂下目標，或至少能選擇的有限，主要難題是如何抱持熱忱與韌性去追尋，八百公尺賽跑選手亦然。

體育項目其中一個吸引人的點，就是目標直接且容易測定。二〇一八年冬季奧運會的最後一個週末，曾在二〇〇六年冬季奧運獲得銀牌的美國花式滑冰選手薩莎・科恩（Sasha

Cohen），向即將退役的運動員建議：「奧運選手必須清楚明白，人生的規則和運動場上是截然不同的。沒錯，每天都能屹立不搖地追尋目標，代表你有恆毅力、決心和韌性。但在比賽中，讓你身心都準備好面對比賽，與前方那些諸多困難是完全不同的兩回事。所以在退休之後，你要去旅行、試著寫首詩、試著創業、過得鬆散一些，並花時間去做那些沒有明確目標的事。」[36] 在廣闊的職場世界，難題是要先如何找到契合度高的目標，**而為了堅持而堅持，反而會成為阻礙。**

最近蓋洛普公司（Gallup）調查全球一百五十個國家超過二十萬名勞工[37]，發現有八五%的人「不投入」工作或「主動抽離」。根據高汀所言，這時辭職要比繼續像隨波逐流的海上殘骸，需要更多的膽量。**問題在於人會為「沉沒成本謬誤」所擾。一旦投入時間或金錢就不肯放棄，不想感到白費。**俄裔美籍作家、心理學博士和職業撲克牌玩家康尼科娃在她的著作《信心遊戲》（*The Confidence Game*）中解釋，沉沒成本的思維深植人心，就連騙徒都知道要先讓他們的目標嘗到一些甜頭或小額投資，再進行鉅額的索求。一旦受騙者已投入了精力或金錢，會基於沉沒成本不願斷尾離開，他會繼續投資，愈陷愈深，無法理智處之。康尼科娃說：「我們投入愈多，甚至失去愈多，也就愈認為硬撐下去就會雨過天晴。」

奈夫花了十年研究梵谷的一生，所以我請他根據這位畫家的表現，填寫恆毅力量表。梵谷的敬業精神讓人相當佩服。他早先受他父親布道時的說法影響，強調要怎麼收獲先怎麼栽。「想一想短視近利者推掉的沃田」多魯斯．梵谷（Dorus van Gogh）如是說。奈夫和史密斯將這種形象稱為「面對逆境時仍堅持不懈的典範」。梵谷對每份工作都認為，只要他比身旁人人更認真，成功必將到來，然而他卻連連失敗。他的興趣不停地改變，甚至當他立志成為一名藝術家時，他會先把全副心力傾注於某個風格或媒材，此後不久他便又完全放棄。奈夫和史密斯用一個優雅的詞來形容梵谷易變的熱情：「改版布道詞」。

在恆毅力量表上的陳述「我很容易沉迷於某種想法或計畫，但隨後又失去興趣」，根本是梵谷的寫照，只是他在人生最後幾年終於確立一種獨特風格，創造力油然奔放揮灑。梵谷是盡量追求契合度的好典範，符合米勒教授的多重吃角子老虎的選擇過程。他一次次瘋狂投入於不同選項，加以測試，盡快獲得自己是否適合的大量資訊，然後轉移目標，再次測試，峰迴路轉，最終來到他人不曾到過之境，獨自開拓一片天地。根據奈夫的評估，梵谷的恆毅力指數落第四十個百分位，雖然他努力工作，卻對每個目標或計畫的堅持度很低。

繞路，有助於找到自己的路

從二〇一七年開始，我有幸受邀能與退伍軍人一起審查帕特・蒂爾曼基金會的申請文件。我從二〇一五年開始為這個組織演講，該組織提供獎學金給退伍軍人、現役軍人和軍眷。許多申請書都來自雄心勃勃的西點軍校校友。

申請書的小論文篇篇引人入勝且鼓舞人心。幾乎全談到各種寶貴經驗，例如在阿富汗服役，參加本地的颶風救難隊，在壓力下做翻譯，或是軍眷一再隨配偶輪調，卻為其他軍眷服務，日趨為軍事衝突或官僚失能而氣餒但仍不放棄。其核心都是因經歷了一些意外，引導他們去追求一個意想不到的新目標或發現了自己從未開發過的才能。

獲得資助的申請者加入了「蒂爾曼軍人學者」（Tillman Military Scholars）社群，他們成就卓越，對比同儕更晚轉換跑道的擔憂激發了這本書的靈感。探討大器晚成，實際上舒緩他們對於時間和學習的焦慮，且他們會因自己終於完成且學習到技能而感激不已。

熱忱與堅持當然重要，一時失意並非放棄的信號。但若將改變興趣或重新調整學習焦點視為一種競爭弱點，會導向了一個簡化、以一概全的老虎伍茲版故事，認為人人都該盡早學習，並想辦法持之以恆。如同梵谷，像西點軍校畢業生在知識經濟時代以後做的那般，雖然東繞西繞，卻也可貴重要，有助於找到最適合自己的路，雖然乍看像是一種糟糕的生活方式：只做短期計畫。

第 7 章

才華是透過「變」來展現

法蘭西絲．賀瑟貝（Frances Hesselbein）在賓州西部山區長大，[1] 周遭都是為了鋼鐵廠和煤礦工作而來的家庭。「在約翰城（Johnstown），五點三十分就是五點三十分。」她時常把這句話掛在嘴邊，所以在她辦公室外領號碼牌、想請她給予領導忠告的主管、軍官、立法委員，若想要完整一個鐘頭的諮詢時間，就得自己準時。即使已過一百歲生日，她每個工作日還是會準時致辦公室報到，處理多到做不完的工作。賀瑟貝喜歡向訪客提起她曾扮演四種職業角色的故事，而這四份工作全都是董事或執行長的職位，也不是她自己應徵來的。事實上她還曾經婉拒過其中三份工作，只要是嘗試猜想未來的人生方向，她幾乎總是猜錯。

高中時期，她夢想著成為終日與文字為伍的劇作家，畢業後報考匹茲堡大學的專科學院「匹茲堡專校」（*Junior Pitt*）。她喜歡嘗試不同課程，父親卻在第一學年病倒，賀瑟貝當時才十七歲，是三個孩子中的長女。她在父親過世時輕撫著他的臉頰，在父親的額頭上親吻告別，並答應他會好好照顧家人。那個學期結束後賀瑟貝便休學，在賓州交通百貨公司（Penn Traffic Company）做起廣告助理。

過沒多久她就結婚了，並在丈夫約翰加入二次世界大戰海軍行列前，為他誕下一名兒子。約翰是戰鬥空勤組的攝影師，返鄉後開設一間攝影工作室，從高中畢業照到紀錄片，對於工作來者不拒。賀瑟貝一人飾多角，並稱這份職務為「約翰幫手」。若客人想要小狗的照片看起來像一幅油畫，她就會靈機一動，捉起油畫顏料，上色，完成。

賀瑟貝很喜歡約翰城的豐富多元，但這座城市卻為她帶來一場震撼教育。身為剛成軍不久的賓州人際關係委員會（Pennsylvania Human Relations Commission）成員，約翰一連通報城裡數起種族歧視個案，例如拒幫黑人顧客剪髮的理髮院。「我沒有適合的器材，」理髮師哀怨連連，對此約翰回應：「那你要想辦法購入器材。」有次，約翰正面對質一名將兩位黑人學童趕出遊樂場的老師，這名老師還罵約翰「叛徒」。賀瑟貝內心一清二楚，要是一個社會真的重視多元包容，面對「他們看著我們時，是否看得見自己？」這個問題時，答案應該是「是」。

在賀瑟貝三十四歲那年，社區某位德高望重的女性來家裡拜訪，邀請她加入義工行列，率領女子童軍第十七小隊。當時前領導剛離職，前往印度宣教，其他鄰居已經婉拒這項邀約，賀瑟貝前後也共拒絕了三次。她有個八歲兒子，自稱對小女孩一無所知。後來聽這位女性說這三十名來自平凡家庭、在教會地下室開會的十歲女童軍，最終不得不面臨解散命運時，賀瑟貝答應接下六週的義工職務，等他們找到正式接班人為止。

預備期間，她研究了女子童軍的歷史，發現該組織創立於美國女性獲得投票權的八年前，而創辦人提醒女孩，未來她們可以成為「醫生、律師、女飛行家、熱氣球飛行家」。賀瑟貝憶起自己小學二年級時曾說自己想當飛行員，結果招來全班譏笑。於是她來到教會的地下室，展開為期六週的義工工作，最後賀瑟貝在第十七小隊一待就是八年，直到她們高中畢業的那一天。

在那之後，賀瑟貝持續接下不請自來的女子童軍職務。四十五歲那年，她首次離開美國，前往希臘參加國際女子童軍會議，其他海外行程接踵而來，包括印度、泰國、肯亞。賀瑟貝漸漸發現自己熱愛擔任義工。

她受邀擔任聯合勸募（United Way）地區活動主席。在當時，這角色就跟女飛行家一樣，不應該是女性擔當的職務。她心想這只是一份義工職務，試一試也無妨，但當她指派當地美國鋼鐵工人委員會（United Steelworkers of America）的會長擔綱副主席時，聯合勸募主席臨時急轉彎，覺得這不是好主意，還是得先和主要贊助商伯利恆鋼鐵（Bethlehem Steel）確認。賀瑟貝堅守立場，最後成功說服伯利恆鋼鐵和聯合勸募支持她的決定。當年，小小的賓州城鎮約翰城捐款達標，在全美聯合勸募達到最高人均捐贈額。就賀瑟貝所知，這本來就是一份臨時差，於是隔年理所當然地卸任。

一九七〇年，贊助女子童軍的三位約翰城商業龍頭，邀請賀瑟貝共進午餐，席間知會她，他們已經選好新任的女子童軍理事會地區執行董事。前任董事剛離職，而理事會目前又面臨嚴重的財務困境。

「真是天大的好消息，是誰啊？」她問。

「妳啊，」他們回答。

「我絕不會接正職工作，」她告訴他們：「我的身分只是義工。」

其中一名商人是聯合勸募的董事會成員，他說賀瑟貝要是不接這份工作，協助財務管理，聯合勸募就無法繼續贊助女子童軍，於是她答應接下職務，但只有六個月的時間，待找到經驗豐富的正職人員接手後，她就會主動退位。就這樣，五十四歲的她展開了人生第一份正職工作。賀瑟貝孜孜不倦研讀管理書籍，一個月後發現這份工作其實很適合她，於是一待就是四年。

即使她的工作順遂，背景卻黯淡無光。六〇年代末及七〇年代初，社會經歷劇烈轉型，而女子童軍並未跟上這波轉型潮。許多女性準備上大學、展開職業生涯，人數前所未見，她們需要更多有關性與毒品等敏感話題的資訊。該組織的生存面臨危機，會員數字一落千丈，執行長職務足足空了近一年。

一九七六年，研究委員邀請賀瑟貝前往紐約市面試。前幾任女子童軍執行長皆擁有驚人顯赫的領袖資歷。朵樂絲．史特拉頓隊長（Captain Dorothy Stratton）曾擔任心理學教授、大學學院院長、美國海岸警衛隊後備隊（U.S. Coast Guard Women's REserve）的創始董事，也是國際貨幣基金組織（International Monetary Fund）的首位人事主任。上一任的首席執行長是希西莉・坎南・瑟比博士（Dr. Cecily Cannan Selby），十六歲就進入拉德克利夫學院（Radcliffe College），之後運用她在麻省理工學院的物理生物學博士知識，將戰時科技套用細胞研究，而瑟比的國家領袖地位是更是跨足工業和教育界。至於賀瑟貝，則一直只是女子童軍的地區理事會會長，更只是美國三百三十五名的其中一位。她餘生都不打算離開賓州，於是禮貌地回絕工作面試的邀約。

可是約翰幫她接下了這場面試。他說工作她可以不接，但他會親自開車送她去面試。由於本身對這份工作興致不高，委員問假設當上執行長職務，她打算怎麼做時，她毫無壓力，輕鬆作答。賀瑟貝陳述深受傳統影響的組織應如何帶動整體轉型：必須重整活動才能與時代接軌，數學、科學、科技並重，階級式領導架構則必須瓦解，改採「循環管理」。各階層的職員不再只是梯子的其中一塊橫木，而是同心圓形手鐲的每一顆珠子，他們會同時接觸眾多人，可由當地議會向中央國家決策人傳遞他們的構想。最後，該組織必須包容性高：來自不同身分背景的女孩看見女童軍時，要能夠看得見自己的影子。

一九七六年七月四日，賀瑟貝抵達紐約市，在一個具有三百萬成員規模的組織擔任執行長。原本神聖不可侵犯的標準手冊出局，改由四本手冊取代，本本都是專為某年齡層所創。賀瑟貝聘用藝術家，並指示他們，一位來自阿拉斯加小冰原附近的六歲原住民女孩在翻閱手冊時，最好能從手冊裡的人物瞥見自己身著女童軍制服的樣子。她亦特別撥用款項，研究要怎麼撰寫邀請訊息，吸引不同背景的女孩加入女童軍行列。行銷海報成品充滿詩意美感，其中一張海報的目標群眾是美國原住民，宣傳標語是「妳的名字就寫在河川裡」。

他們告訴賀瑟貝，多樣性是很棒，可是現在就推行還言之過早，應該先修正組織內部的問題，再來煩惱怎麼擴展多樣性。但她認為多樣性正是組織內部主要的問題所在，於是更進一步，組成一支能夠代表她目標群眾的領導團隊，並落實現代化，層面擴及組織使命乃至徽章等，現在亦多推行了數學和電腦的徽章。她也做出撕心裂肺的決定，出售義工和職員自年輕時代就培養出深厚感情、但現在已不常使用的營地。

賀瑟貝共計擔任十三年的執行長，在她的率領下，少數族群會員達到三倍成長。女童軍總共多出二十五萬成員，新加入陣容的義工亦達十三萬多人。就連童軍餅乾事業也每年成長至三億多美金的銷售額。

一九九〇年，賀瑟貝從女子童軍組織退役，備受敬重的管理專家彼得・杜拉克（Peter Drucker）讚揚她是全美最優秀執行長，更說：「美國隨便一家公司到了她手中，她都可以經營管理地很好。」[2] 幾個月後，通用汽車（General Motors）執行長退休，《商業週刊》（*Business Week*）詢問杜拉克，下一任通用汽車執行長應該由誰擔任時，他說：「我會推舉法蘭西絲。」[3]

累積經驗，產生「無以定義的吸收消化過程」

一九九〇年，她退休後的隔日早晨，賀瑟貝意外接到美國共同保險公司（Mutual of America）董事長的電話，詢問她何時有空去紐約第五大道瞧瞧她全新的辦公室。這時的她已經擔下董事職務，但該公司希望她踏進公司內部，稍後再思考如何處置那間獲贈辦公室也不遲。到了這時，賀瑟貝已經很習慣在沒有清晰長遠計畫的情況下工作，畢竟她這一輩子，總是走一步算一步。

賀瑟貝決定要為非營利管理創辦基金會，為公益創業注入商業力。她原先會出席董事會，可是她已在賓州置產，於是會在那裡待上一陣子，專心寫書。創辦團隊邀請彼得・杜拉克擔綱創會理事長，他爽快答應了，但條件是賀瑟貝要成為執行長。賓州的寫作之路遙遙，她離開了世界最大型女性組織的領導職位，六週後又成為一家基金會的執行長，基金會沒有資產財富，只有一間免費辦公室，但這個起點對她來說已經很充足。她組織員工，現在日理萬機，經營法蘭西絲賀瑟貝領導力研究院（Frances Hesselbein Leadership Institute）。

她從未拿過大學學位，可是二十三位榮譽博士學位員工卻為她的辦公室增色不少。美國陸軍軍官學校則為了感謝她教授領導課程，贈送一把閃閃發光的軍刀，另外她也榮獲美國國民最高榮耀獎項：總統自由勳章（Presidential Medal of Freedom）。[4]

我在她過完一〇一歲生日不久登門造訪，並且乖乖聽從建議，帶了一杯熱牛奶去見她，接著便開門見山問她接受過哪些領導力訓練。這還真是問錯人了。「噢，別問我受過哪些訓練啦。」她不以為意地揮揮手打發問題，然後解釋她只是正好做了可以讓她學到東西、並讓她能在當下奉獻一己之力的事。日積月累之下，這些就成了一種訓練。正如奈夫談及梵谷人生時所言，**隨著各種經驗累積，「無以定義的吸收消化過程」就會產生**。「我根本不曉得那時的我正在接受訓練，」她告訴我，「我沒有當領導者的打算，只是做好每個當下需要做好的事，從中學習罷了。」

回首人生，賀瑟貝都是從她自己都不曉得是否存在的課題中摸索出重點。她發現了多元化的約翰城包容及排外的影響力；她從攝影產業習得博而不精的變通性；身為經驗少於員工、新上任的小隊領導，她採取分享式領導力的做法；她讓喜歡彼此較勁的股東為了聯合勸募活動團結凝聚。直到出席國際女子童軍會議前都不曾出國的她，很快學會該如何跟世界各地的同儕達成共識。

賀瑟貝在第一場參與的女子童軍特訓中，聽見另一名新任小隊領導抱怨特訓毫無收穫。賀瑟貝把這件事轉述給一名也擔任義工的服飾工廠員工，結果這名員工對她說：「你得拎著一只大桶子，才能滿載而歸。」她現在告訴大家這句話，意思是**只要一個人保持開放心態，就會從每個嶄新經驗中學到東西**。

對於一個六十歲差點因為推掉工作面試而錯過人生使命的人，這是再自然不過的人生哲學。她沒有長遠規畫，只知道從事自己最有興趣、當下最必要的事情。「我從來不設想未來」是她最受歡迎的開場白。賀瑟貝五十五歲才展開的職業生涯精采奪目，然而，曲折蜿蜒的道路卻不是這麼一回事。

多數成功人士，都是繞了圈子才解鎖成就

哈佛大學意識、大腦、教育研究所課程（Mind, Brain and Education Program）主任陶德．羅斯（Todd Rose），以及計算神經科學家奧吉．奧加斯（Ogi Ogas）撒出一張大網，開始網羅研究曲折得不尋常的職業道路。他們想要尋找繞了大圈子才解鎖成就的人，於是招募各界成功人士，從侍酒大師、私人組織籌辦者，乃至動物訓練師、鋼琴調音師、助產士、建築師、工程師都有。「我們本來猜想，恐怕要訪問五個人，才能遇到一個走出自己道路的人。」奧加斯告訴我：「沒想到大多數人都屬於這類型，多過於我們所想。」

結果幾乎所有人都走上看似不尋常的道路。「更不可思議的是，他們都以為自己是異類，」奧加斯說。前五十名受訪對象之中，有四十五人在細數自己的生涯道路時，想到自己不斷切換人生跑道，迂迴曲折到連他們都不好意思。「最後還會感嘆地補充一句『哎呀，正常人哪會這樣亂來』」奧加斯說，「他們一直聽人說偏離最初事業跑道是多麼冒險的事，可是事實上我們應該理解，這種狀況並不奇怪，反而屬於常態。」因此這項研究取了一個名字——黑馬專案，因為即使後來有更多受訪對象加入，大多人都自認為是不走在常規道路的一匹黑馬*。

黑馬尋覓的正是契合度。「他們從不會環顧四周，然後說『噢，這些人都比我早也比我年輕就踏入這行，這樣我會趕不上別人』」奧加斯說，「他們真正在乎的重點是：『這是我當下想要從事的工作；這是有我的動力來源；我在這裡發現自己享受的事；這是我想要學習的；這裡有機會前途。以上哪個才是最符合當下的條件？也許一年後的今天，我會找到更好的事業，然後轉換跑道。』」

每匹黑馬都踏上一段與眾不同的道路，策略卻大同小異。「那就是短期規畫，」奧加斯告訴我：「他們落實的都是短程計畫，而不是長遠規畫。」即使從遠處觀望，看起來是落實長遠願景的實踐家，只要走近一看，通常會發現他們其實是短程規畫家。

二〇一六年，有人問耐吉（Nike）共同創辦人菲爾．奈特（Phil Knight）[5]，他有什麼長遠願景，以及創辦公司時，他怎麼知道自己想要什麼，他的回答是：他一直知道自己很想成為職業運動選手，偏偏能力不足，於是轉換跑道，改而從事一項與運動相關的事業。而他當時正好在某位大學教練的指導下跑田徑，這名教練懂改球鞋技術，結果後來成了奈特的共同創辦人。「那些從高二起就清楚自己未來要做什麼的人，坦白講我為他們感到可惜，」他說。奈特在他的回憶錄裡寫道，他「不太擅長設定目標」[6]，草創球鞋公司的主要目標是早日吞下敗果，這樣他就能從中記取教訓，並且套用於下一場事業冒險。他的短期重點一個接著一個換，過程中也不忘套用自己學到的教訓。

放棄自我探尋的曲折道路，採取贏在起跑點的死板目標，是一種合理做法，畢竟這樣能保證穩定性，奧加斯用好記的「標準化協定」形容這種文化概念。「我們研究的成功人士確實都設定了長遠目標，但他們往往只在探索期結束後規畫，」他告訴我，「取得法律或醫學學歷甚至博士證書，顯然也沒什麼不對，但在確定這一行究竟是否適合自己前就故步自封，其實風險更大。千萬不要死守著一條道路，不少人都是醫學院念到一半找到自我。」達爾文（Charles Darwin）就是其中一例。

達爾文聽從父親的建議，計畫將來當一名醫生，卻覺得醫學講課「沉悶無趣到受不了」。醫學院念到一半，有次手術中鋸子鋸到一半，他突然步出手術室。「我沒再回去開刀，」達爾文寫道，「不論是哪種誘因都無法使我回頭。」[7]當時的達爾文是聖經直譯主義者，以為自己將來會成為神職人員。他盡情探索不同課程，曾經跟著一名教授研習植物學，後來這名教授甚至推薦他一份無酬工作，讓他登上英國皇家海軍艦船小獵犬號（HMS

---

* 美國勞工統計局（Bureau of Labor Statistics）的資料顯示，千禧世代職場流動率高的形象，其實不過是一種知識經濟趨勢的自然延續。後嬰兒潮世代（一九五七至一九六四年間出生者）中，五成的人在十八至五十歲之間少說換過十一次工作，不同教育水準的男女都相差不大。

Beagle）[8]。達爾文成功說服父親（在伯父協助下），他絕不會因為暫時脫離軌道而變成遊手好閒的無賴。大學畢業後，他遂展開了恐怕是人類史上最具影響力的壯遊年（post-college gap year），父親對他原本的期許最後也「自然消亡」。[9]

幾十年後，達爾文回想起自我探索的路程時，如此寫道：「我居然曾想當神職人員，太荒唐好笑了。」他那擔任六十多年醫師的父親討厭見血，「如果爺爺當初讓父親有得選，」達爾文寫道，「他恐怕無論如何都不會選擇當醫生吧。」

美國科幻驚悚小說之父麥可．克萊頓（Michael Crichton）得知很少作家能靠寫作維生後，也決定踏上醫學之路。關於醫學，「我從來不用思索這份工作是否值得。」[10]他描述。然而幾年後他卻不再對醫學抱有熱忱。雖然畢業自哈佛醫學院，最後他還是決定回頭當作家。但是他的醫學教育並未白費，克萊頓利用這個專長背景，創作出世上最家喻戶曉的故事，例如《侏羅紀公園》（*Jurassic Park*）的小說，以及入圍創下紀錄、獲得一二四項艾美獎提名的電視影集《急診室的春天》（*ER*）。

隨著自我認知更趨完整，回首當初，或許會發現原本看似穩定並且錯不了的事業目標，也變得猶如達爾文形容的：「荒唐好笑」。我們的職業和人生偏好並不會保持原狀，原因是人也一直在變。

唯一恆定的就是改變

哈佛大學心理學家丹・吉爾伯（Dan Gilbert）稱之為「已達人生終點的錯覺」[11]。從青少年邁入老年後，我們會發現自己的欲望和動機隨著時間流轉，變得跟以往相差甚遠（光是回頭看你以前的髮型就知道了），卻盲目相信未來的自己不會改變太多。套句吉爾伯的話，我們都是自稱成品的半成品。

吉爾伯和同僚找來一萬九千多位介於十八至六十八歲的成年人，測量了他們的偏好、價值觀和性格；有的人必須預測未來十年自我的改變幅度，有的則得回憶過去十年的改變幅度。預測組認為未來十年自己不會變太多，回憶組則說自己已變得跟過去十年相當不同。**我們以為一成不變的特質，其實發生劇烈轉變**，像是會讓自己開心的事、安全感、成功、誠實等的核心價值。

此外，對於假期、音樂、嗜好、甚至朋友的偏好也會隨著時間改變。好笑的是，預測組說為了他們當前最愛樂團十年後的表演門票，他們願意支付平均一二九美元，而回憶組則只願意為十年前最愛樂團的演唱會掏出八十美元。而現在跟你要好的人，事實上跟其他人生中遇見的人一樣，緣分都會轉瞬即逝。雖然這種結果令人感到意外，完整紀錄後卻足以證實其效力。

小時候個性害羞的人，長大後也可能害羞，這說法絕對有道理，卻不具絕對關聯性。要是某個人格特質不變，其他的也有可能轉變。**唯一恆定的就是改變**，無論是以不同世代的平均值來看，或以每個人的改變程度來說，結果都一樣。伊利諾州大學心理學家布蘭特．W．羅伯茲（Brent W. Roberts）專門研究人格發展，他和另一位心理學家整合了九十二份研究結果，發現有些人格特質朝可預測的方向逐漸改變，成年人的性格往往隨著年齡增長，變得更好相處、盡心盡責、情緒穩定，也不那麼神經質，相對的是對全新體驗較不開放。

到了中年，一致性和謹慎程度會越來越高，比較不具好奇心、開放心態、創意也減少*。這類改變具有眾所周知的影響，例如一般而言，成年人會隨著年齡增長，較不易發生暴力犯罪，也較有機會建立穩定的人際關係。重大的人格改變都是在十八至二十幾歲之間發生，**所以提早踏入某個專業，等同於為一個尚不存在的人預測他的契合度**。雖然是可以這麼做，卻可能造成更嚴重的誤差。再者，人格變化雖然會放慢，但不管到了哪個年齡，改變並不會完全終止，有時甚至可能會一夕發生。

多虧 YouTube，「棉花糖測試」（marshmallow test）恐怕是現在世上最有名的科學實驗。棉花糖實驗其實是一系列自六〇年代開始的實驗。初始設定很簡單：試驗者要在一位托兒所小朋友面前擺一顆棉花糖（或是一塊餅乾、椒鹽捲餅），並在離開前告訴小朋友，要是他可以忍著不吃掉糖果、等試驗者回來便可獲得這顆棉花糖，此外再追加一顆。但要是小朋友等不了，就會吃掉這顆棉花糖。重點是小朋友並不知道需要等多久（根據年齡不同，可能十五至二十分鐘不等），所以要是他們想要最高獎賞，就得耐著性子等待。

美國著名心理學家華特・米薛（Walter Mischel）和他的研究團隊多年後追蹤這群孩童的發展[13]，發現當初愈能等待的小孩，後來在社會、學術、財務上成功的機率就愈高，濫用毒品的機率也較低。

棉花糖試驗可以算是科學實驗界裡的名人，然而各大媒體網站和急欲預知孩子命運的家長，都開始在網路上傳他們自製的棉花糖試驗影片，甚至讓這個實驗成為研究界裡的碧昂絲。這些影片既可愛又有意思，幾乎所有孩子都會稍微耐著性子等待，有的人會盯著棉花糖，摸一摸、聞一聞，故意伸長舌頭舔一下，然後像是被燙到似的收回舌頭，甚至會放進嘴裡再取出、假裝大咬一口、有些小孩會撕下小到幾乎看不出的一小角試味道。

＊若對統計數字好奇，在此提供數據。某項人格特質在青少年時期和老年時期的相關性一般約落在〇・二至〇・三之間，算是合理範圍。（假設沒有隨機的測量誤差，一・〇的相關性意味著，跟受測對象同年齡的同儕相比，其人格特質完全沒變。）「七十五歲的我們，絕對跟十五歲時不一樣。」羅伯茲這麼告訴我，不過「仍是有跡可循的」。

影片結束前，一開始就伸手去摸的孩子會嗑掉棉花糖，而成功抵擋棉花糖誘惑的小朋友則使出五花八門的分心法，從遠眺他處到推開盤子、摀住雙眼、邊原地繞行邊尖叫、唱歌、自言自語、數數字，在椅子上胡亂揮動雙手，或者（小男生們）會打自己的臉。有個小男孩刻意迴避視線，不去看棉花糖，最後等到試驗者帶著第二顆棉花糖回來，他立刻把兩顆棉花糖塞進嘴裡，狼吞虎嚥地吃下去。

利用棉花糖測試來預測未來，如水晶球般的魅力不容置疑，同時卻也曲解誤導。米薛的合作對象，美籍日裔心理學家正田裕一（Yuichi Shoda）反覆指出，許多吞下棉花糖的學齡前孩子後來發展其實都不差*。[14] 正田說最令人振奮的是，該研究顯示**孩子可以運用簡單的心理策略，學到改變某種特定行為，例如把棉花糖想成一朵雲，而不是食物**。正田的後期棉花糖測試研究成為心理學的一座橋樑，牽繫起兩個極端論調，分別是先天本性及後天養成所扮演的角色。

其中一個極端說法是，性格特質幾乎完全是天性使然，另一個極端觀點則認為人格完全由環境造就。正田認為，這兩種所謂人與情境的說法其實都沒錯，卻也大錯特錯。在人生某些時刻，一個人的本性會影響他們在某種特定情境的反應，但是換成其他情境，本性卻可能變得意外地不同。米薛開始研究「假如／那麼」問題，[15] 也就是「假如」大衛出席一場盛大派對，「那麼」他會表現內向的一面，可是「假如」大衛在工作場合和團隊相處，「那麼」他會展現出外向的一面。（這是真的）所以大衛究竟屬於內向抑或外向人格？兩者皆然，而且始終如一。

奧加斯和羅斯把這叫作「情境原則」。二〇〇七年，米薛寫道：「這類研究欲表達的重點是，在家展現出暴力傾向的孩子，在校內可能沒有其他孩子暴力；遭遇感情挫折會變成恐怖情人的人，或許卻能夠接受工作上的批評；在醫師診療室裡緊張、焦慮到昏厥的人，也許是心靈平靜的登山愛好者；熱愛冒險的企業家平時可能不太願意涉入社會風險。」

羅斯更白話地解釋：「如果你今天開車時表現地一絲不茍，八成可以猜得到你明天開車時也是一絲不茍，然而……你在當地酒吧中表演披頭四的成名曲時，或許不會這麼一絲不茍了。」[16]也許這就是康納曼和他的軍隊同事（詳見第1章）無法從障礙訓練演習中，預測誰會成為戰場領袖的原因。

我還在大學跑田徑時，遇過在田徑場上毅力看似堅不可摧的隊友，但是需要上課時他們卻幾乎堂堂缺席，諸如此類的狀況屢見不鮮。**我們不應該問一個人是否堅定勇敢，反而應該**

＊來自一份二〇一八年發布的棉花糖測試版本結果。他們發現該版本棉花糖試驗，對於未來行為的預測力較原始研究來得低。[17]

問他們，什麼時候會展現出勇敢的一面。「如果你把一個人丟進適合他們的環境，」奧加斯說，「那他們就更可能發憤圖強，從外表看來就是英勇毅力的人。」

由於人格會隨著時間、經歷、不同情境轉變，程度超越我們預期，所以要是我們的過往經驗不足、時間不多、只遇過少數情境，就很難打造出嚴格的長遠目標。每個「不同版本的自我」都在持續進化，所以我們應該聽取愛麗絲的智慧建言，《愛麗絲夢遊仙境》（*Alice the Wonderland*）中，奇境的獅鷲請她分享自己的故事時，愛麗絲決定從當天上午的歷險記講起：因為「回溯昨日沒有意義，」她說，「我已經不是昨天的我了。」愛麗絲道出真理，而這個真理對於強化契合度的方式具有深遠影響。

每個人都是由各種可能打造而成的個體

倫敦商學院（London Business School）組織行為學院教授赫米妮雅．依博拉（Herminia Ibarra）研究年輕顧問和銀行員是怎麼在她稱為「不是升官就是走人」架構的公司內部更上一層樓（或是相反）。經過後來幾年的追蹤，她發現有些崛起之星不是離職，就是已經展開全新事業，抑或正在構思離職計畫。

依博拉接著展開另一項研究[18]，這次網羅了網路企業家、律師、醫生、教授、資訊科技專業人員，重點放在轉職。依博拉追蹤野心勃勃、多半介於三、四十歲的專業人士，觀察對象來自美國、英國、法國，而這些人的事業至少已直線發展了八年。研究過程中，她觀察處於就職生涯中段的專業人士會從渴望些微轉變，發展成轉換的動盪期，最後確實轉職另一項嶄新事業。有時她發現同一人經歷了兩次完整的轉職過程。當她彙整研究資料，核心假設立刻顯得簡單明瞭，卻意義深遠：**我們是從生活之中，而不是從過往來認識自己**。

依博拉的結論是，我們會在人生中嘗試不同活動、社會團體、情境、工作、事業，反思調整個人描述，藉此強化契合度，而這個過程會不斷重複。要是覺得聽起來輕率，不妨思考這正好和大型行銷活動相反，這類活動都向顧客拍胸脯保證，只需要透過反思，他們就能找出最適合自己的事物。別具賺頭的事業、人格測驗、諮詢產業都是靠這種概念推出服務。「優勢分析給我們一個機會，讓我們能對自我和他人進行分類，卻往往不考慮人是怎麼成長進化、開花結果，發現新事物。」依博拉告訴我，「可是人們想要知道答案，正因如此這類組織機構才有賺頭。相較之下，說出『設計一些全新實驗，看看接著會怎樣發展吧』反而難多了。」

只要你填寫完成測驗，就一定會讓你知道屬於你的理想事業道路，至於心理學家記錄隨著時間背景產生的個人變化，就不用去管了。依博拉亦批評鼓吹傳統觀念的文章，例如《華爾街日報》（*Wall Street Journal*）的〈輕鬆踏上新事業道路〉（*the Painless Path to a New Career*），文中鐵口直斷祕訣是：只需在行動前打造「一幅你所期望的清晰藍圖」。

跟我們神聖遵守的原理相反，她告訴我，其實我們應該「先行動後思考」。依博拉整理社會心理學，強而有力指出**每個人都是由各種可能打造而成的個體**，根據她的說法：「人是透過實際行動發掘可能性，例如不斷嘗試新鮮事物、建立嶄新網絡、尋覓全新典範，」我們是從實踐認識自我，而不是透過理論。

試想法蘭西絲．賀瑟貝的例子，她不也一直以為自己只是在嘗試某樣新鮮事物，直到其他跟她同齡的人逐漸進入退休的年紀，她才發現自己是從一連串的短期規畫中，找到她的人生志業。再不看看梵谷吧，他每次都很確定找到屬於自己的完美道路，後來卻發現他大錯特錯，直到他總算錯不了的那一刻。

依博拉記錄下一些極端的轉職案例：三十八歲的精神病學家兼暢銷書作者皮耶，在一場晚宴上遇見一名西藏喇嘛，最後曲折離奇地走上佛教僧侶之路。另外是較稀鬆常見的轉職類型：四十六歲的經紀公司科技經理露西，聽見某機構發展顧問給予她關鍵的個人意見時震驚不已，於是她雇用這位顧問當私人教練，接著很快發現她比較有意管理人員（該顧問說服她這正是她的弱項），而不是待在科技業。她開始去上課受訓、參加會議、淺嘗個人網絡較不熟悉的那一塊，看看是否可行。隨著慢慢接起一場場案子，她的弱項最後變成強項，最後正式轉職，成為機構發展教練。

不同主題會在轉變過程中不斷浮出，主角先是對自己的工作失望，接著因緣際會遇見某個他們不曾接觸的世界，讓他們展開一連串短期探索。起初，所有事業轉換難免落入贏在起跑點的思維，篤定認為為了短期快速發展的實驗，放棄長期以來堅守的計畫，是件很不理智的事。有時他們會想盡辦法勸退自己，他們的知己好友也會勸他們別做出倉促決定：現在不要換工作，先把全新發掘的興趣或才能當作一門嗜好。但愈是深入探索，這些人就越確定改變的時候到了。

全新的工作身分不會一夕成形，而是藉由賀瑟貝那樣的短期嘗試，抑或找到一個全新模範，反思經驗，接著開始下一個短程計畫。即使有些轉職者會致富，有些可能損失財富，所有人都會有一陣子覺得自己跟不上腳步，但和蘋果橘子經濟學的擲硬幣研究一樣，他們還是覺得改變後的自己比較快樂*。

依博拉提出的忠告，幾乎跟黑馬專案研究員記錄的短程規畫相同，與其盼望能從「我究竟想要成為怎樣的人」等問題中獲得絕對的先驗答案，他們的研究指出，最好還是當自己的科學家，先拋出幾道可以測試的簡單問題，例如：「我應該先從哪個可能的自我開始探索？該怎麼做？」藉此探索自我的各種可能**，與其打造好高鶩遠的計畫，不如找出可以迅速實踐的實驗。「試驗學習」，依博拉告訴我：「而不是規畫實踐。」

電腦科學家兼矽谷孵化器 Y Combinator 的共同創辦人，Airbnb、Dropbox、Stripe 和 Twitch 等創投公司出資人保羅．葛蘭姆（Paul Graham）[20]，在他為高中畢業典禮所寫的演講詞中濃縮了依博拉的要旨，卻從未真正拿出來演講：

> 說出自己喜歡什麼雖然看似再簡單不過，其實不然。部分是因為我們很難看清大多工作的真實樣貌……過去十年間我所從事的工作在我高中時期根本不存在……所以說，在這樣的世界，預先規畫好一個不變的計畫藍圖並不是好主意。
>
> 每年五月，全國各地的講者都會搬出標準的畢業演講，主題多半是：不要放棄夢想。我知道他們想要表達的要旨，但這種說法其實不準確，因為這意思是要你繼續死守最初計畫。對於此現象，電腦界創了一個專有名詞：過早最佳化……
>
> ……與其朝著某個目標努力，不妨從最有前途展望的情況下手，盡全力去嘗試，這

就是成功人士的致勝關鍵。

若是採用畢業致辭的做法，等於你決定了未來二十年間想當的角色，然後自問：我該怎麼做才能達到目標？相對地，我反而希望你們不要一頭栽進未來展望的藍圖，而是看看手邊有哪些可行選項，然後從中挑選未來最有可能發展的事做。

依博拉稱為「規畫實踐」的模型，就是先打造長遠計畫，然後不偏離軌道地落實計畫，而這種模型跟「試驗學習」模型正好相反。「規畫實踐」模型論調根深柢固存在於有關天才的描述。有個知名的傳說指出，雕刻家米開朗基羅根本不用觸碰一塊大理石，就能夠知道完成作品的樣貌，他接下來需要做的只有敲鑿挖下多餘石塊，解放困在大理石內部的形體。這個畫面很細膩美麗，但並不是真的。

* 譯註：《蘋果橘子經濟學》（*Freakonomics*）中著名的拋擲硬幣。硬幣投到正面可獲一百元，投到反面則要付出一百元，多數人都不願意冒這二分之一的風險，畢竟失去的痛苦遠大於獲得的快樂，但是若回收的獎勵越高，願意放手一搏的人就會增加。

** 《實習醫師》（*Grey's Anatomy*）和《醜聞風暴》（*Scandal*）的創作者珊達．萊梅斯（Shonda Rhimes）就是藉由她所謂的「照單全收之年」，探索不同層面的自己。萊梅斯個性內向，傾向對不在自我計畫的邀約說不，於是她決定那一整年都答應接受所有邀約。那年結束後，她也透徹了解什麼才是自己最想要經營的事業。

藝術歷史學家威廉・瓦勒斯（William Wallace）說明，米開朗基羅實際上是個試驗學習的高手，他會不斷改變想法，手裡一邊雕刻，內心也一邊變換計畫。[21]他時常雕刻至剩下五分之三，就轉頭去做更有發展的事。瓦勒斯的分析劈頭就指出：「米開朗基羅並不闡述藝術理論。」他嘗試過，接著又從理論出走。身為雕刻家、畫家、建築大師的他，曾在佛羅倫斯設計築壘工程。年近三十時，他甚至將視覺藝術暫擱一旁，寫起詩來（其中一首還在講他當時對繪畫有多厭膩）[22]，其中一半的詩詞都未完成。

跟所有急欲提升自我契合度的人一樣，米開朗基羅是從實踐中認識到自我，以及他雕刻的對象，而不是理論。他先是產生一個想法，然後測試、改變、最後隨時可以為了一個更適合的點子放棄原先想法。米開朗基羅簡直非常適合到矽谷上班，他孜孜不倦地重述自我，工作風格亦符合依博拉的全新格言：「當我看見自己做的事，我就認識了自己。」

放手一搏，就是解鎖個人才華的鑰匙

我要坦白披露：研究黑馬專案之後，迂迴蜿蜒的短期事業計畫讓我為之信服。這份研究之所以引起我的共鳴，一部分不脫我個人的經歷，但更主要是因為我可以描述說明一籮筐我敬佩不已的對象。

非文學類作家兼製片塞巴斯蒂安·榮格（Sebastian Junger）二十九歲時曾是一名園藝家。有次他整個人綁著安全束帶，在一棵松樹樹冠上工作，卻不慎被電鋸割破大腿，於是衍生了以險惡工作為創作主題的念頭。意外發生後兩個月，他依舊跛著腳，當時一艘從他的居住地麻薩諸塞州格洛斯特出發的漁船在海上迷航。

於是商業捕魚賦予他構想，讓他找到主題，結果寫出了《天搖地動》（*The Perfect Storm*）。此後榮格就熱此不疲創作險惡工作的題材，製作出榮獲奧斯卡獎提名的戰爭紀錄片《當代啟示錄》（*Restrepo*）。「我腿上那道傷口，可以說是我這輩子最美好的禮物，」他告訴我，「那道傷提供我一個模板，讓我摸索出個人職業生涯。我人生中美好的事物通常都有個不幸的開端，所以我個人的感覺是，事情發生當下，你不可能知道是好是壞。因為你根本不可能知道，所以還是要等看後續發展。」

我最欣賞的小說家甚至可能是黑馬中的黑馬。村上春樹（Haruku Mirakami）本來想當音樂家，「偏偏我不擅長演奏樂器。」[23]他說。二十九歲那年，他在東京經營一間爵士音樂酒吧時，去看了一場日本職棒季賽，球棒揮擊的清脆響亮，村上春樹描述是「美妙絕倫的迴盪聲響」[24]。這場球賽突然讓他明白，他想要寫小說。這個概念是從何而來？「我當時不知道，其實到現在還是不知道。」他開始在夜裡創作。「寫作的感受非常清新。」村上春樹的十四本小說（皆納入大量音樂元素）已翻譯成五十多國語言發行。

奇幻小說作家派崔克・羅斯弗斯（Patrick Rothfuss）在大學攻讀化學工程，後來他發現「化學工程很沒意思」[25]，於是展開了摸索不同主修學科的九年時光，直到「校方好聲好氣求他盡早畢業」。大學畢業之後，他的官方個人資料描述「派崔克讀過研究所，但他不太想談這件事。」與此同時，他也開始寫起小說。小說《風之名》（*The Name of the Wind*）化學元素豐富，在全球賣出數百萬銷售佳績，有望成為《冰與火之歌》（*Game of Thrones*）接班人的強檔電視劇素材。

小說家希拉蕊・喬丹（Hilary Jordan），正好是我布魯克林公寓大樓樓下的鄰居。她告訴我，在開始寫小說前她在廣告業待了十五年。她的第一本小說《泥沼》（*Mudbound*）獲得貝爾維德文學（Bellwether Prize）社會議題獎，電影版由 Netflix 購入，並於二〇一八年獲得四項奧斯卡提名。

跟喬丹不同，米爾扎哈尼很早就想當小說家，小時候她就對學校附近的書店著迷不已，並且夢想有朝一日當上作家。她攻讀數學，但是「對此我興致全無，懶得去想。」[25] 這是她後來的說法。最後她把數學當作一種探索過程，「這就像在叢林裡迷失方向，想要拼湊起所有知識，找出全新訣竅，要是幸運一點，還可以找到出路。」[26]二〇一四年，她成為世界最知名數學獎費爾茲獎（Fields Medal）的首位女性得主。

我在《運動畫刊》工作期間認識的運動員中，最崇拜的一位是英國鐵人三項選手（也是作家兼慈善家）克里西・威靈頓（Chrissie Wellington），而她二十七歲那年才首次騎上公路自行車。在尼泊爾參與汙水衛生專案時，她發現自己很喜歡騎自行車，而且在高海拔的喜馬拉雅山上，她的速度跟得上西藏的雪爾帕人。兩年後她回到家鄉，獲得生涯中四座鐵人三項世界冠軍的第一座，接著又在鐵人距離賽（Iron distance）中獲得十三全勝佳績，這個起步晚的職業生涯只維持了五年，「我對這項運動的熱血絲毫未減，」[28]她退休時說，「可是全新體驗和挑戰的熱情也在我內心熊熊燃燒。」

我是愛爾蘭戲劇的粉絲，最欣賞的演員莫過於愛爾蘭演員希朗・漢德（Ciaran Hinds），他最家喻戶曉的角色就是他在HBO《羅馬的榮耀》（*Rome*）扮演的凱薩大帝、《冰與火之歌》的北方之王曼斯・雷德，以及AMC電視台的《極地惡靈》（*The Terror*）。他最著名的聲優演出，就是迪士尼動畫《冰雪奇緣》（*Frozen*）的精靈長老佩比爺爺。而這本書讓我正好逮到機會，可以訪問漢德的事業生涯。

回想過去，他曾是「遊手好閒的小子」，在報名貝爾法斯特女王大學（Queens University Belfast）的法學院時，還不確定未來的人生方向。他說「對撞球、撲克牌、實驗舞的熱血」很快就轉移他的注意力。一名學校助教曾在他十二歲時看過漢德在學校話劇裡飾演馬克白夫人，於是建議他放棄法律，轉戰戲劇學校。「他很好心，還幫我說服了我父母，那時他們對這個決定還挺惶恐不安的，」漢德告訴我。「後來我就去就讀皇家戲劇藝術學院（Royal Academy of Dramatic Art），職業劇場演員生涯就此拉開序幕。」

奈夫和他辭世的伴侶兼共同作者史密斯的梵谷傳記是我讀過（不分文類）最優秀的一本書。奈夫和史密斯在法學院相識，當時兩人知道法律不是他們要走的路，於是決定攜手進行各種主題的文學創作，就算編輯希望他們專挑一種文類，貫徹到底，他們還是什麼都寫，從真實犯罪乃至男性風格都有。他們放手踏入全新領域，最後得到意想不到的收穫。

另一間出版社的編輯請他們撰寫律師服務概論時，這本書讓他們最後創辦了「最佳律師」（Best Lawyers），催生同儕推薦的大型出版產業。「如果我們沒有接受並支持這個點子（打造幫大家挑選律師的推薦參考目錄），」奈夫對我說：「我們的人生就會截然不同，而這與我們以前做過的事不同。」若是如此，他們或許就不會有經費和自由耗費十年時光，為撰寫梵谷傳記或是獲得普立茲獎的傑克遜．波洛克（Jackson Pollock）傳記全心鑽研。

奈夫告訴我，波洛克「是紐約藝術學生聯盟（Art Students League）裡最沒天分的製圖畫家」可是正因為波洛克跟梵谷一樣，欠缺傳統繪圖技能，以致於日後發明出屬於自己的一套藝術創作規則。提供正規藝術道路的學校如雨後春筍冒出，「但有個大問題，那就是藝術家通常會成為這類學校的產物。」本身也是藝術家的奈夫表示。

也許這也大幅助長了民眾對非主流藝術的興趣，而這些藝術創作者都未走上正規道路，就展開他們的創作。當然接受正式才能發展並無過錯，**但若這是唯一可行的管道，我們就會錯過某些最才氣縱橫的人才**。「非主流藝術家」都是視覺藝術界裡的自學爵士大師，他們作品的原創性可能讓觀眾驚為天人。

二〇一八年，國家美術館（National Gallery of Art）舉辦了一場專為自學藝術家策辦的展覽，史丹佛大學、杜克大學、耶魯大學、芝加哥藝術博物館的藝術歷史課程現在都安排非主流藝術研討會。二〇一五年受派擔任亞特蘭大高等藝術博物館（High Museum of Art）的自學藝術全職策展人，凱薩琳．詹特森（Katherine Jentleson）對我說，這些藝術家通常最早是以實驗和從事自己感興趣的創作開始，同時兼職其他工作。「大多人都是在退休後才認真展開藝術生涯。」詹特森說。

她介紹了我認識雕刻家兼畫家盧尼．霍利（Lonnie Holley），一名在阿拉巴馬州貧困家庭中長大的傑出自學藝術家。一九七九年，正是他滿二十九歲那年，妹妹的兩個孩子葬身火場，這家人買不起墓碑，霍利遂到鄰近的玻璃場搜刮廢棄砂岩，自行雕刻。「那時我連藝術是什麼都不知道！」他雙眼圓瞪著告訴我，彷彿就連他都不相信發生在自己身上的故事。

但創作的感覺很好，後來他也幫其他家庭雕刻墓碑，開始運用他搜刮得到的素材進行雕塑創作。我跟他佇立在展示他個人作品的亞特蘭大藝廊門前，他順手撈起一個迴紋針，迅速彎曲折出一個精緻人臉輪廓，然後戳進櫃檯小姐正在使用的鉛筆橡皮擦裡，當作裝飾。實在難以想像他走上藝術創作之前的人生是什麼模樣，因為他甚至不用伸手觸碰，只要雙手開始探索某件物品，就能從中變出什麼。

詹特森也介紹我亞特蘭西北方約莫一百四十公里的天堂花園（Paradise Garden），現代藝術界中的法蘭西斯·賀瑟貝、已逝牧師霍德華·費斯特（Howard Finster）充斥著繪畫和雕刻作品的房子。費斯特長期在他的土地整理拼裝藝術展示品，從工具收藏乃至琳瑯滿目的果樹都有。一九七六年某天，五十九歲那年，他在修理一台腳踏車時，發現大拇指的白漆斑點模樣狀似一張人臉，他回憶道：「一股暖流流竄全身。」[29]

費斯特立刻開始成千上萬件藝術作品創作，把家裡塞得滿滿的，包括幾千幅充滿他個人特殊的類卡通風格畫作，畫作通常含有許多動物與人像，包括貓王、喬治·華盛頓總統、天使，背景則是奇幻的世界末日場景。沒多久他就去錄製強尼・卡森（Johnny Carson）的《今夜秀》（*Tonight Show*），幫 R. E. M. 及臉部特寫（Talking Heads）樂團製作專輯唱片封面。

我踏進花園那刻，費斯特穿著一襲酒紅色西裝、得意傻笑的碩大自畫像隨即映入眼簾。這幅畫作掛在煤渣磚牆上，底部有一排文字「我在一九七六年一月開始繪畫，並未受過任何訓練。這是我的畫作，**一個非得親手嘗試才知道自己有何能耐的人，放手一搏就是解鎖個人才華的鑰匙**。」

第 8 章

當個內行門外漢，才能打破極限

艾爾夫・賓漢（Alph Bingham）是第一個開口承認的人：他超級專業，至少以理論來說是。「我的博士學位甚至跟化學無關，是有機化學啊！」他驚呼：「要是這之中沒有包含碳，嚴格說起我根本稱不上是合格的化學家，懂了嗎？」七○年代就讀研究所的賓漢和同學必須設計特定分子的製作方法，「學校裡淨是腦袋超好的男女同學，我們做得出分子。」他對我說，「可是總有些人的方法比別人聰明，我稍微注意了一下，發現最聰明的解決方法一直都跟普通課堂傳授的知識無關。」有天，他成為了那個最聰明的人。

他想出利用四個簡單步驟合成分子的簡潔方法，關鍵知識來自一種賓漢自童年起就認識的烘焙材料：塔塔粉*。「你現在可以去問二十個化學家，看他們知不知道塔塔粉是什麼，絕大多數人會跟你說不知道，」他說，「我思考過區別不同方法的程序，這在任何課程或某人的履歷表上是找不到的。我發現**無心插柳的門外漢思維，才是真正更聰穎、划算、有效解決問題的方法**，況且還比別人更精準。於是我以這個概念為出發，從思考問題該如何解決，最後延伸至『該怎麼創建一個能利用這種方式解決問題的組織？』」幾年後，賓漢在禮來公司（Eli Lilly，美國跨國製藥公司）擔任研究發展策略副總，恰好有機會可以創建這個聰明機構。

二〇〇一年春天，賓漢集中了二十一道難倒禮來科學家的問題，詢問高層他是否可以把問題張貼在網站上，讓網友看見。高層主管說如果顧問公司麥肯錫（McKinsey）覺得這是好主意，他才願意考慮公開問題。「麥肯錫的想法是，」賓漢回憶：「『不試試看誰曉得？你不如開設網站，再告訴我們進展吧。』」賓漢照做了，但當初提出問題的科學家看見這些問題出現在網路上時，「所有人都寫信給科技總監，抱怨這些問題不得公開，屬於公司機密，『你憑什麼覺得除了我們以外，會有人知道怎麼解決問題？』」他們說得很有道理，要是連全世界教育水準最高、專業技能最出眾、資源最豐富的化學家都被這些技術性問題難倒，外人哪可能幫得上忙。於是科技總監（CSO）一口氣下架網站上所有問題。

賓漢試圖說服他，反正不會洩露營業機密，至少值得一試吧？再說要是沒用，也不會有損失。最後CSO總算妥協，網站重新上架。到了秋天，解答開始如雪片般飛來。當時美國正巧深陷炭疽熱恐慌，於是賓漢告訴我，他是唯一收到白色粉末還興奮不已的收件人。「我把它們放進光譜儀，」他說，「然後『耶，又來一個！』」

---

* Cream of tartar，學名酒石酸氫鉀（potassium hydrogen tartrate）。很多糕點糖果的配方裡都有「塔塔粉」這一項添加物，它是葡萄裡的酒石酸（tartaric acid），最常使用的用途是在打發蛋白時加入，使泡沫面積較大。

陌生人製作出就連禮來化學家都感到迷惑的物質，正如賓漢猜測，門外漢知識就是解鎖要點。「這種知識證實了我們一直以來的假設，但我依舊相當震驚，這些知識口袋居然藏在其他學位裡。我從沒想到會收到來自律師的投稿。」

一位律師提供分子合成法，而他使用的相關知識來自曾經接觸的化學專利。他說當初想到解決方法時，「我腦子想到的是催淚瓦斯。」等同於賓漢的塔塔粉，「催淚瓦斯跟這問題八竿子打不著關係，」賓漢說，「可是他發現了類似我們需要的分子化學結構。」

賓漢注意到，知名公司往往會以所謂的局部搜索解決問題，也就是聘用某單一領域專家，嘗試之前有效的解決方法。賓漢邀請外行人的做法十分成功，成功到他創辦了另一間公司。這間名為InnoCentive的公司讓各領域的組織成為「求助方」，付費刊登「問題挑戰」，並為成功「解決問題」的門外漢提供賞金。超過三分之一的問題已經解決結案[1]，這比例相當不得了，畢竟InnoCentive選擇張貼的難題難倒了一堆刊出問題的專家。InnoCentive漸漸發現，他們可以協助求助方設計刊登文章，以利找到解決方法。訣竅是：打造出吸引各界人士參與解決的問題架構。難題的設計愈是有吸引力，就愈可能解決問題，因為引來的不會只是科學家，甚至是律師、牙醫、技工。

賓漢稱之為「內行門外漢」思維：**跳脫出問題本身的專業框架，從其他不相關的領域經驗中尋求解決方法**。歷史上就有許多這種改變世界的例子。

拿破崙曾經煩惱，他的軍隊一次只能攜帶幾天份的軍糧，「飢餓比刀劍殘暴。」[2] 四世紀的羅馬軍隊編年史家如是說。這位法國皇帝不遺餘力推廣科學和科技，於是一七九五年，他公開懸賞能發現食物保存法的人。為了找出解決方法，[3] 許多世界最強大腦已經嘗試逾一個世紀，包括愛爾蘭科學家、「現代化學之父」羅伯特．波以爾（Robert Boyle）等。當科學領域最聰明絕頂的人物都節節敗退，巴黎的美食家兼甜點師傅尼古拉．阿佩爾（Nicolas Appert）卻辦到了。

根據罐頭製造商協會（Can Manufacturers Institute）的說法，阿佩爾是個「斜槓通才」，身兼糖果製造商、葡萄酒商、廚師、釀酒人、醃漬食品製造商等多重餐飲業界身分，他在飲食界打滾的豐富資歷讓他擁有一般著重保存科學的科學家所不具備的優勢。「我在食具室、釀造所、貨棧、香檳酒窖、商店、製造工廠，以及糕點、釀酒廠、食品雜貨等倉庫的日子可不是白待的，」他在《長年保存各類動植物食品的藝術》（*Art of Preserving All Kinds of Animal and Vegetable Substances for Several Years*）中如是說：「我的製造程序具有多項優勢，其中不少都是其他致力研發食品保存藝術的人不具備的。」

他將食物裝進厚玻璃香檳瓶內，然後密封靜置滾水中沸騰數個鐘頭。阿佩爾的創新發明誕生了罐頭食品，甚至把一整頭羊浸漬於瓦缸中，大秀絕活。他的方法能夠妥善保存營養成分，多虧有這項技術，俗稱「水手惡夢」的維他命C缺乏症「壞血症」從致命的詛咒，變成可以預防、不足為道的小問題。主要的科學頓悟：高溫能殺死微生物，還要等到六十年後，才由路易・巴斯德（Louis Pasteur）發現揭露。阿佩爾的方法為公共衛生掀起一場革命，也讓不幸的拿破崙在英吉利海峽對岸慘遭滑鐵盧。一八一五年，這項科技餵飽了英國士兵。[4]

批評艾爾夫・賓漢的人很清楚，過去也有聰明的門外漢和半吊子創下技術性突破的紀錄，卻認為這只是過去無法轉變成超級專業年代下的產物。「我們是一家國際製藥龍頭，請協助構思製造出一種分子，可供我們當作墊腳石、合成其他費解的分子。我們遭遇瓶頸，所以不在意公開分享資訊，無論如何，該領域外的人也不會曉得這種分子的用途。」說到內行門外漢能解決連專家都被難倒的問題、做得出的貢獻，就連賓漢內心的期望都明顯太渺小。「他們竟然解決了美國太空總署（NASA）埋頭鑽研三十年的問題，」他告訴我，「直到現在我還是很震驚。」

NASA無法預測太陽粒子風暴，也就是太陽噴射、可能嚴重摧毀太空人及其重要設備的輻射物質。太陽物理學家當然會懷疑門外漢幫得了忙，但卡關三十年後，姑且一試也不會損失，於是NASA在二〇〇九年透過InnoCentive公開徵求解決方法。六個月不到，現居新罕布什爾鄉下的斯普林頓公司（Sprint Nextel）退休工程師布魯斯・克雷吉恩（Bruce Cragin）運用望遠鏡發現了無線電波，進而解決這項難題。克雷吉恩退休前曾與科學家合作，發現專家團隊往往都敗在鑽牛角尖，因此漏掉實際解決方法。「我覺得離開那個環境後，」他說，「幫助我跳出了現有框架。」[5]一位NASA長官婉轉表示，面對克雷吉恩提供的解決法，起初他「有些抗拒，畢竟對方採取的是截然不同的手法。」

這正是重點所在。然而，阿佩爾和克雷吉恩還不完全是門外漢，多少具備相關工作經驗。其他解決問題的內行門外漢甚至零經驗，就能表現得出類拔萃。

過度專業化，讓我們鑽牛角尖、陷入死胡同

一九八九年，人盡皆知愛克森瓦拉茲（Exxon Valdez）油輪撞上礁石，導致威廉王子灣（Prince William Sound）漏油，造成巨大的環境與商業漁業災難。漏油事件的善後工人形容，當原油跟海水混合，便形成了「巧克力慕斯」般的黏糊質地。當時氣溫低下，清理漏油

的工人處理猶如花生醬的濃稠海水，簡直難以攪動。

艾克森瓦拉茲漏油已是近二十年的事了，如今阿拉斯加州海岸仍舊殘留三萬兩千加侖的頑固原油。卸油修復工程中最棘手的挑戰之一，就是原油自海水表面撈起後，從殘油回收船中抽取出油。二〇〇七年，位於阿拉斯加的漏油回收協會（Oil Spill Recovery Institute）的研究計畫經理史考特．畢高（Scott Pegau）心想，不妨試著在InnoCentive刊登。他提供兩萬美金懸賞，看能不能找到方法，將質地像是冷卻巧克力慕斯的殘油抽取出殘油回收船。

點子如雪片般飛來，大多都所費不貲，難以實行，就在此時約翰．戴維斯（John Davis）的方法降臨，簡單平價到令畢高啞然失笑。畢高說：「大家看到這方法時，都異口同聲地說：『嗯，這招應該有效。』」

生活在伊利諾州的化學家戴維斯，在出差轉機時思考著這個漏油難題。第一個想到的是化學方法，但後來放棄這個念頭：「我們面對的多少算化學汙染源問題，」戴維斯告訴我：「所以應該盡可能避開使用化學方法，才不會增加更多汙染。」於是他捨棄自己的專業領域，轉而求助較不相關的類似情境。「我想像這其實很類似喝思樂冰會遇到的問題，」他說，「喝到最後，人通常會用吸管攪拌沉澱的底部，問題是要怎麼做，才能不費吹灰之力吸出思樂冰？」

思樂冰的問題又讓戴維斯想起他之前短暫的工地經驗。好幾年前，他曾被找去當一日工人，幫他朋友用混凝土，蓋一段從家門外延伸至比鄰湖畔的漫長階梯，「他們只需要多一個幫忙提水桶或做其他雜務的人手，」他告訴我，「坦白說，我不是四肢發達的肌肉男，所以不是很擅長這種工作。」

混凝土是在山頂卸貨，需要時再使用導槽運送至山腳下。戴維斯站在山頂，憂心忡忡地看著一大坨在烈陽曝曬下，逐漸硬化的混凝土，於是知會朋友的哥哥。「看我的。」他哥哥說，接著取過一根銜接著馬達的長棍，戳進那坨混凝土。「結果唰地一下，混擬土馬上變回液狀。」戴維斯回想。那根長棍是混凝土震動器，顧名思義，這根會震動的金屬用意是避免混凝土成分黏著。「一想到這件事，我茅塞頓開。」戴維斯說。

他致電給一間販賣混凝土震動器的公司，詢問細節，然後畫出示意圖，說明混凝土震動器可以像攪拌混凝土一樣，輕鬆接上船舶，攪開拌鬆「巧克力慕斯」，加上示意圖，他提出的解決方法總共三頁紙。

「有時你可能會懊悔著拍額頭，說『哎呀，我當初怎麼沒想到？』要是某個專業產業的人輕而易舉就解決一個問題，不是早該解決了嗎？」畢高說，「我覺得大家都不想承認，可是這種狀況其實時常發生。我們往往會搜刮專業產業內所有資訊，**有時反倒會讓我們深陷**

困境，走入死胡同，很難再退得出來，尋求其他管道。」基本上畢高所描述的是定勢效率（Einstellung effect），這個心理學專有名詞的意思是，需要解決問題時，即使有更好的方法，我們還是傾向套用慣用手法。戴維斯後來又在第二次挑戰中贏得獎金，這次對方徵求的是清除毛髮產品的構想，他想到小時候曾將口香糖在大腿上滾來滾去時發生的事，進而衍生產品構想。

我問戴維斯，他是否經常套用個人專業領域外的隨機經驗，以不相關的相似例子構思問題，他停下來思索了會兒。我問他每天遇見的化學問題是否也這樣處理？「你知道嗎，其實沒有。」他說，「這一類問題或難題反而需要你跳出框架思考。」

隨著專家成為愈來愈精通的專才，「框架」很容易像層層堆疊的俄羅斯娃娃，也正因如此，InnoCentive才派得上用場。專家會區分為次專科，再來又區分成次次專科。所以即便他們跳脫出一隻小小的俄羅斯娃娃，還是可能受困於略大一號的娃娃內。克雷吉恩和戴維斯打從一開始就不困在俄羅斯娃娃內，所以就連具備專業訓練和資源優勢的專家都被難倒、深陷當局者迷的泥沼時，他們反而一眼就能揪出解答。提出正解的人成功解開了難倒全公司或產業的問題時，也常常覺得一頭霧水。

「我花了三晚寫出解答。」[6] 一位外行人幫嬌生（Johnson & Johnson's）解決結核病藥物的產品製作問題後，對《科學》期刊（*Science*）說：「我覺得一間大型製藥公司竟然解決不了這種問題，實在很詭異。」哈佛創新科學研究室（Laboratory for Innovation Science）的所長卡林．克尼（Karim Lakhani）請 InnoCentive 解決問題的高手評比，覺得他們解決的問題跟自己的專業領域有多少關聯，結果發現「問題愈是跟個人專業無關，成功解決的可能性就愈高」。[7]

隨著機構的框架越來越狹小，外行人愈來愈容易上網，「探索（全新解決方法）就愈能跳脫傳統公司的界線」[8] 克尼和他的同僚寫道。也許直覺告訴我們，唯獨超級專家才能推動現代革新，**可是專業程度的增加反而會為門外漢創造更多嶄新契機**。

艾爾夫．賓漢留意到，遭遇難題時，組織機構通常會偏向局部搜索的方式，仰賴某單一知識領域的專家，使用的亦是以前行得通的方法。（試想第5章只雇用大腸桿菌專家的實驗室。）如果方法行不通，他們就陷入瓶頸。對於最難駕馭的問題，克尼說：「我們的研究顯示，某領域為主的解決方法通常較弱。石破天驚的革新通常來自外行人，他們跟問題的表面保持一大段距離，於是能夠用不同角度與框架解鎖問題。」[9]

自從 InnoCentive 示範了這個概念，其他組織也開始提供資金給門外漢，請他們幫忙解決一般屬於高技術領域的難題。數據分析競賽平台 Kaggle 很類似 InnoCentive，但他們專門刊登機器學習領域的挑戰，也就是不要人類介入便可自學的人工智慧。

現居中國長沙的戴書斌（音譯自 Shubin Dai）是 Kaggle 四萬多名解決挑戰的高手中，截至目前最強的一位。他白天率領一組團隊，幫各大銀行處理資料，Kaggle 的競賽賦予他一大機會，讓他能涉獵機器學習領域。他最喜歡解決的問題多為人類衛生或自然保育的類別，在一場他獲得三萬美元的競賽中，他運用衛星成像，分辨出亞馬遜雨林中屬於人為或自然的森林損害。在一篇 Kaggle 的部落格貼文中，有人問戴書斌領域專業是不是贏得比賽的重點。「坦白說，我覺得領域專業無法帶來什麼好處……光是利用（熟悉的）解決方法，是很難贏得比賽的。」他回道，「我們需要更有創意的做法。」[10]

「獲得 Kaggle 健康衛生競賽的人其實不具醫療教育背景，也沒有受過生物學訓練，這群人通常也不是真正的機器學習專家。」電腦科學教授兼機器學習研究員佩德羅・多明哥（Pedro Domingos）告訴我，「知識是一把雙刃劍，你可以用知識完成某些任務，知識卻也可能蒙蔽你的雙眼，讓你看不清其他你能做的事。」

懂得結合各種知識，才能掌握機會

唐・史旺森（Don Swanson）早就料到，機會是屬於像是布魯斯・克雷吉恩和約翰・戴維斯這種懂得將天南地北的知識結合運用的門外漢。史旺森在一九五二年獲得物理學博士學位，畢業後開始擔任產業電腦系統分析師，對組織訊息著迷不已。一九六三年，芝加哥大學嘗試錄用他，請這位三十八歲、擁有私人產業背景的異類，擔任圖書館學研究院院長，雇聘宣言也明說「史旺森是美國第一位擔任專業圖書館學院院長的物理科學家。」[11]

史旺森擔心要是專業程度愈來愈上升，發布研究就愈可能只寫給一小群專家看，因而限制了創意。「知識紀錄的總數……以及人類有限的吸收力，不僅差異懸殊，這種差異甚至仍持續擴大。」[12] 他曾這麼說。史旺森思忖，要是哪天每個專業領域耗時一生只能達到前沿尖端，未來我們該如何推動知識？一九六〇年，美國國家醫學圖書館（U.S. National Library of Medicine）利用大約一百組特殊名詞配對，將文章編入索引。[13] 到了二〇一〇年，這數字已逼近十萬組。史旺森認為要是公共知識的大爆炸持續劇增，次專科就會形同銀河系，飛到距離其他學科遙遠，甚至到了看不見彼此的地步。正因為他很清楚利用跨學科知識解決問題很重要，所以這會是一大難題。

史旺森在危機中看見轉機。他發現可以集結從未相互引述、科學家也從未合作過的次專科領域科學文章，得出新發現。例如，他從井然有序、交叉對照不同學科的文獻資料庫，發現了鎂缺乏症和偏頭痛研究之間存在著「十一個沒人注意到的關聯」[14]，更建議進行測試。史旺森找到的全是公開資訊，只是從來沒人想到要連結而已，史旺森稱之為「無人發現的公共知識」。二〇一二年，美國頭痛協會（American Headache Society）和美國精神病學學會（American Academy of Neurology）檢閱所有偏頭痛預防的研究，總結道應該將鎂視為一般治療法，畢竟鎂的治療證據就跟布洛芬等普通療法一樣強而有力。

史旺森想要表達的是，不交叉重疊的專家文獻領域中，其實潛藏著滿滿的跨學科寶藏，只等著你去揪出其中聯繫罷了。於是他發明了一套電腦系統 Arrowsmith，協助其他用戶依照他的方法，設計出查詢得到遙遠卻相關的科學文章的搜尋，點燃一種資訊科學領域，對應串連各類知識領域，天南地北的專科亦可彼此互通有無、進而解決問題。

史旺森在二〇一二年過世，於是我聯繫他的女兒，也就是政治哲學教授茱蒂・史旺森（Judy Swanson），想知道她是否曾和父親討論過他對專業程度升高的隱憂。我連絡上她，當時她正在出席一場會議，「正好是有關社會科學專業程度過高的會議，」她這麼告訴我。從外表看來，茱蒂・史旺森似乎很專業，她的教職員網頁洋洋灑灑羅列出她四十四篇文章和書目，每一個標題都有「亞里斯多德」這五個字。於是我問她對於自己的專業程度有何看法，她似乎很詫異。她告訴我，她覺得跟同儕相比，她還不算專業，一部分是因為她大多時間都在教授大學課程，教學時間遠超過研究亞里斯多德的時間。「我是有點沮喪，」她說，「畢竟總覺得應該多專研、精通自己的學問。」看來學術部門不再只是自然而然分裂成次專科，而是將這種狹隘拱成一種理想。

這麼做是適得其反。正如克尼在 InnoCentive 研究後所說的，解決問題的創意方法關鍵還是尋求外行人協助，畢竟他們懂得運用不同手法，「如此一來，問題的『主場』才不會限縮解決方法。」[15] 有時主場甚至可能會限縮狹隘到唯獨好奇的門外漢才能識破盲點、找到解答。

僅用一張照片，救了陌生人的命

一封電子郵件標題吸引我的注意：「奧運獎牌得主和肌肉萎縮症患者有著同樣突變」。

我剛完成一本遺傳學和運動技能的書，心想郵件或許提及某篇我遺漏的期刊文章，但其實這封信來自肌肉萎縮症患者本人，三十九歲的愛荷華州女性吉爾・韋斯（Jill Viles）的文字，她鉅細靡遺地寫出一篇理論，說明導致她肌肉萎縮的基因突變其實跟某奧運跑者的狀況相同，亦主動提供要郵寄更多資訊給我。

我本來以為會收到一封信，也許會有幾張新聞剪報，後來卻收到一大疊家族相片、一份詳盡的看診紀錄、一份十九頁裝訂、附有插圖的資料，亦提到基因突變發生的明確DNA位置，看來她功課做得很充足。

第十四頁有張吉爾本人的照片。照片裡的她身著藍色比基尼泳裝，金髮披散於肩，坐在沙灘上笑得很開心。她的軀幹正常，手臂卻細得嚇人，很像插在雪人身上的兩根樹枝，雙腿看起來無法支撐全身重量，大腿亦不比膝關節來得寬。

這張照片一旁，擺著加拿大有史以來最優秀的賽跑選手普里斯利拉・羅佩斯・施萊普（Priscilla Lopes-Schliep）的照片。在二〇〇八年北京奧運，普里斯利拉以一百公尺跨欄項目獲得一面銅牌。這兩張照片並排在一起，讓我差點無法喘息。照片中的普里斯利拉正跨出大步，結實裹著大腿的肌肉蜿蜒而下，血管在前臂爆出青筋，模樣很像二年級學生會畫出的超級英雄。我很難想像這兩個南轅北轍的女性會擁有相同的生物結構。

吉爾從普里斯利拉的網路照片，認出某樣與她骨瘦如柴體格相同的特質：兩人的四肢都不見半點脂肪。她提出的理論是，她和普里斯利拉具有同樣的突變基因，但因為普里斯利拉沒有肌肉萎縮症，套用吉爾的說法，她的身體找到辦法「繞道而行」，反而練出一身勃發肌肉。如果她的理論正確，吉爾希望科學家研究她和普里斯利拉，釐清可以幫助像吉爾這種肌肉疾病病患，幫他們發展出較接近普里斯利拉體格。她希望我幫忙說服普里斯利拉接受基因檢測。

所以說，一名兼職代課老師利用一種名叫谷歌圖片的高科技醫療器材，發現一名會定期進行健康檢查的職業運動選手生病，看在我眼底明顯是荒謬又不可能的事。我諮詢一名哈佛遺傳學者的意見，對此他表達擔憂。「如果你助長這兩個女人之間存在關係，結局可能不妙，」他警告我，「將自認相似的名人跟自己劃上等號時，這種人都不理智。」

我先前根本沒想到這點，當然也不想助長一個跟蹤狂，吉爾耗費多時才說服我。由於她的人生經歷特殊，她能看出專家所看不見的關聯。

吉爾四歲時，有位幼稚園老師注意到她腳步搖晃不穩。吉爾告訴媽媽，她很害怕捉住她腳脛、絆倒她的「巫婆手指」，她的小兒科醫師將他們一家轉診至梅約診所（Mayor Clinic）。

血液檢測顯示吉爾、她父親、哥哥的肌酸磷激酶都高過正常範圍，這是一種受損肌肉會產生的酶。醫師研判這家人可能有肌肉萎縮症的基因，但正常來說小女孩不會出現這類症狀，再說吉爾的哥哥和父親似乎也很正常。

「醫師說我們家族格外特殊，」吉爾告訴我，「一方面這樣很好，代表他們很誠實，但另一方面又讓人覺得害怕。」

吉爾每年夏天都會到梅約診所回診，但結果都一樣。她已經不會跌倒，但到了八歲那年，她四肢的脂肪逐漸消失，其他孩子可以用手指繞起她的手臂，血管在她的大腿上凸起，他們問她變老是什麼感覺。吉爾的母親很擔心女兒的人際關係，於是私下塞錢給一個女孩，請她當吉爾的朋友。十二歲時，吉爾已經不太能在腳踏車上坐直，在溜冰場上也得倚著欄杆而行。

吉爾開始用小孩的方法到處搜羅解答，她會去圖書館查看有關騷靈現象的靈學書籍，「那真的嚇壞我爸，」她對我說，「他問我：『妳迷上玄學或鬼怪了嗎？』當然不是那樣。」她只是無法解釋自己身上發生的事，於是每當讀到發生在別人身上難以解釋的病痛時，「你知道，我真的相信他們。」

等到離家去上大學時，吉爾身高一百六十公分，體重三十九公斤。她上圖書館鑽研所有關於肌肉疾病的科學期刊。

她翻到一份名為《肌肉與神經》（*Muscle and Nerve*）的論文，[16] 內容是關於某種稱作肌失養症（Emery-Dreifuss）的罕見肌肉萎縮症，文中附圖令她大吃一驚。我父親的手臂真的就是那樣，她心想。

她的爸爸身材纖細，可是前臂肌肉輪廓卻不尋常地分明，吉爾說她小時候都說這是「卜派臂」。另一份探討肌失養症患者的論文更直接說這是卜派臂畸形現象。《肌肉與神經》論文指出，肌失養症患者具有影響關節活動力的「攣縮」。

「閱讀這篇論文時我渾身起雞皮疙瘩」吉爾回憶道。她描述自己的攣縮很類似芭比娃娃：手臂永遠打不直、脖子僵硬、兩腳總像是穿高跟鞋般墊高傾斜。研究指出肌失養症僅發生在男性身上，但吉爾很有把握自己也患有這種疾病，不禁恐慌起來，因為這種疾病會伴隨心臟健康的問題。

她把一堆論文文章扔進行李袋，趁大學假期時帶回家讀。有天她發現父親正在翻閱論文，他告訴吉爾，所有症狀他都有。「是啊，我知道……手臂，脖子的症狀很明顯，」吉爾回道。不，她父親說：「我說的是心臟症狀。」

幾年來醫生都告訴吉爾父親他的心律不整是病毒造成的。「不是這樣的，」吉爾立刻對他說：「我們有肌失養症。」然後便帶著四十五歲的父親前往愛荷華心臟中心（Iowa Heart

Center），堅持求診心臟科醫師。護理師要求他們拿出轉診證明，可是吉爾態度堅決，最後他們拗不過她，總算幫忙看診。心臟科醫師在她父親身上裝了監控器，追蹤他一天的心電氣活動，在這過程中他的脈搏降到二十多下，他要不是準備贏得環法自由車賽，就可能隨時驟死，於是緊急送去緊急手術，裝了心臟節律器。「是她救了她爸一命，」吉爾的母親瑪麗這麼告訴我。

但是愛荷華心臟中心還是無法證實他們家族的狀況，吉爾在鑽研資料時，讀到一間義大利研究團體正在尋找患有肌失養症的家庭，希望能找出致使這種疾病的基因突變。

十九歲的吉爾穿上她最有氣勢的海軍藍正式褲裝，帶著她的資料去德梅因（Des Moines）找一位精神病學家，請她幫忙聯絡這間義大利研究機構。「不，妳根本沒有這種病。」她還記得那位精神病學家嚴厲反駁，連資料都拒看。其實也怪不了對方，畢竟吉爾當時只是一名青少女，還自我診斷擁有某種只有男性才會得到的極罕見疾病。於是一九九五年她親手寫信給義大利機構，還隨信附上一張她的個人照片。

她從生化與進化遺傳學研究所（Istituoto di Genetica Biochimica ed Evoluzionistica）收到的回覆根本指名是給科學家的。信中要求她將全家人的ＤＮＡ寄去義大利。「如果無法自行採集ＤＮＡ，請寄新鮮血液過來。」吉爾說服了一位護理師朋友，幫忙偷渡出針頭和試管到她家裡。幸好後來義大利接受了平信寄送的鮮血。

義大利機構數年來無消無息，不過吉爾內心已自有定論，她每年去梅約診所回診時，都不顧母親抗議，拿起筆在她的個人病歷逕自寫下「肌失養症」。

一九九九年，她收到來自義大利的電子郵件，[17] 稍微冷靜沉澱後，她才點開郵件。她的LMNA基因發生突變，這種基因亦俗稱核纖層蛋白基因。她父親擁有這種突變，兩個哥哥和一位妹妹也有。另外四個參與肌失養症研究的家庭亦然，吉爾一直都沒猜錯。核纖層蛋白在每個細胞核心造成蛋白質混亂，進而影響其他基因的開關，就像電燈那樣，改變人體組成脂肪和肌肉的方式。吉爾染色體組中的三十億個G、T、A、C中，有個字母嚴重錯置。

吉爾很高興幫助該機構發現了引起全新疾病的突變，但是「這可真是黑色幽默，」她說：「原因出在突變成C的G。」

吉爾的父親在二〇一二年，六十三歲那年心臟衰竭身亡。

那時吉爾已經改以電動車代步，結婚並生下一個兒子，也從醫療偵探業退役。她父親過世後沒幾天，妹妹讓她看網路上一張肌肉極為結實的奧運跑者照片，很明顯她渾身上下都沒有脂肪。「我看了一眼，當下反應是……什麼？我們又沒有肌肉，妳在胡扯什麼？」吉爾說，然後她開始好奇起來。

事實上吉爾已經對脂肪好奇了很久。跟肌肉一樣，她的四肢也明顯沒有脂肪。十幾年前，她二十五歲時，約翰霍普金斯（Johns Hopkins）實驗室主任聽說她的疾病，而實驗室需要真實的核纖層蛋白突變體，於是雇請她來參與夏季實習，瀏覽任何核纖層蛋白突變體造成的疾病期刊。她正巧讀到一種極其罕見、名叫部分性營養不良的疾病，這種病會導致四肢脂肪消失，血管和肌肉像是被收縮膠膜包裹在皮膚底下。吉爾再次從描述中瞥見她家人的影子。她有沒有可能不只患有一種病，而是兩種罕見到不可思議的遺傳性疾病？吉爾在一場醫學會議上不斷拿著照片糾纏醫師，他們都安撫她沒有脂失養，反而幫她冠上另一種常見病名：實習生症候群。「醫學院學生只要接觸到一大堆沒聽過的疾病，」吉爾說，「就會不斷疑神疑鬼，懷疑自己患有他們讀到的疾病。」

當她在谷歌搜尋普里斯利拉的圖片時，這一切記憶又湧上心頭。不只是競賽照片，還有她在自家抱著女嬰寶寶的照片，血管突出，襯衫袖子熟悉地垂掛在無脂肪手臂上、臀腰分界的肌肉塊塊分明的樣子。「我知道我們是同一塊布料縫製成的，」吉爾說：「是同一塊珍稀的布料。」

這是吉爾第三次鎖定雷達。第一次是發現自家人患有肌失養症，接著是以為他們也有脂失養症，現在她發現普里斯利拉擁有同樣的脂肪缺乏現象。但要是她們兩人都有同樣的脂肪疾病，為何普里斯利拉能有雙倍肌肉，她卻連一丁點肌肉都沒有？「我的氪氣石*，卻是她的火箭燃料。」吉爾心想，「我們就像漫畫裡兩個極端的超級英雄。我的意思是，她的身體找到方法繞過（肌肉萎縮）。」整整一年來，她都在思索該怎麼做，才能不必跑到田徑賽場上、坐在她的電動車上追著普里斯利拉跑，就能請她進行基因檢測。

我在某個晨間節目中討論運動家和遺傳學時，吉爾正好在電視機旁。「我心想『噢，這是天意啊：』她告訴我。於是她寄出包裹，詢問我是否可以聯繫上普里斯利拉。我正好和普里斯利拉的經紀人克里斯．密查休（Kris Mychasiw）在推特上追蹤彼此，所以我傳了訊息給他。當我試著解釋這個不太可能的情況，亦即這兩個女人可能是生物學兩極的案例時，他忍不住跟我打趣，但我同時也告訴他吉爾的用心讓我十分佩服，於是他幫忙把訊息轉達給普里斯利拉。

「他跟我說：『有個愛荷華州的小姐說她跟妳擁有相同基因，想要跟妳說說話。』」普

* 超人和女超人電視劇中的虛構礦物，他們的故鄉氪星擁有大量氪星石，遇到不同溫度會變成不同顏色，可改變氪星人的身體或性格，例如綠色會讓人變軟弱無力。

里斯利拉回憶道：「我那時心想，『是喔，克里斯，我不太確定耶。』」於是他只要求她接我的電話。

個人體格之故，歐洲媒體曾公開指責普里斯利拉使用類固醇。還有人在網路上張貼她在奧運會上奮力跑到終點線的照片，卻故意把男性健美運動員的頭改貼在她身上。「真的蠻過分的，」普里斯利拉對我說。二〇〇九年柏林舉辦的世界田徑錦標賽（World Championships）上，就在她獲得銀牌的前幾分鐘，被大會要求檢測是否非法用藥。但嚴格來說，在逼近比賽的時刻進行藥物檢測是違反規定的。我打給她時，她迫不及待跟我分享照片，表示她高中時期身材就已經不尋常，贅肉全無、血管突出。其中一張照片是她家族女性擺出肌肉的姿勢，其中一位年長親戚還炫耀著她高低起伏的二頭肌，一條粗血管蜿蜒繞過手肘。我們談話結束前，普里斯利拉答應要和吉爾談談。

她們在電話上相談甚歡，交換彼此小時候被取笑血管的事，然後普里斯利拉答應在多倫多一間飯店大廳跟吉爾和她的媽媽見面。待普里斯利拉一抵達，「噢，我的天，」吉爾心想，「這種感覺簡直像是見到自己家人。」她們退至飯店門廳，比較查看彼此的身體部位，雖然尺寸差距甚大，卻有著同樣缺乏脂肪的起伏線條。「這之中肯定藏有真相。」普里斯利拉想起當時她內心的想法，「我們調查一下吧，一起找出原因。」

他們足足花了一年才找到一位醫師，願意分析普里斯利拉的核纖層蛋白基因。最後吉爾參加一場醫學會議，接近一位脂失養症的權威專家，亦即德州大學西南醫學中心（University of Texas Southwestern Medical Center）的阿賓紐．加格博士（Abhimanyu Garg）。他答應進行測試，評估脂失養症的可能。

吉爾這回果然又猜對了。她和普里斯利拉不只都有脂失養症，也同樣患有某種罕見的部分性營養不良子範疇疾病：脂肪代謝障礙綜合症（Dunnigan type）。

普里斯利拉和吉爾的字母是同一個基因裡的鄰居，而分裂位置的距離似乎是造成兩人極大差異的主因，導致吉爾身上沒有肌肉和脂肪，卻讓普里斯利拉毫無脂肪，堆積大塊肌肉。

加格醫師立即致電給普里斯利拉，當時她正和孩子在一間購物商場。「我腦海中只盤算著要來一份鮮嫩多汁的漢堡和薯條。」普里斯利拉告訴我，於是問醫師可否午餐後再回電給他，他卻說不可以。「醫師說：『妳只能吃沙拉，因為妳隨時可能爆發胰臟炎。』我錯愕地說：『你說什麼？』」

儘管奧運運動員的訓練嚴格，普里斯利拉長期疏於關注她的脂失養症，於是她血液裡的脂肪含量是正常數值的三倍。「這問題真的很嚴重，」加格告訴我。普里斯利拉的飲食必須即刻懸崖勒馬，並且開始服藥。

之前吉爾延長了父親的壽命，而現在，她利用谷歌圖片，介入一名職業運動選手的健康，救了她一命。「妳真的救了我，多虧妳我才不用上醫院！」普里斯利拉致電給吉爾時這麼感謝她。

就連加格都為吉爾的觀察力感到詫異，她們兩人是脂失養症的極端案例，而他從未見過這種程度的肌肉發展，當然兩人分屬兩極。要是換作正常情況，吉爾和普里斯利拉絕不可能出現在同一個醫師的辦公室裡。「我能理解病人憑藉一己之力研究並認識自己的疾病，」加格告訴我，「可是為此聯絡另一個人，也幫對方找出問題，實在是很不可思議的成就。」

吉爾沒有就此打住，她後來讀到一位法國生物學家的研究。艾提昂．勒法（Etienne Lefai）是研究 SREBP1 蛋白質的超級專家，這種蛋白質會幫細胞決定是否要立即挪用某餐攝取的脂肪，或是先行儲存以供日後使用。勒法說明，這種蛋白質若是在動物體內增加，結果不是造成極端的肌肉萎縮，就是肌肉過度成長。吉爾莫名奇妙地連絡上他，說他發現了讓她和普里斯利拉截然不同的生物機制，那就是與核纖層蛋白產生互動的 SREBP1。

「好吧，這件事讓我開始反思，內心想著：『這問題好，真是好得不得了！』」勒法用他濃厚的法國腔告訴我。他開始著手調查核纖層蛋白基因突變是否可能改變 SREBP1 的調控，最後同時導致肌肉和脂肪的流失。「在她聯絡我之前，我根本不清楚該怎麼研究遺傳性疾病，」他說，「而現在我改變了研究團隊的路線。」

公共資源愈多，門外漢愈有機會貢獻一己之力

專家製造的資訊愈多，好奇心旺盛的半吊子就愈有機會集結垂手可得卻分散的資訊，貢獻一己之力。套句唐・史旺森的說法，這就是沒人發現的公共知識。人類知識的圖書館館藏愈是豐富、愈是容易取得，熱愛探究的人就愈有機會在最前線串連起這些線索。InnoCentive這樣的機構乍看之下完全違反常理，實際上卻應能隨著專業程度上升，變得更有成效。

可是增加的並非只有讓門外漢拓展契機的嶄新知識，事實上在奔向最前線的賽跑中，不少實用知識飽受遺忘而腐朽，而現在這些知識為那些希望創造發明、卻不能或不想在最前線衝鋒陷陣的人創造機會，他們可以回顧過去、向前衝刺，探索挖掘過去發現的知識，再以新穎手法善用知識。

第9章

π型人的優勢和現實困境

日本曾鎖國兩百年，在這期間，因牽涉賭博與當時不受歡迎的西方文化，「花札」*紙牌遊戲遭到禁止。此牌是由於卡片上畫有十二個月份的花草而得其名。[1] 到了十九世紀晚期，日本再次重現世界舞台，該項紙牌禁令終於解除。於是在一八八九年秋天，某個年輕人在日本京都開了一間小小的木造店鋪，窗戶掛著一張寫著「任天堂」（Nintendo）的招牌。

這三個日本漢字的確切意義其歷史根源已不可考，可能意指「謀事在人，成事在天」，但較有可能是要以詩意方式，表達「本公司獲准銷售花札」。截至一九五〇年，這家公司員工人數已達一百人，後來由創辦人的二十二歲曾孫接管營運。但是麻煩來了。隨著一九六四年東京奧運日漸迫近，日本成人開始玩起「柏青哥」（pachinko）彈珠台賭博，保齡球運動也風行一時，鯨吞娛樂業錢潮。

長達七十五年以來，這間公司一直仰賴花札維生；年輕的董事長為求孤注一擲，使公司多元化，於是開始漫無目的投資。餐飲絕對不會過時，所以他使公司轉而製作速食飯和速食餐點，品牌上面印有卡通人物圖案（大力水手湯麵，有人想吃嗎？）然後還創業投資計程車隊，最後宣告失敗；以每小時計費的「愛情旅館」生意也失敗了，董事長還因此被登上小報周刊版面。任天堂公司債台高築，這讓董事長下定決心，想聘請年輕頂尖的大學畢業生，幫助他創新。

情況看似毫無成功希望。任天堂只是位於京都的一間小公司，而日本畢業生貪求任職於東京大企業。就正面來看，紙牌事業依然有市場，以機器製作後，成本效益更佳。一九六五年，董事長決定雇用當地某位年輕的電子學畢業生橫井軍平（Gunpei Yokoi）；他的在學成績並不出眾，千辛萬苦才取得學位，曾應徵過多家大型電子製造商，皆未獲錄取。軍平的同學問他：「你在任天堂能有什麼發展？」他並不擔心這件事。他在事後表示：「無論如何，我就是不想離開京都。我對工作從未有特定願景，這樣剛好。」[2] 他的工作是要定期檢修製牌的機器。現場只有幾部機台，所以軍平一人代表了整個維修部門。

他一向熱中廣泛嗜好，喜歡彈鋼琴、交際舞、合唱團、輕裝浮潛、模型火車、汽車修理。而最重要的是，他喜歡「造物」（monozukuri），照字面而言，即是「製作東西」。他喜歡開發且製造小玩意兒。他將磁帶錄音機連接汽車收音機，並放在汽車音響前面，以便來日可以重覆播放內容。他剛到任天堂的頭幾個月裡，幾乎沒事可做，於是他花時間把玩公司設備。某日，他剪裁了一些十字交叉形的木片，製作成一個可以延伸的簡易木製手臂，類似他在卡通片裡看到的玩偶盒，一打開機器人肚子，就會跳出一個拳擊手套。他在外端黏貼了

---

* Hanafuda，「花札」亦稱為「花牌」、「花鬪」、「花歌留多」，是日本紙牌遊戲「歌留多」的一種。

一個抓取工具，只要擠壓手把，讓木製手臂出去延伸，那個抓取工具就會閉合。現在，他可以慵懶地拿取放在遠處的物件*。

公司董事長看到這位新人整天用他的新奇裝置瞎混，便把他叫進辦公室。軍平回憶那段往事：「我還以為會被臭罵一頓。」事實正好相反。這位身陷絕望的董事長正想力挽狂瀾，於是要軍平把這個裝置變成一種遊戲商品。軍平加了一組可供抓取的彩色球，這個稱為「超級怪手」（Ultra Hand）的玩具組合立即上市販售。這是任天堂第一個玩具，銷售量高達一百二十萬組。公司終於能夠償付絕大部分債務，軍平的維修工生涯也到此為止。董事長指派他開創任天堂最初的研發部門。原本用來簡易製作速食飯的工廠設施，現在他轉型為玩具工廠。

更多暢銷玩具接連上市。不過，在第一年發生了極其惱人的失敗，深深影響了軍平。他協助創造一款「駕駛遊戲」（Drive Game），這是一種桌上型機件，玩家可以操作方向盤，導引一輛塑膠車沿著賽車場跑道前進；透過電動馬達，賽車場跑道在車子底下滾動。這是任天堂第一個需要電力驅動的玩具，可是卻完全砸鍋。內部的機械設計在當時非常先進，但到頭來反而因太過複雜且容易損壞，成本過高，難以生產，機件也充滿瑕疵。雖然一敗塗地，卻為軍平種下了創意哲學，在接下來三十年不斷砥礪他。

軍平非常清楚自己的工程極限。一如某位遊戲史愛好者所言：「他鑽研電子學，而當時這項科技的演化速度，比太陽底下的雪堆融化速度還快。」[3] 軍平毫無慾望（或能力）想與電子公司較勁，這些電子公司競相發明各種令人眼花撩亂的全新科技。由於勢力範圍相似，任天堂也無法媲美日本傳統玩具商泰斗，如：萬代（Bandai）集團、玩具大廠 Epoch、玩具商 Takara 等。

有鑑於此，再加上謹記「駕駛遊戲」的失敗經驗，軍平著手採行某種作法，他稱之為「成熟技術的水平思考」（Lateral thinking with withered technology）。

「水平思考」（lateral thinking）一詞於一九六〇年代首次使用，[4] **意指在新的背景脈絡下，重新構思資訊，包括集結看似迥異的概念或領域，使舊點子發揮新用途**。至於「成熟技術」，軍平認定為「極易了解且能輕鬆取得，不需要專門知識，也已發展成熟，甚至接近淘汰的技術」。他的理念核心是：要把便宜簡單的技術運用在別人想像不到的地方。既然他無法更加深入思考新技術，他決定通盤思量舊有技術。他刻意避免使用尖端科技，毅然開始進

* 本書所提到的軍平想法和引用，出自於他自身的著作和訪談，包括他共同參與寫作的書《橫井軍平遊戲廳》（*Yokoi Gunpei Gēmu-kan*），英文意指「Yokoi Gunpei Game House」。該書內容沒有譯成英文，所以本書提到的話語皆是經過翻譯的內容。

行「造物文化」。

他把一條電晶體管連接到一個便宜現成的檢流計，發現這可以用來測量流經同事身上的電流。軍平想像出一種玩具，讓男孩女孩彼此因好玩而互相握著手。不過在當時，這被視為有點傷風敗俗*。這項愛情測試器只用了兩個導電手柄和一個計量儀。玩家抓緊手柄，彼此握著手，而使電路完整。計量儀會報告電流指數，彷彿可以測量彼此之間的愛意程度。手汗愈多，雙方之間的傳導性就愈好。這個玩具大受青少年歡迎，也是成人的派對道具。軍平深受鼓舞。他致力於運用成熟且便宜（甚至快被淘汰的）技術，發揮新的長處。

一九七〇年代早期，無線電遙控玩具車廣受歡迎，但優良的無線電遙控技術，可能要價一個月的薪水，所以僅有成人才有辦法負擔得起這種嗜好。一如既往，軍平沉思要使無線電遙控玩具大眾化的方法，於是他反向利用這項技術。搖控玩具之所以所費不貲，是由於必須有多種無線電控制頻道。玩具車是以兩個頻道驅動，一個頻道控制引擎輸出，另一個控制方向盤。一個玩具有愈多功能，就需要更多頻道。軍平抽絲剝繭這項技術，直到絕對最低限度為止，製出單一頻道的無線電控制玩具車，不過車子只能向左轉。產品名稱是 Lefty RX，成本不到典型無線電遙控玩具的十分之一，恰好能用於逆時鐘方向的競賽。就算必須事先確定方向，兒童也能輕易學會如何左轉，避開障礙物。

一九七七年某一天，軍平到東京出差。在回程的新幹線子彈列車上，他打瞌睡醒來，看到某個上班族把玩著計算機，藉此打發無聊的通勤時光。依照當時的潮流，玩具要盡量愈做愈大，才可使人印象深刻。軍平思考，要是有個遊戲機夠小，能讓成人在通勤時間小心把玩會如何？他暫時將這個點子放在一旁，直到某天，他臨時起意，親自為公司董事長開車。原本的司機得了重感冒，也幸好軍平熱中外國車，在任天堂一百位員工裡，他是唯一能夠駕駛左駕方向盤汽車的人，董事長的凱迪拉克正是左駕方向盤。他坐在前座，提請考慮這種迷你遊戲機點子。軍平事後回憶：「董事長隨意點點頭，但看起來卻不是那麼感興趣。」

一星期後，計算機製造商夏普公司（Sharp）主管來訪，讓軍平大感驚喜。在那場會議裡，任天堂董事長與夏普代表並肩而坐，要求軍平傳達他那天開車時所講的點子。好幾年來，夏普公司一直與卡西歐公司（Casio）展開計算機大戰。在一九七〇年代早期，一台計算機要價幾百美元，但是隨著元件日漸便宜，且公司競相爭奪市占率，價格急遽暴跌，市場開始飽和。夏普公司熱切渴望為自家的 LCD 螢幕找出新用途。

＊ 這個玩具稱為「旋風計」（Twister），在一九六〇年代晚期的日本是失敗之作，這個遊戲並不符合當時的社會風氣，被暱稱為「色情盒子」。

軍平提出的電玩遊戲機尺寸，差不多是名片本大小。可以放在膝蓋上，以拇指按壓來玩；夏普主管聽到軍平的點子，深感興趣，不過也有所懷疑。這是否值得動員新的合夥關係，只為了再次利用已經極其廉價的技術？他們甚至無法確信，是否可能製出畫面流暢的顯示器，因為其中的遊戲畫面內含一個雜耍人，他的手臂要左右擺動，隨著速度愈來愈快，要努力不讓球掉下來。

儘管如此，夏普工程師為軍平製作了一個尺寸合適的LCD螢幕。接著他面臨嚴重的問題，因為這台小型遊戲機裡的電子元件，全都擠在這纖薄的空間裡，以致於當LCD元件碰觸到螢幕裡的某塊板子，就會產生明暗相間的圓環條紋，造成視覺失真，也就是所謂的「牛頓環」（Newton's rings）。軍平需要一個薄片，用來擋在LCD與這塊板子之間。他從信用卡獲取靈感，僅需稍稍改進舊有的花札印刷機器，他在螢幕上精心壓印好幾百個浮凸的小圓點，使這塊板子與顯示器元件之間保持窄密分隔。[5]某位同事只花幾小時工作，幫他設計鐘錶程式，添加到這款顯示器裡，當作終極點綴。LCD螢幕主機還備有時鐘和鬧鐘功能，如此一來，成人就有藉口購買這款Game & Watch攜帶型遊戲機。

一九八〇年代，任天堂推出最初三款Game & Watch機型，極度盼望銷量衝破十萬台，而第一年即賣出了六十萬台。國際需求量大，任天堂開始供不應求。一九八二年，森喜剛攜帶型遊戲機（Donkey Kong Game & Watch）上市，一口氣就售出八百萬台。「Game & Watch」持續長銷十一年之久，銷量高達四千三百四十萬台。另一項軍平的發明也就此誕生，並被廣泛使用：十字鍵，簡稱D鍵，讓玩家僅需動用大拇指，就能讓遊戲角色往各方向移動。

Game & Watch 相當成功，後來任天堂把十字鍵置入自家生產的新式紅白機（Nintendo Entertainment System, NES）控制器。「紅白機」是一款新的家庭遊戲機，將大型電玩帶入全球數百萬家庭裡，開創新的遊戲時代。結合了攜帶型遊戲機和紅白機兩者的成功經驗，也讓軍平的水平思考方式有了偉大傑作，發明 Game Boy 掌上型遊戲機，內有遊戲卡匣，可以插入開發商研發的各式電玩遊戲。

從技術角度來看，即使是在一九八九年，Game Boy 都有點可笑。軍平的團隊盡量節省成本。Game Boy 的處理器在一九七〇年代算是尖端科技。但是到了一九八〇年代中期，家庭遊戲機在畫質方面競爭激烈。Game Boy 只能勉強擦邊，它的畫面總共呈現四種灰階色調，顯現在一個小小的螢幕上。螢幕帶有淡綠色的色相，顏色介於綠色黏液與枯乾的苜蓿之間。快速橫向移動的圖像布滿整個螢幕。除此之外，Game Boy 還必須與 Sega 和 Atari 所產的掌上型遊戲機競爭，而後者這兩家在各方面技術上都較為優越。但是 Game Boy 擊垮了對手。

Game Boy 運用了成熟技術，不僅如此，它運用了使用者體驗。Game Boy 價格便宜，可以放入大口袋裡，構造簡單，卻堅不可摧。若有東西砸到螢幕，就算嚴重一擊，Game Boy 依舊安然無事。如果放在背包裡忘了拿出來，即使被混入洗衣機攪拌，只要晾乾靜候幾天，主機依然可以運轉。競爭對手的彩色遊戲機耗電量大，Game Boy 剛好相反，只需要幾顆三號電池，幾天後（甚至幾星期後）仍舊老神在在。

任天堂內外開發商對這個舊硬體知之甚詳，以他們的創意與效率，不受阻礙地學習新科技，大量創造遊戲；他們猶如當今蘋果手機 APP 設計者的早期先驅。這些遊戲包括《俄羅斯方塊》（*Tetris*）、《超級瑪利歐樂園》（*Super Mario Land*）、《時空之霸者沙加》（*The Final Fantasy Legend*）等。第一年還推出許多體育競技遊戲，全都紅極一時。軍平團隊運用簡單技術，贏得這場硬體武力角逐，讓眾人靠邊站，也吸引眾多遊戲程式設計者加入陣容。

Game Boy 摒除頂尖科技，以求方便攜帶又經濟實惠，成為電玩遊戲界裡的索尼隨身聽。銷量高達一億一千八百七十萬台，無疑是二十世紀最暢銷的遊戲機。[6] 對於一個獲准出售花札的小公司而言，還算不錯。

打破功能固著心理，舊技術也能有全新發明

即便軍平當年備受推崇，為了使他的「成熟技術的水平思考」概念證明 Game Boy 可行，他必須排除公司內部異議聲浪。他後來提到：「當時很難讓任天堂理解狀況。」話雖如此，軍平確信，一旦使用者深受遊戲內容吸引，就不會多加留心技術力量。他主張：「在黑板上畫兩個圓圈，然後說『這是雪人』，看到圖畫的人即可意識到『雪是白色的』」[7]

軍平回憶 Game Boy 推出之時，他的某位同事「帶著滿臉沮喪表情」找他，向他報告「某個競爭對手的掌上型遊戲機已經上市了」。軍平問他，對手的遊戲機是否為彩色螢幕？那位同事說「是」，軍平則回答：「那就沒事。」

在其他人準備好接受新的體驗時，軍平仍舊秉持「為技術找出新穎用途」的策略，恰好反映出某項知名心理創意練習所要求的事。

在「非常規用途（或替代用途）任務」（Unusual (or Alternative) Uses Task）這項測驗裡，受試者必須針對某一物件，提出原始用途。

當給了「磚塊」的提示詞後，受試者會提出一些熟悉的用途：牆面、門擋、武器等。

為求更高分，他們必須想出概念上較為偏離的用途，而且這些是其他受試者鮮少提出

卻仍可行的。至於「堆砌塊」，可以是一個紙鎮、堅果鉗、演話劇般的「洋娃娃喪禮」棺材，或是在馬桶水箱丟入排水裝置，以減少每次沖水量。二〇一五年，大膽的水平思考者想出「丟一小塊」（Drop-A-Brick）專案，從而大量製造橡膠球，以供乾旱時期的加州馬桶使用，《廣告時代》（*Ad Age*）因此榮獲「年度無償公益活動獎」（Pro Bono Campaign of the Year）。

當然，該試驗沒有包羅萬象的創意理論。但以文件詳盡記錄了人類的傾向：**人類僅能先就物件的熟悉用途進行考量，這種本能稱為「功能固著」（Functional Fixedness）**。最知名的例子即是「蠟燭測試」（Candle Problem）。[8] 在這項試驗裡，每位參與者會拿到一根蠟燭、一盒圖釘、一紙板火柴，並獲知要將一根點燃的蠟燭固定在牆壁上，且不能讓蠟油滴到底下桌面。解決者試圖融化蠟燭黏在牆上，或以某種方式用圖釘固定蠟燭，兩種方法皆不管用。倘若在解決問題時，圖釘並非是放在盒子內，解決者更有可能將空盒子視為可用的蠟燭架，把蠟燭放進空盒子裡，且將這個「架子」用圖釘釘到牆面上。對於軍平而言，圖釘總是放在盒子外面。

無疑地，軍平需要只專精一處的專家。岡田智（Satoru Okada）是任天堂聘請的第一位實力派電子工程師，他曾直言不諱：「電子學不是軍平的強項。」[9] 在 Game & Watch 和

Game Boy 這些方面，岡田智是軍平的共同設計師，他記得：「主機的內部系統大多是由我處理，而軍平大多進行設計和介面事宜。」[10] 若說軍平是蘋果電腦的史蒂夫．賈伯斯（Steve Jobs），岡田智就是賈伯斯的合夥人史蒂夫．沃茲尼克（Steve Wozniak）。

軍平最先坦承這一點。他曾說：「我沒有特殊專才技能，僅是博學不精。」他建議年輕員工：不要因為技術本身有趣好玩而特意賣弄，但要以點子來運用技術。他說，不要當工程師，而是要當製作者。他主張：「製作者知道諸如半導體之類的事，但不需要知道這些事物的內部運作方式……這留給專家解決就好。人人皆採用『詳盡學習複雜技能』的作法；不過，若非如此，就不會有出色的工程師人士……以工程師觀點來看我，他們會認為『看看這個蠢蛋』。可是，一旦掌握幾項暢銷產品在手，『蠢蛋』這一詞便悄悄溜往別處。」

隨著團隊日漸壯大，軍平散布他的理念，要求每個人為舊有技術想出替代用途。他知道自己很幸運，以前他的點子不會因為技術限制而受到阻撓；他剛到公司之時，公司只是一家紙牌製造商，不像現在，公司已成為享譽盛名的電子玩具製造商，有著根深柢固的解決方案。公司規模壯大，他擔心年輕工程師太過介意自己會看起來很愚蠢，以致於不敢針對舊有技術來分享新穎用途的點子。於是，在公司內部，他開始在會議裡不假思索說出瘋狂點子，以此定出基調。他說：「一旦某個年輕人開始說『我真的沒立場這樣說』這種話……那麼事情就完了。」

「地上青蛙」和「前瞻之鳥」該共同合作

一九九七年，軍平不幸死於車禍意外，不過他的理念依然存續下去。二〇〇六年，任天堂董事長表明「任天堂Ｗｉｉ」是軍平信條之下的直接副產物。董事長解釋：「若不是害怕被誤解，我想說，其實任天堂並非是在生產新一代的遊戲主機。」Ｗｉｉ遊戲機運用了極為簡單的遊戲和技術，源自先前的遊戲主機，不過，它是以動作為基準來進行控制，從根本改變了遊戲規則。

依它基礎的硬體設備來看，Ｗｉｉ被批評並非創新。美國哈佛商學院教授克雷頓·克里斯汀森（Clayton Christensen）主張，這其實是最重要的一種創新，因為它讓全新（通常較為年長的）的觀眾群也接受電動遊戲，是所謂「授能創新」（empowering innovation）；**這種創新可以同時產生新顧客和新的工作機會，就如同在它之前興起的個人電腦一樣**。克里斯汀森與某位同仁寫道：「任天堂只不過是以不同方式進行創新。這家公司了解，對這些新顧客而言，打電玩時的障礙，是因為遊戲玩法的複雜程度，而非既有的圖像品質。」[12] 英國女王伊莉莎白二世看到孫子威廉王子在玩Wii的保齡球遊戲，決定親身一試，這條新聞曾經紅極一時。

軍平生前曾背離自己的設計宗旨，造成畢生最大挫敗。Virtual Boy 遊戲機是他在任天堂的最後其中一項企畫，運用了實驗性的技術，玩家必須戴上頭套顯示器玩遊戲。它所仰賴的處理器會散發高量電磁波，而在手機普及之前，電磁波這麼靠近使用者的頭這件事，無人確定是否安全。因此，必須打造一種金屬板圍繞處理器，反而造成機件過重，無法像戴著護目鏡一樣輕鬆。這款遊戲機澈底改款，變成桌上型的固定裝置，使用者必須採取一種不自然的姿勢，才有辦法看到螢幕。這款遊戲機比所處時代還要先進，卻乏人問津。

只有在水平思考時，軍平才可一舉得勝，成功凱旋。他需要專門人才，但他擔心公司日漸茁壯，科技日益進步，善於垂直思考（vertical thinking）的超級專家將持續受到重視，而水平思考的跨能通才則非如此。軍平解釋：「在計算能力的領域裡，找出捷徑（不重視創意）才是種競爭。提到這一點……螢幕製造商與專門的圖像設計師會拔得頭籌。那麼，任天堂的存在理由便消失了。」依他之見，即使是在高度技術化的領域裡，水平思考者與垂直思考者最好攜手合作。

弗里曼・戴森（Freeman Dyson）是顯赫的美籍英裔數學物理學家，他這樣形容：我們必須同時注重「地上青蛙」與「前瞻之鳥」[13]。二〇〇九年，戴森寫道：「鳥類翱翔高空，勘測遼闊的數學前景，遨遊至遙遠天際。他們喜好統整思維的概念，從不同部分的景象集結多元問題。青蛙住在地面泥濘裡，只看到附近生長的花卉。他們喜好探究特定物件的細節，且一次只解決一項問題。」

身為數學家，戴森把自己比擬為青蛙，不過卻聲稱：「若只因鳥類看得更遠，就認為鳥類比青蛙優秀，或由於青蛙看得更深，就說青蛙優於鳥類，都是愚蠢說法。」依他所見，世界既深且廣。他說：「**我們同時需要鳥類與青蛙共同合作，探索世界**。」戴森憂心，科學裡的青蛙日趨氾濫，僅接受狹隘的專業訓練，無法隨著科學本身而變化。他警告：「對年輕人與科學的未來而言，這種情況很危險。」

幸運的是，時至今日，儘管科技推陳出新，即使專業極度專門化，都有辦法培育出一塊地，讓鳥類與青蛙同時共榮。

懂得毗連事物，發揮實質商業影響力

3M公司的電子物料科學家歐安廸（Andy Ouderkirk）回想往事，笑著說：「當時有三位公司負責人在場，我永遠記得，他們手上拿著一個小玻璃瓶，僅是看著我，說：『這是極具閃耀魅力的科技突破』。」

標準的發光體絢爛閃爍著，這個小小發光體耀眼璀璨，猶如這個小瓶子內含一群魔幻般稜鏡似的螢火蟲。歐安廸設想出多層光學薄膜（multilayer optical film）的諸多用途，[14] 而這個小小發光體實屬宜人的驚喜。他告訴我：「現在我成為物理化學家，一向以為『科技突破』鐵定是非常複雜的進階技術。」

3M公司總部位於美國明尼蘇達州，歐安迪是該公司的發明家，名列二十八位「企業科學家」之一；在這家公司的六千五百位科學家和工程師之中，這算是最高頭銜。當時，他展開這條突破性進展的發光體之路，致力於挑戰長達兩百年之久的物理原則概念，亦即布儒斯特定律（Brewster's law）*，該定律可以一語概括為：沒有任何表面能以近乎完美的每個

---

* 當光在兩種均向性介電質的分界面上發生反射和折射，而反射角和折射角垂直時，那麼反射光就成為只有垂直於入射面的線偏振光。這時的入射角，現在被稱為布儒斯特角（Brewster angle）。

角度反射光芒。

歐安迪在想，如果把許多纖薄的塑膠表面層層堆疊，每一個表面都有獨特的光學特性，是否能創造出一種薄膜，每個方向都能客製反射，且客製折射出各式各樣的光波？他諮詢了一群光學專家，都向他保證無法做到，而他正想聽到這些。他告訴我：「假如他們說『這點子不錯，去做吧！這想法說得通』。這時你有多高的機會，成為第一個提出這點子的人？可能是零。」

事實上，他很肯定這實際可行，因為大自然提供了概念驗證。色彩斑斕的大藍閃蝶（blue morpho butterfly）其實絲毫沒有任何藍色的色素，但它的翅膀從纖薄的層層鱗片發出寶石藍的光芒，代表牠可以折射並反射特定的藍色光波段。[15]諸如此類例子俯拾皆是：一個水瓶的塑膠可因光照角度不同，折射出不同的光芒。歐安迪說：「這項道理人盡皆知。人人也知道聚合物（Polymer）的一切，在日常生活裡也隨處可見，但從未有人想到利用這點做出光學薄膜。」[16]

他組成一個小組，擔任組長，就這樣實現了這件事。薄膜寬度比人類髮絲還纖細，是由數百張精緻特製的聚合物層片構成，以反射、折射或放行特定的光波段。不同於典型的光學薄膜或甚至是鏡子，多層光學薄膜可以幾近完美地反射光線，不論光線抵達哪一個角度。它甚至還能增強光線，因為光線在傳回觀賞人眼睛之前，會先在各層之間來回跳動。這個小小發光體於焉誕生。一般發光體無法從每個方向充分反射光線，但是這個突破性的小小發光體，從每個方向都能閃閃發亮。

這項原先看似不可能的發明，用途不僅限於發光體而已。在手機和筆記型電腦內部，多層光學薄膜可以反射並「回收」光線（而原本這些光線從背光行進至螢幕之時，通常就被吸收了）；如此一來，即可傳送更多光線給觀賞人，並且大幅減少螢幕發光時的所需耗電力。它可以有效改善LED燈泡、太陽能板、光纖等的效率。它還可強化投影機的能源效率，效果十分顯著，明亮的影片僅需一顆小電池的耗電量。二〇一〇年，某個洞穴坍塌，有三十三名智利籍金銅礦工受困在約八百公尺深的地底下，長達六十九天。有人把多層光學薄膜式的口袋型投影機往下穿過一個十一公分的小洞，這樣一來，受困的人可以接收家人所傳的訊息和安全指示，當然還能看智利與烏克蘭對打的足球比賽。

多層光學薄膜相當便宜，而且可以大量製造。如果盤捲起來，很可能被誤認是閃閃發亮的包裝紙。這項發明耗費數十億美元，對環境也有助益。所以，為何當初沒有人能以這種角度看待塑膠保特瓶？歐安迪回憶著說：「近來出版的某本光學專家技術用書說，這項技術不具精密能力。那一本書作者是精通某一領域的真正專家。他寫了整本書討論這項主題，所以他算內行人。問題在於，他不懂得毗連事物。」

二〇一三年，歐安迪名列《研發雜誌》（*R&D Magazine*）的「年度發明家」。在任職於3M公司的三十年期間，他名下有一百七十項專利。在這個過程中，他深深著迷於發明要素、善於發明的團隊與個別發明家本身。他最後決定以有系統的方式來研究這些要素。他與新加坡南洋理工大學的某位分析專家和某位教授組成團隊。他們發現，「毗連事物」（adjacent stuff）可以產生相當大的關聯。

歐安迪與其他兩位研究員著手研究3M公司的發明員，想了解什麼樣的發明人特性造就了最大貢獻。[17]他們找了幾位專精單一技術的專才發明員，以及在各方面都不算頂尖，卻橫跨各式領域工作的通才發明員。

他們檢視許多項專利，歐安迪也有3M的內部管道，以此了解發明員所產出的實質商業影響力。他們發現，不管是專才或是通才，都能造就貢獻。**沒有人鐵定比另一種人還要優秀**。（他們也發現，那些既無顯著深度或廣度的發明人，鮮少有影響力）。專才精通長時間工作，解決困難的技術問題，事先預料開發過程中的障礙。通才剛好相反，如果通才花太長時間在某一領域工作，容易覺得無聊。通才整合多項領域來增進價值，從某項領域提用技術，然後把該項技術應用到其他方面。光靠發明人的廣度或深度，很難預料他們的發明物能否贏得「卡爾騰獎」（Carlton Award），也就是俗稱的「3M公司諾貝爾獎」。

歐安迪的小組還發掘出另一種類型的發明者，稱為「博學家」（polymath），這類人士因至少具有一項領域的深度而十分廣博。發明員的深度和廣度是依其工作史來衡量。美國專利局把「技術」分成四百五十個不同類別，如訓練裝置、電接插件、船舶推進等無數細項。

專才通常只在某些類別的單一狹隘範圍內取得專利。一個專才可能耗費多年時間工作，卻只為搞懂某一類型的塑膠，是由某一特定小群的化學元素組成。而在這段期間，通才卻可能已經開始製作不透光膠紙，從而造就了手術用的黏膠劑專案，激發了獸醫學方面的點子。他們的專利遍布許多類別。博學家具有某一核心領域的深度，所以他們在該項領域有無數專利，可是他們的深度卻不如專才。博學家也具廣度，**甚至比通才還更加廣博**，工作橫跨幾十種技術類別。

一次又一次，他們採用某一領域積累的專門知識，將之運用於全新領域，也就是說，他們不斷學習新技術。在他們整個職涯裡，隨著他們學習「毗連事物」，博學家的廣度顯著增加，實際上同時犧牲了少量深度。他們是公司裡最有可能成功的人，也最可能贏得「卡爾騰獎」。公司的使命是要不斷推陳出新，可是在這樣的公司裡，世界領先的技術專業本身並非致勝關鍵。

歐安迪就是位博學家。他對化學的濃厚興趣，起源於國小二年級，某次老師向全班展示火山爆發模型時。他的成長之路迂迴曲折，曾於伊利諾州北部就讀社區大學，後來成為化學博士；剛到 3M 公司時，他任職於雷射實驗室，工作性質完全超乎他的化學背景範疇。他說：「我所受的教育，是要以氣態分子之間的振動能量傳遞速率，成為世界專家。在我整個職業生涯裡，我自己摸索得知，不僅只有這種作法很好而已，還要多加涉獵其他各方面的事物，這也很好。」[18] 歐安迪的專利範圍從光學、金屬加工到牙科學都有。專利局時常把他研製的個人發明物一次登記到幾項類別裡，因為這些發明物融合了好幾個技術領域。

他十分熱中於將發明人分門別類，因此還寫了一套電腦演算法，分析前一世紀的一千萬項專利，學會辨識並分類出不同類型的發明人。在第二次世界大戰期間和之後，專才的貢獻扶搖而上，但近期卻逐漸減少。

歐安迪告訴我：「一九八五年左右，專家臻至鼎盛。後來卻急遽遞減，在二〇〇七年左右持平；不過，最近的數據資料顯示情況再呈跌勢，而我試圖想了解原因。」他小心翼翼地說，他無法準確指出當前趨勢起因。他的假設是企業組織僅是不需要這麼多專家而已。他說：「資訊氾濫，變得更加容易取得；若只為了促進某項領域的發展而雇用某人，這樣的需求已不再至關緊要，因為事實上人人都能存取相關資訊。」他推測超級專家需要著手處理特定的窄面問題，而通訊科技限制了這些人數的增加，因為他們的突破性進展可以快速廣泛傳播給別人，傳給世界各地像軍平這樣的人，再由這些人想出精妙用途。

通訊技術肯定也對其他領域造成類似影響。比方說，在二十世紀早期，光是在愛荷華州就有超過一千家歌劇院，[19] 相當於每一千五百位居民就可享有一間歌劇院。這些歌劇院有劇場，不僅是音樂場館而已，還可為當地好幾百間表演劇團的數千名演員，提供全職就業機會。時至今日，Netflix 和葫蘆（Hulu）等影音串流平台盛行，每位消費者可從手機觀賞梅莉・史翠普（Meryl Streep）的戲。愛荷華州的歌劇院熄燈歇業。也因此，愛荷華州數千位全職劇場演員飽受衝擊。歐安迪的數據資料間接顯示：在技術領域裡，精細聚焦的專家們也發生類似的事。**他們依然絕對至關重要，只是他們的工作成果可供廣泛存取，因此僅需少數專家就夠了。**

美國的資料科學家唐・斯旺森博士（Don Swanson）曾預言這樣的趨勢擴展。這也為軍平之類的「連結者」（connector）和博學多聞的「創新者」（innovator）增加大量機會。歐安迪說：「一旦資訊變得日益廣為流傳，為了著手以新方式連結許多事物，人人也就愈來愈易於博學不精，而非成為專才。」

「專門化」（specialization）顯而易見：就是要保持筆直前進。培養廣度則較為棘手。

普華永道公司（PricewaterhouseCoopers, PwC）是一個國際會計審計的專業服務網路，旗下某間子公司曾花十年時間研究技術創新後發現，研發支出與研發績效＊並未有統計顯著關聯（位居最後一〇%的支出者除外，因其績效比同業公司還差）。[20] 若要培養沃土，以蘊育出能整合知識的跨能通才和博學家，不僅需要花錢而已，還需利用機會。

潔伊雪瑞·塞思（Jayshree Seth）晉升為企業科學家，正是因為她獲准在不同技術領域之間彈跳擺盪，她不願只待在單一技術跑道。塞思不夠熱中於她為自己碩士學位所做的研究，於是忽視他人警告，轉換到克拉克森大學（Clarkson University）的實驗室，以求得化學工程（Chemical Engineering）博士學位。她說：「大家都勸我，這樣會花太長時間，因為若沒有該項領域的基本知識，會落於人後，因為他們都已在那間學校完成碩士學位。」在此闡釋一下：這項忠告是要她堅持自己已知不喜歡的領域，因為她已開始學習該項領域，即使尚未那麼深入。那項忠告隱含「沉沒成本謬誤」（sunk cost fallacy）。

當她踏進 3M 公司的專業世界，她再次大膽轉換焦點。這一次，她為了私人理由而偏離了自己的博士研究。因為她的先生也和她一起，從相同的克拉克森大學實驗室轉到 3M 公司任職，她不願意占掉先生想應徵的職缺。於是，她涉足新工作，結果奏效了：塞思擁有超過五十項專利。

她協助製造一種新的「壓敏膠」（Pressure Sensitive Adhesive, PSA），用於可拉伸和重複使用的膠帶，還發明能夠貼合好動寶寶屁股的尿布。她從未鑽研過材料科學，聲稱自己「沒有科學家那麼厲害」。她說：「我的意思是，從根本上而言，我沒有資格去做我正在做的事。」她形容自己的創新途徑，幾乎就像做調查報導（investigative journalism）一樣，只不過，她是以逐一親自拜訪同儕的方式，來進行自己的實地採訪報導（shoe leather reporting）版本。

她說自己是「T型人」**，比起一味深入的「I型人」，「T型人」具有廣度。這個比喻有點像戴森的「鳥與青蛙」。她說：「像我自己這樣的T型人，很樂於向I型人請教問題，造就T字中間那一條主幹。我喜歡以建立敘事的方式，全力進擊某項難題。我會想出要問的基本問題，而且，假如你向真正專精此道的人提問，只要你深刻內化所有其他此類知識，依然可以確切明白即將身處何種境況。這就像是馬賽克鑲嵌的建築結構，我僅是不斷把這些瓦片堆疊在一起。若我明明有人脈，卻沒能力接近這些人，就完全無法做到。」

* 「績效」包括銷售成長措施、創新獲利、股東回報、股票市值（Market Capitalization）。

** I型人指只擁有單一專長，較欠缺轉換工作的彈性；T型人則是瞄準某一工作領域，不斷向下鑽研；π 型人通常具有雙專長、熟悉雙領域等特質。

歐安迪在3M公司的前八年，他與超過一百個不同團隊一起合作。諸如多層光學薄膜等的重要專案，都不是由別人移交給他，而是他以自己的廣度親身辨識這些專案；這些專案具有潛在影響力，橫跨龐大數量的技術配置。他告訴我：「如果是處理定義良好且非常熟悉的疑難雜症，專家可以處理得非常好。但隨著模稜兩可性和不確定性增加，這也是體制問題裡的常態，廣度也就變得日趨重要。」

西班牙商業教授愛德華多・梅洛羅（Eduardo Melero）和努斯・帕羅瑪爾（Neus Palomeras）進行研究，並支持歐安迪的想法。他們從八百八十個不同組織裡的三萬兩千個團隊，分析了十五年來的技術專利[21]；追蹤每位個別發明人在團隊之間游走的情形，並追蹤每項發明的影響力。

梅洛羅和帕羅瑪爾測量了每項技術領域裡的不確定性：在高度不確定性的領域裡，有許多專利被證實全然沒用，而有些則是成功巨作。低度不確定性的領域則具有線性級數（linear progression）的特徵，有較為明顯的下一步驟，也有較多專利僅是合宜有用而已。**在低度不確定性的領域裡，專家團隊較有可能始創有用專利**。在高度不確定性的領域裡，有效的問題本身較不顯而易見，**而團隊裡的人因需要著手處理各式各樣的技術，則較有可能產生引人注目之作**。領域的不確定性愈高，更需要有較高廣度的團隊成員，這一點更為重要。

至於分子生物學群組，美國馬里蘭大學教育學院教授凱文．鄧巴（Kevin Dunbar）研究發現：他們善於運用類推思維解決問題，一旦情勢變得不確定，廣度就起了重要作用。

比起深度，資歷的廣度才可區分差異

如同梅洛羅和帕羅瑪爾，達特茅斯學院（Dartmouth College）商學教授阿爾瓦．泰勒（Alva Taylor）和挪威管理學院（Norwegian School of Management）教授亨利．格瑞弗（Henrich Greve）想要檢驗個人廣度的創意影響力，但針對的是「漫畫書」[22]，這是較不具技術性的領域。

漫畫產業堪稱達到定義明確的創意爆發時代。從一九五〇年代中期至一九七〇年，德裔美籍精神病學家弗雷德里克．魏特漢（Fredric Wertham）說服國會，認為漫畫會造成兒童行為不正常（魏特以不正當手段操縱或捏造了他某些方面的研究內容）[23]，漫畫創作者在此之後都同意進行自我審查。一九七一年，漫威漫畫公司（Marvel Comics）大肆拆台。

美國衛生教育福利部要求漫威總編輯斯坦．李（Stan Lee）創造一個故事，教育讀者有關藥物濫用的事。斯坦寫了一段「蜘蛛人的故事；故事裡，彼得・帕克（Peter Parker）最好的朋友吸毒過量。業界的自我審查機構「漫畫準則管理局」（Comics Code Authority, CCA）不予批准。漫威公司還是逕行出版。漫畫引起廣大回響，審查標準立即鬆綁，創意水閘為之大開。

漫畫創作者構思了帶有複雜情感問題的超級英雄，如《鼠族》（*Maus*）成為首部獲得普立茲獎的圖畫小說；前衛的《愛與火箭》（*Love and Rockets*）創造出種族多樣化的角色陣容，可隨著讀者年紀增長而與時俱進。

打從那時起，泰勒與格瑞弗就開始追蹤個人創作者的職涯，並針對兩百三十四個出版商的數千本漫畫書，分析其商業價值。每部漫畫都需要全方面的整合，由一位或多位創作者籌製敘事、對白、美術和版面設計。對於個人創作者或團隊創作者所製的漫畫，這對研究拍檔也預測了何事將可改善漫畫平均價值，以及何事將可增進價值差異；也就是說，創作者是否有機會創造出一本漫畫書，不是比經典作品更失敗，就是超乎想像而大展鴻圖。

泰勒與格瑞弗預料會看到典型的工業生產學習曲線：創作者反覆學習，所以在給定的時間範圍內，他們會製作出更多優於平均值的漫畫。沒想到他們錯了。另外，一如工業生產所示，他們猜想，一個出版商擁有的資源愈多，旗下創作者的平均產品也更佳，但這完全是大錯特錯。隨後他們進行非常直覺式的預測：創作者的業界年資增加，平均而言，更能製作出較佳的漫畫書。這次，他們又錯了。

高度重工的工作量對績效反而產生負面影響，年資也根本沒有影響力。若不是因為資歷、高度重工或資源多寡，那究竟，有助於創作者創造優於平均值的漫畫且進行創新的原因為何？

除了不能過度工作之外，解答在於：在二十二種不同藝術類型體裁之中（範圍從喜劇、罪案劇到奇幻文學、成人劇、寫實文學、科幻片都有），一個創作者究竟能涉獵多少種類型？資深與否，並不能區分創作者差異，**只有資歷的廣度才可區分差異**。擁有廣博的類型體裁的創作經驗，可使創作者優於平均值，並且更有可能創新。

一開始，個人創作者的創新性（innovativeness）比團隊還低，較不可能製作出紅極一時的作品。但是，隨著資歷日益廣博，他們實際上超越了團隊：比起共同經歷過相同數目類型的團隊成員，若個人創作者曾經從事四種以上的類型體裁，則會較為創新。泰勒與格瑞弗推測：「個人比團隊更能整合較具創意性的多元經歷。」

他們把這項研究起名為《成為超人或是驚奇4超人》（*Superman or the Fantastic Four*）。他們寫道：「若要在知識導向的產業裡尋求創新，最好要找到可當『超人』的個人。如果找不到兼具必要多元知識的人，那麼就該成立一個『驚奇團隊』。」集結成隊，可以創造出多元化的經驗，深具影響力；而且，若是單一個人即內含這些經驗，就會變得更加有影響力。

這項發現讓我立刻聯想到自己最愛的漫畫創作者。宮崎駿（Miyazaki Hayao）是日本動漫創作大師，以夢幻般史詩巨作《神隱少女》（*Spirited Away*）最廣為知名；該片超越《鐵達尼號》（*Titanic*），成為日本史上最高票房紀錄的電影。但在這部片之前，他的動漫職涯幾乎接觸了各式體裁，範圍從純粹的奇幻作品、童話到歷史、科幻、打鬧喜劇、圖說歷史隨筆、冒險動作片都有，族繁不及備載。

名列文學傳記辭典十大後現代作家，英格蘭作家尼爾．蓋曼（Neil Gaiman），身兼小說家、電影劇本作家、漫畫家等身分，涉獵範圍也同樣遼闊，從新聞學、藝術評論到小說文藝作品都有。其故事內容不僅可供年輕讀者閱讀或朗讀，也內含心理學方面複雜的身分認同省思，使主流成人觀眾看得如醉如癡。

美國演員喬登．皮爾（Jordan Peele）雖不是漫畫創作者，但身為編劇暨新手導演，他造就了一部獨樹一幟的驚奇成功之作《逃出絕命鎮》（*Get Out*），也是以類似手法出擊；他將喜劇中表現優異的時機掌握技巧，也用運在這部驚悚片裡。泰勒與格瑞弗的結論是：

「在產品開發方面，『專門化』（specialization）可能代價高昂。」

在和善的環境裡，如果目標是要盡量以無偏差的方式，再造先前績效，專家團隊可以運作得極好。[24] 外科醫療團隊日復一日，重複進行特定手術，因此工作速度會逐漸加快，錯誤率降低；專業外科醫生即使獨立作業，成效也頗佳。若某人需要手術，會希望醫生是專精該項手術且已重複進行多次的人，最好是由相同的團隊進行；就如同你身處高爾夫球場而面臨危急時，你會希望是由老虎．伍茲插手介入。

專業團隊成員經常處在該狀態與環境下，且合作過多次，而現在他們必須再造一次已相當熟悉，先前就已成功執行過的過程。航班機組人員也是運用相同道理，團隊成員有共事經驗後，會變得極其有效率，他們受託執行所有相當熟悉的必要任務，以確保飛行順利。國家運輸安全委員會（National Transportation Safety Board, NTSB）分析重大飛安事故資料庫後發現：有七三%的意外事故發生時，機組人員都是首日一起共事。[25] 如同動手術與高爾夫推桿入洞，機上每位參與人員長久熟悉例行事務且加以優化，並一切按照流程，沒有任何意外之事，只有在萬事俱足時，才可造就最佳飛行旅程。

假如路徑不明（如在火星上的網球賽），同樣的例行常規就不再合宜。歐安迪說：「在某些情況，有些工具能運作得盡善盡美，科技進展到能使其更小，但卻更重要，而這些工具都是人相當熟悉且能被好好使用的。但是，這些工具也會讓人偏離突破性的創新，事實上，反而把突破性的創新變成是小幅遞增的創新。」

π型人在狹隘的求職中難以被看見

猶他大學教授艾比·格里芬（Abbie Griffin）致力於研究現代的湯瑪斯·愛迪生（Thomas Edison）[26]；她與兩名同仁將其稱之為「連續創新者」（serial innovator）。他們研究此類人士特質的成果，現在聽起來應該不陌生：如「對模糊不清的高度容忍性」、「具系統思維者」、「來自身邊的額外技術知識」、「為既有的可用之物找到新用途」、「在發明過程中，擅長利用類推領域找出可輸入的資料來源」、「有能力運用新方式，連接迥然相異的資訊片段」、「能統合諸多不同來源的資訊」、「想法跳躍，看似不定」、「興趣廣泛」、「比其他技術專家，更常閱讀（範圍也更廣），擁有更廣泛的非專業興趣」、「必須大量學習多重跨領域知識」、「連續創新者還需與自身領域之外的各種技術專家人才進行溝通」。明白了嗎？

依照美國創造力研究學者迪恩・基斯・塞蒙頓（Dean Keith Simonton）之見，達爾文「可說是專業的門外漢」[27]。達爾文既非大學教授，也不是任何機構的專業科學家，不過他建立了與科學社群人士的人脈網路。有一段時間，他只專注於於藤壺（Barnacle）的研究，但後來變得非常厭煩，於是在某篇有關藤壺的專題文章前言裡，他說：「我再也不想花時間研究這項主題了。」[28]

如同3M公司的通才和博學家，他厭倦了堅守單項領域。達爾文的廣大人脈起了至關緊要的作用，造就了撼動權威典範的工作成果。美國心理學家霍華德・格魯伯（Howard Gruber）曾研究達爾文的日誌，並寫道，達爾文只有在「恰好被與自己相似的其他科學通才抨擊實驗之時」，才會親身進行實驗。

至於其他方面，他依靠書信往來，很有塞思的風格。達爾文總是盡力同時應付多重專題，格魯伯說這是他的「事業網路」。達爾文有至少兩百三十一位科學筆友，按照他的興趣，可大略把這些筆友分類為十三個廣義主題群組，範圍從蠕蟲到人類性向選擇都有。[29] 他寫信向這些人不停提問，把對方回信剪下，將片段資訊黏貼到自己的筆記裡，這些筆記「以看似毫無章法的樣式，諸多想法彼此互相激盪」。一旦他毫無章法的筆記本變得太過笨重，他會撕下頁面，按照調查主題分類歸檔。為使自己的實驗開花結果，他的通信對象有地質學家、植物學家、鳥類學家和貝殼學家，他們身處法國、南非、美國、葡屬亞速爾群島、牙買加、挪威等地，遑論他還剛好認識不少業餘自然學家和一些園藝愛好者。

一如格魯伯所述，創作者的活動「從外在來看，顯然可能充滿雜學，撲朔迷離」，[30]可是創作者卻有辦法「測繪」每項活動到現正進行的雄心壯志裡。格魯伯的結論是：「在某些方面，查爾斯．達爾文的工作成果卓著，彙編了他從別人第一手收集到的事實，再加以闡釋而呈現出來。」達爾文正是水平思考的整合者。

艾比．格里芬及其共同作者合寫了《連續創新者》（*Serial Innovator*）一書。在那本書末尾，他們沒有從理論上分享數據資料和觀察評述，而是為人力資源經理人提供建議。他們憂心，成熟公司的人力資源政策，提供明確定義的專門化狹隘職位，對於潛在的連續創新者員工而言，簡直就像「把圓形掛鉤釘入方形孔洞裡」，於是就被篩選過濾掉。這些人的興趣廣泛，無法整齊符合某種規範禮儀手冊。這些人是 π 形人士，在多重專業裡載浮載沉。他們建議：「要注意是否有廣泛興趣、多種嗜好和業餘愛好……應徵員工請對方描述自己的工作時，應注意對方是否只專注在界限內的事物，以及能否與其他部門相互合作。」

某位連續創新者描述自己的事業網路是「垂掛在水裡的一堆浮標，幾乎毫無思維緊繫其上。」傳記音樂劇《漢密爾頓》（*Hamilton*）的創作者，林－曼努爾．米蘭達（Lin-Manuel

Miranda），他如此巧妙描繪同樣概念：「此時此刻，我腦袋裡有許多APP程式同時開啟。」[31]

格里芬的研究團隊注意到，在公司目前的聘雇實務下，連續創新者不停宣稱自己可能被剔除。他們寫道：「機械式的聘雇途徑，雖然可以產生高度重製再現的成果，實際上卻減少了極具創新潛力的人選數目。」我初次與歐安迪談話時，他正於明尼蘇達大學開設一門課程，部分內容是有關如何辨識潛在創新者。他說：「我們認為，學校體制會使許多這類人才深感灰心氣餒，因為他們天性廣博。」

面臨不確定的環境和不善的問題，經歷的廣度極為寶貴。而面對和善的疑難，窄面的專門化可以非凡有效。問題在於：我們對超級專家通常深負期許，因為他們有專精一面的專業知識，所以期盼他們能夠神奇施展自身技能，處理棘手問題，結果卻可能是場災難。

第 10 章

學習「狐狸習性」，改掉專業盲點

賭注已下，攸關人類的命運。[1]

下了其中一面賭注的人是美國史丹佛大學生物學家保羅·埃利希（Paul Ehrlich）。在美國國會聽證會、二十次的《今夜秀》（*The Tonight Show*）以及他在一九六八年的暢銷書《人口炸彈》（*The Population Bomb*）裡，埃利希堅稱：要預防人口過剩而造成世界末日大災難，早就為時已晚。他的著作封面左下角有一幅圖畫，顯示一個已經點燃且慢慢燃燒的引信，也提醒我們「炸彈正在滴答作響」。

埃利希警告，短短十年內，由於資源短缺，將造成數億人口飢餓死亡。美國自由派雜誌《新共和》（*The New Republic*）向全世界提出警訊，全球人口數已超過食物供給量，該雜誌宣稱「饑荒已經開始」。這是基於生硬冷僻的數學計算：人口成長率是呈指數倍率增長，食物供給量卻不然。埃利希是一名蝴蝶專家，頗富盛名。他相當明白，大自然不會刻意精心調節動物族群總數。人口數量爆炸，大量超過現有可用的資源，萬事萬物將崩毀。他寫道：「生物學家很熟悉人口成長曲線的形狀。」[2]

在他的書裡，埃利希展示幾項假設性的假想情境，呈現「將會發生的災難種類」。在某個假想情境裡，於一九七〇年代期間，美國與中國開始互相歸咎對方造成大規模饑荒，結果導致核武戰爭。這是較為適中的假想情境，在糟糕的假想情境裡，飢荒肆虐整個地球。城市接二連三發生暴亂，實施戒嚴。美國總統的環保顧問建議「一胎化政策」，還提倡智商低的人都應結紮絕育。

俄羅斯、中國和美國都被捲入核武戰爭，使三分之二的北半球不適宜居住。有一小部分的社會團體繼續在南半球存活，但由於環境惡化，人類很快就滅絕了。在「愉快」的假想情境裡，開始實施人口節育。教宗宣布天主教徒應該減少生育，且為墮胎給予祝福。飢荒蔓延各地，許多國家搖搖欲墜。到了一九八〇年代中期，重大的死亡浪潮終止，農地終於可以復耕。愉快的假想情境僅預測約有五億人口餓死。埃利希寫道：「我向你們下戰帖，看誰能創造出更為樂觀的情境。」他還附加說明，別幻想有善心的外星人帶來補給包，這類情節不算在內。

美國經濟學家朱利安・賽門（Julian Simon）接下埃利希的挑戰，創造出一個較為樂觀的局面。一九六〇年代晚期是「綠色革命」（green revolution）的全盛時期。[3] 農業引進其他業界領域的技術，譬如水控制技術、雜種化的種子、管理策略等，全球農作物產量因此日益增加。[4] 依賽門之見，創新正在改變這項等式。**人口數愈多，其實可以產生更多解決辦法，意味著有更多好點子出現，技術性的突破進展也愈多**。

於是賽門提出一項賭注，埃利希可以選擇預測哪五種金屬，會隨著資源耗盡，且因接下來十年相繼發生混亂而變得更昂貴。賭注額價值一千美元，就是埃利希所選的五種金屬。十年之後，假如金屬價格下跌，埃利希必須支付價差給賽門。假如金屬價格上揚，賽門則必須負責支付價差。埃利希的責任最高僅限一千美元，而賽門的風險卻是高不見頂，這項賭注於一九八〇年正式成立。

在一九九〇年十月，賽門在信箱發現一張五百七十六．〇七美元的支票。埃利希灰頭土臉，這五種金屬每個價格都下跌了。科技變化不僅養活日益增加的人口，而且每人分配到的食物供應量年年增加，全球各大洲皆是。過高的營養不良人口比例雖然尚未趨近於零，但現今營養不良人口數已經相當低。在一九六〇年代，每十萬名全球公民之中，每年就有五十人死於飢荒；現今，該項數字已經降至〇．五。就算沒有教宗協助，全世界的人口成長率開始急遽暴跌，至今依然持續如此。兒童死亡率下降，教育程度（尤其是女性）與開發程度增加，生育率卻降低了。若全世界的人口數持續增加，人類的確需要更多創新的策略；不過，人口成長率卻是正在急速遞減。聯合國推算：在本世紀結束之前，人類人口數將會接近巔峰（但成長率卻趨近於零），或可能甚至呈現跌勢。[5]

埃利希的饑餓死亡預測近乎神奇的差勁。他驟下判斷，正如技術發展突然間急遽改變全球困境，然後，隨之而來的是人口成長率開始長期遞減。即使如此，就在他打賭認輸的同一年，埃利希加碼寫了另一本書。當然，時間軸略為減短，但他說「人口炸彈現在已經引爆」。[6]儘管接二連三預測錯誤，埃利希集仍聚集為數不少的跟隨者，持續獲頒榮譽獎項。某些學者認為，埃利希忽視經濟原則，有人看到沒完沒了的極差預測皆無實證體現，覺得十分憤怒，於是他們將賽門奉為翹楚。賽門陣營主張，埃利希提倡的那種過度調節將會壓制創新，而正是這樣的創新使人類倖免於難。兩方人馬在各自領域成為傑出人物，但兩者也都有謬誤之處。

從一九〇〇年到二〇〇八年，世界人口數成長了四倍；後來，經濟學家以十年為一段時窗，檢視這段期間的金屬價格。[7]他們發現，在六三%的時間裡，埃利希原本有可能贏得賭注。其中暗藏的不利因素在於：商品物價不適宜代表族群效應（population effect），尤其是在短短十年內。兩派人士以自認有把握的變數，證明自己的世界觀沒錯，但這些變數其實幾無關聯。由於總體景氣循環，商品物價呈現興衰榮枯；在賭注期間，經濟衰退將導致價格下跌。埃利希與賽門不妨丟擲銅板，雙方直接自行宣布獲勝就好。

兩派人士都很刻苦鑽研。每一方都宣稱自己在科學上的信念，以及不容置疑的事實首要性。而且，每一方都持續錯失對方想法的價值。關於人口數和世界末日之說，埃利希判斷錯誤；但是在環境惡化方面，他的看法沒錯。在食物與能源供應方面，人類的足智多謀深具影響力，賽門對此的看法沒錯；但是，斷言「空氣與水的品質改善」，以此證明他的預言正確，那可就大錯特錯了。諷刺的是，這類改善不因科技創舉和市場而自然出現，反而是要透過埃利希和其他人大力推行的調節規範來加強。

依照美國耶魯大學歷史學家保羅．沙賓（Paul Sabin）所言，理想的狀況是智識相左的夥伴「切磋砥礪彼此的論據，使自己心智更加銳利，變得更好。」他說：「保羅．埃利希與朱利安．賽門的情況恰好相反。」隨著一個人累積更多自身觀點的資訊，此人也就變得更加自以為是，**赤裸裸顯露出自身世界模型裡的缺憾之處**。

關於世界的運作方式，有一種特殊類型的思考者，即使面臨相反事實，反而對自己唯一的偉大概念更加深信不疑。隨著他們日漸積累自己對世界的心智表徵（mental representation）＊資訊，他們的預言變得愈來愈糟，不會更好。日常的電視節目與新聞裡，可以見到他們的蹤影，做出愈來愈糟的預言，同時宣告獲勝，還說自己經過嚴謹研究。

許多專家從不承認自身判斷裡的系統缺陷

一九八四年，針對美國與蘇聯的關係，美國科學院國家研究委員會展開一場會議。菲利浦・泰特洛克（Philip Tetlock）是新任心理學家暨政治科學家，年僅三十歲，是當時最資淺的委員。他專心傾聽其他委員討論蘇聯意圖和美國政策。著名的專家侃侃而談，表達頗具權威的預測。泰特洛克猛然意識到，這些人實際上經常相互牴觸，無法接受反對意見。

泰特洛克決定檢驗專家預測。[8] 當時冷戰如火如荼，他展開研究，蒐集了兩百八十四位高學歷專家（大多數有博士學位）的短期和長期預測；這些專家平均有超過十二年的專業資歷。研究問題涵蓋國際政策和經濟，而且為了確保這些預測具體實在，這些專家必須針對未來事件給予特定「或然性」（Probability，亦稱概率）。在足夠的時間裡，泰特洛克必須蒐集足夠的預測，才有辦法將「好運厄運的興衰起伏」與「真實技能」分開考慮。這項專案延續了二十年，內含八萬兩千三百六十一個未來預測的概率估算。研究結果推理思考出一個詭

＊心智表徵是一種心智結構，對應著某種物品、某個概念、一系列的資訊，或是任何出現於腦中的具體或抽象事物。例如一提到名畫〈蒙娜麗莎的微笑〉，許多人能立刻在心中「看見」那幅畫的影像，這便是對〈蒙娜麗莎的微笑〉的心智表徵。

譎多變的世界。

平均而言，這些專家是非常糟糕的預測員。他們的專業領域、年資、學術學位等，甚至就某些人的機密資訊取得管道而言，這些全都沒有差別。他們的短期預測很差勁，長期預測也很低劣，在各式領域的預測也不佳。若有專家宣稱某些未來事件極其艱難或近乎不可能辦到，卻僅有十五%的時間點會發生這些事。若專家宣告某件事必然發生，卻有超過四分之一的時間，這件事不會發生。丹麥諺語曾經警示：「世事難料，尤其是未來之事。」說得可真沒錯。業餘愛好者與專家相互較量，他們也不是能夠預見未來的千里眼，但至少較不可能說未來事件極其艱難或必然發生，較不會讓自己出錯，變成眾人笑柄而需要事後彌補。換成是專家，他們會相信彌補過錯就能挽回。

即使面對自己的成果，許多專家從不承認自身判斷裡的系統缺陷。假若他們成功了，就會自攬全功，認為是自己的專業知識促使他們洞悉這個世界。就算離譜到完全沒有擊中事件要害，也總是認為差一點就猜中了；他們堅稱自己肯定明瞭狀況；而且，如果僅有一小件事大相逕庭，他們也會堅持己見，認為沒錯。或者，如同埃利希，他們的認知理解是對的，只是時間軸略短了些。勝利之時，自己居功厥偉；一旦遭遇失敗，總是認為只不過是有點運氣不佳，僅是再次偏離勝利而已。專家自認維持不敗地位，同時卻又一輪再輪。泰特洛克做出結論：「說來奇怪，專家自認是有多麼厲害的預言家，而實際上情況又有多好？這兩者之間存在逆反關聯。」[9]

在名望與精確度之間，也存在著「有悖常理的逆反關聯」。在發表個人意見的粉絲專頁和電視節目上，若專家愈有可能經常提出自己的預測，愈有可能鐵定出錯。或者，不一定總是出錯。更確切地說，一如在泰特洛克與共同作者合著的《超級預測》（*Superforecasting*）一書裡，言簡意賅的這句話：「大致就像一個擲飛鏢的黑猩猩那樣精確。」

在泰特洛克研究裡，早期的預測都是與蘇聯的未來有關。有些專家（通常是自由開放派人士）認為米哈伊爾．戈巴契夫（Mikhail Gorbachev）是真正有決心的改革家，將有能力改變蘇聯，暫時保持蘇聯的完整性；但也有專家（通常是保守派人士）覺得蘇聯對於改革無動於衷，就其本質而言，頗具毀滅性，而且喪失合理性。雙方人士皆有對錯，戈巴契夫確實帶來了真正的改革，使蘇聯向世界敞開大門，並賦權給公民。但那些改革解開了俄羅斯境外共和國嚴密封鎖的力量，而使這項體系喪失合法性。愛沙尼亞（Estonia）首先發難，宣布國家主權獨立，蘇聯之下的力量分崩離析。對於蘇聯迅速解體，兩派的專家陣營完全大感意外，而他們對於事件進程的預言也糟糕透頂。然而，這些專家內還有一小群人，設法想像更多未來發生之事。

不同於埃利希和賽門，這一小群人並不歸屬於單一途徑。他們能夠採納每項主張，將顯然矛盾的世界觀加以整合。他們一致贊同戈巴契夫是真正的改革家，況且蘇聯早已失去俄羅斯境外的合法性。這些整合派人士有人實際上已經預知，蘇聯解體早就近在眼前，而真實的多項改革正是催化劑。

幾乎在所有事務上，這些整合派人士的表現優於同儕；不過，尤其在長期預測方面，他們澈底打敗同儕。最後，泰特洛克借用哲學家伊賽亞．伯林（Isaiah Berlin）的概念，提出了兩種暱稱：一個是觀點狹隘的「刺猬」，只知道「單一重要大事」；另一個是「狐狸」般的整合派人士，「對於許多事務都略有涉獵」。這兩種暱稱紅遍整個心理學界與情報蒐集的社群。

刺蝟專家具有深度，但很狹隘。有些此類專家耗費生涯鑽研單一問題。如同埃利希與賽門，他們透過自身專業的單一視角，針對世界如何運作，形成頭頭是道的理論，然後歪曲每項事件，套進自己的理論裡。根據泰特洛克說法，刺蝟專家在自身專業的某項傳統裡「專心致志，殫精竭慮」，並且「想要促成遙不可及的公式化解決方案，處理定義不清的疑難雜症。」效果如何並不重要，他們是依成敗論英雄，以此來證實論點沒錯，更進一步依偎自己的想法。若是預料過往之事，他們卓越出眾，但如果是預測未來，可就宛如丟擲飛鏢的黑猩猩了。與此同時，泰特洛克寫道：「狐狸般的專家博採眾長，汲取大量傳統優點，還能接受模糊性與矛盾性。」**刺蝟狹隘專精一面，而狐狸的範圍跳脫單一學科或理論之外，也體現了廣度**。

令人難以置信，在自身的專門領域內，刺蝟專家的長期預測表現奇差無比。隨著他們在自身領域累積資歷且聲譽卓著，實際上表現更差。他們所需著手應付的資訊愈多，就愈可能以任何說詞套用到自己的世界觀裡。這倒是給了刺蝟某種醒目好處。透過自己偏好的細小孔洞看待每項世界大事，也就容易針對過往，塑造令人信服的說詞，以堅定不移的權威高談闊論。換句話說，他們提高了電視節目收視率。

具有蜻蜓複眼的狐狸，是最佳預測員

泰特洛克顯然是一隻狐狸。他是賓夕法尼亞大學教授。我前往費城，到他家中拜訪。我們熱絡閒聊，談起他與同仁之間的往來手腕，也提及他的妻子，同時也是合作夥伴的芭芭拉・梅勒（Barbara Mellers）；芭芭拉不但是心理學家，也是顯赫的決策制定學者。泰特洛克會從某一方向展開某事，然後質問自己，再來改變觀點和立場。至於心理學上的熱門爭論，他借鑒於經濟學、政治學和歷史等方面的知識，提出某個速成觀點，然後緊急煞車，並且注意到：「關於人性以及構築良善社會的必要方法，要是你的假定與人不同，你就會以完全不同的角度看待一切。」

若有新的想法闖進會談，他會迅速說出「且讓我們說說彼此的主張吧」。因此，他能夠從不同的學科專業、政治面或情感面的角度，啟發出許多著眼點。他就像把玩 Instagram 社群網站濾鏡一樣，試用不少點子，直到難以分辨實際要相信哪一種為止。

他長期研究專家的判斷力，於二〇〇五年發表成果。這些成果吸引了美國情報高級研究計畫署（Intelligence Advanced Research Projects Activity）的注意力。這是政府組織，針對美國情報社群最艱難的挑戰，支援相關研究。二〇一一年，美國情報高級研究計畫署推出一項為期四年的預測循環賽，由五名研究學者各自領導團隊，彼此競爭。只要覺得契合，每個團隊都能招募、訓練、進行實驗。

長達四年的時間裡，在每天早上九點東岸標準時間，團隊會發出預測。所提出的問題都頗有難度：有多大機會，歐盟某個成員將於某個預定日期退出？日經指數走勢（Nikkei）是否以高於九千五百點收盤？東海發生海軍戰艦衝突，奪走超過十人性命的可能性有多大？預測專家可依自己意願，盡可能經常更新預測。但是評分系統會依照時間推移，針對精確度進行獎賞。所以，若是在問題結束日期前的最後一分鐘才提出偉大預測，價值就沒那麼高。

泰特洛克和梅勒主導的團隊稱之為「優良判斷力計畫」（Good Judgment Project）。與其招募深受表彰的專家，在這項競賽的第一年，他們開放徵求志願人士。經過簡單篩選後，他們邀請三千兩百個人展開預測。從這些人之中，他們辨識出一小群最像狐狸的預測員。這些人是聰明人士，興趣十分廣泛，有閱讀習慣，卻無特殊相關背景。他們依據這些人所言，權衡團隊預測，以此澈底擊潰競爭對手。

在第二年，「優良判斷力計畫」隨機安排前幾名「超級預測專家」，分成十二個線上隊伍，讓他們能夠分享資訊和想法。[10] 他們大力潰擊其他大學主導的團隊，美國情報高級研究計畫署會剔除倒數幾名的競爭者。根據泰特洛克所言，這些志願人士來自一般大眾，有管道「以維持機密性的餘裕」取得機密資料，打敗了資深的情報分析師。（儘管如此，他曾參考《華盛頓郵報》的報導指出，比起一群情報社群分析師，「優良判斷力計畫」的績效較佳，高出三〇％。）

在個人方面，最佳預測員不僅宛如狐狸，他們具有特質，使自己成為格外有效的協力合作者，合夥分享資訊，討論預測。每位團隊成員依然必須進行個人預測，不過，整個團隊的集體表現也受到評分。平均來說，在個人預測裡，小型超級團隊預測員的精準度高出了五〇%。超級團隊打敗了大批群眾的智慧（這一大批人的預測經過平均計算），他們也打敗了「預測市場」（prediction market）；在預測市場裡，預測員「交易」未來事件的後果，就像股票一樣，而市場價格呈現了群眾預測。

在預測地緣政治和經濟方面的事件時，由於其複雜程度，似乎也使一群只專精一處的專家有存在的必要；當每位專家促使團隊極端深入某項領域，但卻適得其反。如同漫畫書創作者與新技術專利發明人，在面臨不確定性之時，個人的廣度也就至關緊要。最像狐狸的預測員本身就能使人印象深刻，但如果群聚在一起，他們堪稱團隊最高理想的典範；他們不僅身為一份子集結成隊而已，還貢獻更多心力。

與他們幾番談話後，可以明顯發現「優良判斷力計畫」的最佳預測員有幾項特質，使他們成為深具價值的隊友。他們很聰明，不過泰特洛克一開始面對的刺蝟專家也是如此。他們能輕鬆不費力而提出數字，預估這個國家的貧困率或那一州的農耕地比例。而且他們也有幅度範圍。

史考特．伊斯特曼（Scott Eastman）說他「絕不僅是融入單一世界」。他在奧勒岡州長大，參加多項數學競賽與科學競賽，但是在大學時代，他修讀英國文學和美術。他是自行車技師、房屋油漆工、房屋油漆公司創辦人、百萬美元信託基金機構經理人、攝影師、攝影學教師、羅馬尼亞大學（Romanian University）講師，科目範圍從文化人類學到公民權利都有。最獨特的是，他還擔任羅馬尼亞中部，阿夫里格小鎮（Avrig）鎮長的首席顧問。擔任該項職務期間，他處理一切事務，協助整合新技術到當地經濟體、應對媒體、參與中資企業領導人協商等。

伊斯特曼說他的人生就像一本寓言故事，從每項經驗中汲取心得。他告訴我：「我認為，油漆工的經驗或許最有助益。」房屋油漆工作提供機會，使他可與多種多樣風格的同行和客戶產生互動，範圍從庇護所難民到矽谷億萬富翁都有；如果他在這些人的家裡施工期較長，他會與這些人談天說地。他形容這是一片沃土，可蒐集眾多觀點。不過，就地緣政治預測而言，房屋油漆工作大概並非唯一的啟迪之方。如同他的隊友，伊斯特曼在所到之處都持續蒐集觀點，一貫添加到自己的智識範圍；所以對他來說，任何地方皆是沃土。

預測敘利亞的發展時，伊斯特曼異乎尋常的神準，卻很訝異得知俄羅斯是他的弱點。他專研俄羅斯人，也有某位朋友曾任俄羅斯大使。他說：「在這方面，我應該算是處於有利地位，可是我卻遭遇為數不少的問題，這是我最弱的領域之一。」他學到一件事：**頻繁專精某項主題，不一定產生豐碩的預測成果**。他提到：「所以，假如我知道團隊裡有人是某項學科領域專家，我會非常樂意接近他們，向他們請教問題，探詢他們挖掘何事。但我不會只是說『好的，生物化學家說某種藥物可能上市，所以他的話鐵定沒錯』通常，如果某人太過深入成為內幕人士，反而難以接收良好觀點。」伊斯特曼向我描述，最佳預測員的核心特質就像：「對萬事萬物保有赤子之心，好奇心旺盛。」

艾倫·卡森斯（Ellen Cousins）專為出庭律師研究詐騙案。她的研究範圍從醫學到商業都有。她兼具廣泛興趣，包括歷史文物蒐集、刺繡、雷射光蝕刻、撬鎖等。她還為那些理應晉升獲得榮譽勳章（有時候會）的退伍軍人，進行公益研究。她的領悟力正好與伊斯特曼相同。依她之見，只專精一處的專家是非常寶貴的資源，「但必須了解，這些專家可能有盲點存在。於是，我試圖向他們請益『事實』，而非『意見』」。如同博學的創新者，伊斯特曼和卡森斯求知若渴，汲取專家經驗，再加以整合。

超級預測者以極端斯文的敵對方式，在網路上互動切磋，彼此不同調，爭論不休。卡森斯告訴我，即使偶爾有人會說「你確實滿腹經綸，但我覺得不合情理，請你說明一下」他們也不會介意。「協定一致」並非他們心之所向，他們企求積聚觀點，愈多愈好。泰特洛克提出一幅令人印象深刻，卻不太美麗的蜻蜓複眼圖片，**形容最佳的預測員是「具有蜻蜓複眼的狐狸」**。蜻蜓複眼是由數萬顆眼球晶狀體構成，每一顆都有不同的視角，然後在蜻蜓腦內合成影像。

我見過某次預測討論。在二〇一四年某段極度波動的時期，針對美元與烏克蘭格里夫納幣（UAH）之間匯率的單日收盤價，某個團隊試圖預測最高價格。這個價格將會少於十？介於十與十三之間？或是超過十三？討論一開始，某位隊員為這三種可能性各別提出百分率預測，還分享了一篇《經濟學人》（*Economist*）雜誌文章。另一位隊員插話附和，提出某個彭博新聞（Bloomberg）連結和網路上的歷史數據，還提供三種不同的概率預測，其中最受偏愛的是「介於十與十三之間」這一項。

第三位隊友信服第二位的主張。第四位隊友分享了烏克蘭財政困境的相關資訊。第五位隊友對大家說，關於匯率如何變化或是否不變，這項議題更廣泛，並牽涉到世界事件。一開始起頭談論的那位隊友再次發言；他被前述那些人的主張說服了，也修改自己的預測，不過依然認為他們高估了「超過十三」這項可能性。他們持續分享資訊、挑戰彼此、更新自己的預測。

兩天後，某位具有特定金融專長的隊友看到，格里夫納幣在事件當中依然走勢強勁，而他原本以為走勢肯定疲軟。他臨時通知隊友，說這種情況正好與他預料之事截然相反，而他們有必要知道他的認知有誤。最厲害的預測員願意大刀闊斧澈底改變計畫，與政客形成對比。這個團隊最後鎖定「介於十與十三之間」，當作最被看好的堅實選項，而他們是對的。

在單獨的工作成果方面，從二〇〇〇年到二〇一〇年，德國心理學家捷爾德·蓋格瑞澤（Gerd Gigerenzer）匯編了年度「美元兌換歐元」的匯率預測；該項預測是由二十二家最具聲望的國際銀行進行，如巴克萊銀行（Barclays）、花旗集團（Citigroup）、摩根大通集團（JPMorgan Chase）、美銀美林集團（Bank of America Merrill Lynch）等。每一年，每家銀行預測年末匯率。關於這些推測，蓋格瑞澤向世界最著名的某些專家請教，然後做出簡單結論：「美元兌換歐元」的匯率預測毫無價值可言。[11] 在十年裡，其中有六年的時間，真實的匯率不會落入所有二十二家銀行預測的整體範圍內。過程中，某位超級預測員迅速注意到匯率走勢裡的某項變化，他深感困惑，於是進行調整；而在蓋格瑞澤分析的這十年裡，大型銀行的預測卻錯失了每一個走勢變化。

人類不願相信反面觀點，是受到本能驅使

至於最佳團隊的互動特徵，美國心理學教授強納森·拜倫（Jonathan Baron）稱之為

「積極開放心態」（active open- mindedness）[12]。最佳預測員審視自身想法，認為自己的假說有必要經過檢驗。他們並非意圖以自身專門知識來說服隊友，反而鼓勵隊友幫忙證明他們的看法是否虛假。人類皆有好勝心，而這種虛心求教之舉不同凡響。舉個例子，假設提出一個難題：「提供愈多金錢給公立學校，是否真能顯著改善教學品質？」大家很自然而然泛濫提出「最佳己見」。即使備有網頁瀏覽器，一般人也不會搜尋自身看法是否可能存在悖論。**並不是人類無法提出對立相反的看法，而僅是因為受到強烈本能驅使，不願相信反面觀點。**

二〇一七年，加拿大與美國的學者展開研究，要求一群已經成年但政治立場相異的高等知識份子，針對飽受爭論的議題，閱讀那些可以證實他們信念的論點。[13]然後，只要參與者閱讀對立相反的論點，就有機會獲得金錢報酬；即使如此，有三分之二的人就連看一眼這些相反見解也不願意，根本不在意認真考慮是否有趣。厭惡相反看法，不僅是出於愚蠢或無知而已。耶魯大學法學暨心理學教授丹．卡漢（Dan Kahan）指出，關於學術上政治兩極分化的話題，若成人愈有學問素養，其實更有可能變得自以為是。原因可能是他們更擅長找出證據，確證自己的感覺；**他們花愈多時間在某項主題，就愈容易成為刺蝟般的人。**

在英國脫歐公投（Brexit vote）前置作業階段期間，某項研究發現，[14]留歐派（Remainers）與脫歐派（Brexiters）都有一小群人，能正確闡述關於治療皮疹護膚霜功效的統計數字是否為虛構；可是，一旦提出相同的確切數據給投票者，且內容如是指「入境移民既不會增加犯罪率，也不會減少犯罪率」，大批英國民眾突然間變得不懂數學，只要統計數字有違自己的政治信念，就會說統計數字有錯。談到護膚霜與槍枝控管，卡漢發現美國也有相同現象。[15]而某種個性特徵能抵抗這種傾向，卡漢以文件記載這種個性特徵，並且稱之為**「科學好奇心」（science curiosity）**。不是科學知識，而是科學好奇心。[16]

卡漢及其同仁巧妙測量民眾科學好奇心指數，偷偷把相關問題置入看起來像是消費者市調問卷裡，然後請人觀看特殊內容的影片，再追蹤這些人如何追究後續資訊，其中有些人甚至具有學科相關性。不論這些證據是否符合自己目前的信念，最具科學好奇心的人總是選擇思索新證據。較不具學問好奇心的人宛如刺猬，比較傾向抗拒相反證據；再者，一旦獲知主題知識，也容易流於政治兩極化。

具有高度科學好奇心的人不隨波逐流。他們獵尋資訊的方式，簡直就像狐狸在搜尋獵物一樣：自由漫步、仔細傾聽，興趣廣泛且大量吸收。正如泰特洛克的「最佳預測員」說法，**情況無關他們思考何事，而是有關他們「如何」思考**。最佳預測員有高度積極開放心態；他們也極具好奇心，不僅考量相反立場的看法，還會主動探尋跨學科事務。拜倫開發出「積極開放心態測量法」，曾經寫道：「若無廣度，深度即顯不足。」[17]

至於歷史上最具好奇心和積極開放心態的人類代表，達爾文想必正是其中之一。最初他的四種進化論（evolution）模型，是從神造天地論（creationism）或智能設計論（intelligent design）延伸而來，第五個模型則把創世論（Creation）視為單獨分開的問題。[18] 若遇到任何事實或觀察資料有違自己從事的理論，他會複製這些論據，貼到自己的筆記本裡，然後提出一種看法。他不斷嚴厲抨擊自身想法，一個接一個廢除模型，直到他達成的理論能夠契合整體證據為止。

不過，在他奉獻終生心力投入這些工作之前，他需要某位積極開放心態的隊友（真正的良師益友）推促。約翰．史蒂文斯．亨斯洛（John Stevens Henslow）身兼牧師、地質學家和植物學教授，他安排達爾文登上小獵犬號探險航程。

船舶啟航前，他請達爾文閱讀一本頗具爭議性的新書，也就是英國地質學家查爾斯．萊爾（Charles Lyell）所著的《地質學原理》（*Principles of Geology*）。萊爾主張，眼前的地球正以持續不斷的進程，隨著時間推移而漸漸產生變化。萊爾的地質學敘述完全脫離神學，亨斯洛無法接受這一點。他警示達爾文「絕對不要接受書裡提倡的見解」。[19] 話雖如此，他以狐狸般的姿態，不計較自身的強烈反感，竟敦促自己的學生閱讀那本書，這真是讓人大開眼界。根據英國科學史學家珍娜．布朗（Janet Browne）的說法：「在科學史方面，萊爾的書教導達爾文如何思考大自然，堪稱史上最奇異非凡的思想交流之一。」[20]

綜觀上述，絕非意指刺蝟專家無足輕重，他們仍造就極其重要的知識。知名物理學家愛因斯坦（Albert Einstein）正是刺蝟型人才。[21] 他能看穿複雜事物之下藏有簡明易懂的事，探索精妙絕倫的理論來證明。不僅如此，他還耗費人生最後三十年光陰，針對宇宙萬物，頑強探尋單一理論，用來辯解量子力學固有，明顯且雜亂的隨機性；在某種程度上，由於他自身的工作成果，反而使量子力學領域繁衍茁壯。

正如天體物理學家格倫．麥基（Glen Mackie）所言：「堅定一致的見解似乎存在：晚年之時，愛因斯坦眼裡只有數學，努力耕耘，不受相關發現影響，他的研究方法也不隨之動搖。」[22] 打個比方吧，愛因斯坦堅稱「上帝不和宇宙玩骰子」。尼爾斯．波耳（Niels Bohr）也是與他同時期的當代人物。波耳利用土星光環和太陽系的類推，闡明原子結構；他回應愛因斯坦「應該保持開放心胸，不要告訴上帝如何運轉整個宇宙」。[23]

在複雜事物之下，刺猬易於看出簡單的因果決定論規則，按照自身的專門知識領域定出框架，就像棋盤上的重複模式。至於狐狸，則是從別人誤認為簡單因果的事，看出其中的複雜性；他們了解，大多數的因果關係其實是機率問題，而非百分百確定的。世上存在太多未知事物與機遇，即使歷史經常重演，但世事難以精確預料。他們看清，自己正是在不善環境定義裡從事活動，難以全盤一窺究竟，不是贏就是輸。

在不善環境中缺乏自動回饋機制，光憑經驗無法改善績效表現。具有效率的心智習性（habits of mind）更加重要，而且這是可以開發的。在連續四年預測循環賽裡，泰特洛克和梅勒的研究小組指出：一小時的「狐狸習性」基本訓練可以改善精確度。其中某項習性很像類推思維，可協助第5章提到的創投資本家和電影狂熱者，針對投資回報率與影片收益，做出更佳推測。[24] 基本上，預測員可以寫一份清單，列出具有深切結構相似性的單獨事件，藉此進行改善，而非僅是聚焦於尚待討論的特定事件內部細節。幾乎沒有任何事件是百分之百新奇發生的；一如泰特洛克所言，獨特性（uniqueness）只不過是程度上的差別而已。建立一份清單，無形之中能迫使預測員像統計學家一樣思考。

舉個例子，二〇一五年，有人問預測專家，希臘是否會在那一年退出歐元區。以前從未有國家離開過，所以這個問題似乎完全獨特。不過，有太多例子顯示國際協商失敗、退出國際協議、迫使貨幣轉換。因此，在經常發生的事件方面，最佳預測專家得以穩固自身立場，不需狹隘聚焦於當前情況的全部獨特細節。門內漢觀點認為要從細節著手，但這樣做非常危險。關於自身專業裡的某項議題細枝末節，刺蝟專家已有夠多的知識，正好可以進行丹．卡漢所言，他們會挑選最有利的細節，套入自己包羅萬象的理論裡，深層知識反而將適得其反。然而，**技巧精湛的預測專家卻懂得暫時抽離手邊問題，再以結構上的共通性，全盤考量不相干的事件，而非依靠個人經驗或單一專長領域而來的個人直覺。**

至於預測員訓練的另一方面，則是要涉及查找所學教訓，尤其是針對結果證明不佳的預測，激烈剖析其預測結果。他們促成了不善的學習環境，無法自動反饋，比較像是要抓緊每項機會來建立嚴峻的回饋，以此改善學習環境。在泰特洛克長達二十年的研究裡，狐狸與刺蝟歷經成功預測後，更加堅決鞏固自我，也都能迅速更新自身信念。然而，假如某項後果出乎他們意料之外，**狐狸較有可能調整自己的想法。刺蝟幾乎不會改變主意。**某些刺蝟做出權威性的預測，結果竟是錯誤百出，**然後再繼續以錯誤方向更新自己的理論。**他們變得更加信服原本誤入歧途的理念。依照泰特洛克之見，「優秀的信念更新者才會產生優秀的判斷」。萬一下了賭注後慘輸，他們會欣然接受這項失敗帶來的邏輯思維，正如勝利之時願意鞏固自我一樣。

一語概括，這即是所謂的「學習」。有時候，還牽涉到要把經驗全然置之度外。

第 11 章

不墨守成規，先放下熟悉工具

體格健壯、沙金髮色的傑克率先開了口，支持出賽的他問道：「假如大家都贊成呢？我說啊，就出賽吧。」

時值秋季，午後不久，傑克和六位哈佛商學院大二同學找了遮蔭處，吃午餐聊天。*商學院教授發了三頁的作業，是商學院研究課題裡，極其知名的卡特賽車隊的兩難抉擇（Carter Racing）。[1] 關鍵的難題在於這個虛構的卡特賽車隊應不應該參加賽季的最大賽事，而賽事即將在一小時後開始。

贊成出賽的論點如下：拜訂製的渦輪增壓器（turbocharger）所賜，在二十四場賽事中卡特賽車隊贏得其中十二場的獎金（排名前五）。這番成就吸引某家石油公司贊助，知名（且同樣也是虛構）的佳石輪胎（Goodstone Tire）公司也提供參賽贊助。卡特賽車隊贏得上次賽事，奪得賽季第四勝。今日賽事會在全國電視台播出，如果卡特賽車隊以前五名之姿完賽，佳石輪胎公司可能會贊助兩百萬美元。若卡特賽車隊選擇不出賽並退出，就會損失一部分的報名費，還必須退還部分的贊助費，導致車隊在主要賽季欠下八萬美元，且可能再也無法獲得這麼大的機會了。出賽抉擇看似不用多想就能決定。

反對出賽的論點如下：二十四場賽事中的七場賽事，引擎曾發生故障，每次都對車子造成損害。在過去兩場賽事，技師採用全新的引擎預備程序，沒出現問題，但技師並不確定之前是什麼因素導致問題發生。假如引擎在全國電視台發生故障，車隊會失去石油公司贊助，跟佳石公司說再見，回到起點，或者可能要結束營業。那麼，到底該不該出賽呢？

這群學生開始投票，三人贊成出賽，四人反對出賽。現在開始進行討論。

傑克說，就算引擎故障，車隊仍有五成機率大獲全勝。佳石贊助費的好處是金額遠高於引擎故障及失去既有贊助商時損失的金額。如果卡特賽車隊退出，表現傑出的賽季就會以債務告終，「大家也知道，這不是永續的商業模式」。

「我就是覺得，車隊負擔不起不出賽的代價。」賈斯汀說。

亞歷山大表示同意，向反對者說：「說服你們去相信現在已經準備就緒，會有什麼改變嗎？」

在眾人圓圈裡，坐在對面、身穿哈佛大學連帽衫的梅伊，此時在大家面前說出計算的結果：「我認為，不出賽的風險是引擎再次故障而造成損失的三分之一左右。」梅伊接著說，她關心的重點是降低虧損，所以不想出賽。

這項研究課題的內容說，在最後一刻，車隊老闆 BJ．卡特打電話給引擎技師派特。

---

* 除明確許可使用真名的學生外，其餘學生的姓名一律經過更改。

派特雖是高中輟學，也沒受過嚴謹的引擎訓練，卻擁有十年的賽車經驗。派特表示，問題可能出在氣溫上。渦輪增壓器在冷天暖機時，引擎零件可能會以不同速率膨脹，導致汽缸蓋墊片（即引擎的金屬密封墊片）故障。派特承認每次的引擎故障雖看似不同，但七次故障，汽缸蓋墊片都裂了。（其中兩次的引擎故障，汽缸蓋墊片有多處破裂。）派特不曉得到底是怎麼回事，短時間內也想不出其他原因。

派特還是興奮得很想出賽，也興高采烈地想穿上全新的佳石制服。出賽當天是約攝氏四度，是賽季期間最冷的出賽日。派特認為要查看氣溫數據，主技師羅賓表示贊同。羅賓把數據繪成圖表，卻看不出關聯。

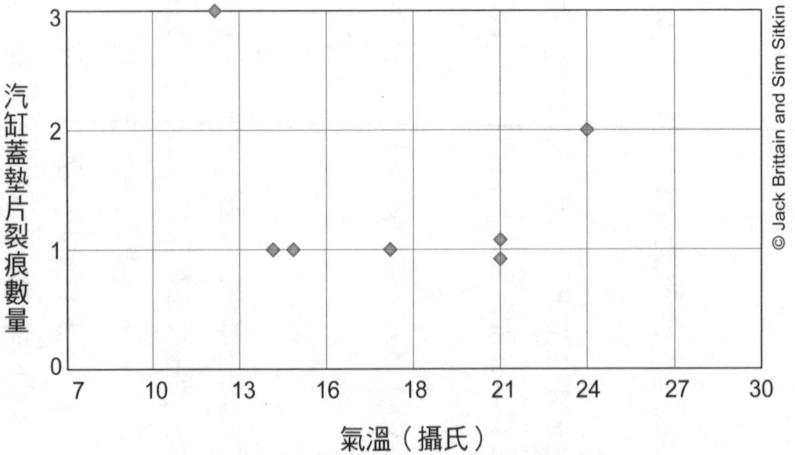

▲ 氣溫與汽缸熱片裂痕數量圖

黑髮甩向一側的狄米崔堅決反對出賽，他認為墊片故障與氣溫之間沒有明顯的線性關係。最冷的出賽日（約攝氏十二度），墊片出現三處裂痕；最熱的其中一天（約攝氏二十四度），墊片出現兩處裂痕。可是，萬一引擎運作有最理想的氣溫範圍，適合不太冷也不太熱的天氣呢？狄米崔說：「假如故障是隨機發生，那麼完賽又進入前五名的機率就是五成。但若不是隨機發生，成功機率就比較低。那天的氣溫很低，是之前沒經歷過的低溫。我們不曉得引擎故障跟氣溫有沒有關聯，如果有關聯，引擎肯定會故障。」

茱莉亞認為派特技師提出的氣溫說法「沒道理」，卻喜歡狄米崔的觀點，也就是說，引擎問題彷彿一個不給資訊的黑盒子，車隊無法計算今日賽事的成功機率。茱莉亞承認自己的想法算是風險趨避，而她個人也永遠不會親自參與賽車。

除了狄米崔以外，其他人都抱持同樣看法，也就是如同亞歷山大所說，氣溫與引擎故障兩者「毫無關聯」。狄米崔問：「就我一個人覺得有嗎？」幾個人笑了出來。

對於引擎技師派特提出的論點，傑克尤其興趣缺缺，他說：「我認為派特是個很優秀的技師，卻不是很擅長分析根本原因的工程師，這兩種工作截然不同。」傑克認為派特是被知名的認知偏誤所害，過度強調引人注目的過去單一事件——亦即墊片在某個冷天有三處破裂——的重要性。傑克說：「我們甚至沒有資訊可以用來理解這張圖表。有二十四場賽事，對吧？氣溫約攝氏十二度而且墊片沒破裂的，總共有幾場？我不是有意要攻擊你的論點。」傑克對狄米崔說的同時也露出了微笑，還親切地輕拍了狄米崔的手。

大家也都對此表示贊同，**要是引擎沒問題的賽事也能取得氣溫數據就好了**，但總之現有的數據就是這些。賈斯汀代表贊成出賽方發言：「我就是覺得一定要出賽，因為在這行就是要出賽。」

這場討論的結論似乎又回到了起點，亦即投票決定不出賽。不過，梅伊把計算過程又看了一遍，情況出現轉折。梅伊發表意見：「我改變想法了，我要投贊成，應該出賽。」梅伊比較潛在的財務優缺點，算出卡特賽車隊以前五名之姿完賽，只需要百分之二十六的機率，相當於目前機率的一半，出賽會是明智之舉。就算寒冷的氣溫會改變成功機率，「也不會低至百分之二十六，所以我們還是很安全。」她認為狄米崔對數據的解讀有所偏頗，卡特賽車隊的完賽氣溫介於攝氏十二度至二十八度之間，四次引擎故障發生在約攝氏十八度以下，三次故障發生在攝氏十八度以上。梅伊說，狄米崔基於墊片有三處破裂，就太過相信攝氏十二的數據點，但那只算是一次的引擎故障。

傑克插嘴，認為大家在氣溫表上，只看見自己想看見的，所以「或許我們的討論就暫時擱置吧」。傑克喜歡梅伊提出的期望值論點。「我覺得那是我們可以領會的明確事情，畢竟根據數學來看事情總是合情合理……如果你要我擲硬幣，我輸了就損失一百美元，贏了就拿到兩百美元的話，那麼我每次都會擲硬幣的。」傑克提醒大家，卡特賽車隊在過去兩場賽事採用全新的引擎預備程序，沒出現問題。傑克說：「那是很小的數據點，但就我的論點而言起碼是方向正確。」

梅伊轉向狄米崔，問道：「哪個氣溫出賽你會覺得很剛好？氣溫二十度發生兩次引擎故障，十七度發生一次故障，十二度發生一次故障。對我們來說，沒有哪個氣溫是安全的。」

狄米崔想要將車隊經歷過的確切氣溫設限。因為有某件東西未如預期正常運作，所以氣溫範圍以外的任何東西都屬未知領域。他也知道自己提出的建議聽起來流於武斷。

大家進行最後的票數計算。梅伊改變想法後，最後比數四比三，決定出賽。這些學生一邊繼續聊著，一邊把研究課題的作業紙塞進自己的後背包和郵差包。

馬汀娜快速大聲念出研究課題的部分內容，車隊老闆BJ卡特請主技師羅賓提出意見。羅賓對卡特說：「車手冒著生命危險，我的事業有賴於每場賽事，而你的每一分錢都和這行息息相關。」羅賓提醒老闆，坐在維修區贏不了比賽。

馬汀娜提出最後一個問題：「這只關係到錢，對吧？我們決定出賽是不會害死別人的，對吧？」

幾位學生東張西望，笑了出來，然後各走各的路。

太過仰賴熟悉工具，因而造成慘烈悲劇

隔天到了課堂上，他們才曉得，世界各地拿到卡特賽車隊作業的學生，多半都選擇出賽。教授在教室裡四處走動，盤問學生是基於什麼理由決定出賽或退出。

決定出賽的小組針對機率估計值和決策樹（Decision tree）*進行討論。至於賽中引擎故障會不會危害到車手，學生意見分歧。絕大多數的學生認為氣溫數據會轉移焦點。有位女學生說：「想要在賽車界闖出一番名號，就必須要冒這樣的險。」幾個人點頭表示贊同。她所屬的小組意見一致，七比〇，贊成出賽。

狄米崔表示反對，教授無情地盤問狄米崔。狄米崔認為，只要不去假設引擎故障是隨機發生，那麼各個小組設想的每個機率決策樹都毫無意義可言。狄米崔還說，那些數據格外模稜兩可，主技師基於某種原因，並未計入引擎沒故障時的比賽當日氣溫。

「好，那麼狄米崔，這是量化的問題。」教授說：「我昨天說過多少遍，同學想若知

道其他資訊，就要跟我說。」教室各處隱約傳出倒抽一口氣的聲音。教授自己回答了：「四遍，我說了四遍，想知道其他資訊，就要跟我說。」之前，沒有一位學生請教授提供缺漏的數據。此時，教授提供新的圖表，涵蓋每一場賽事。圖表內容如下。

氣溫低於約攝氏十八度的賽事全都發生引擎故障。然後，教授把每場賽事標示成故障或未故障，像這樣進行二分法以後，就進行簡單的數據分析，這是學生都熟悉的方法，稱為羅輯迴歸（Logistic regression）。教授告知學生，在約攝氏四度的氣溫，引擎故障機率是九九．四％。教授問：「還有沒有人贊成出賽？」此時，教授又提出一件令人訝異的事情。

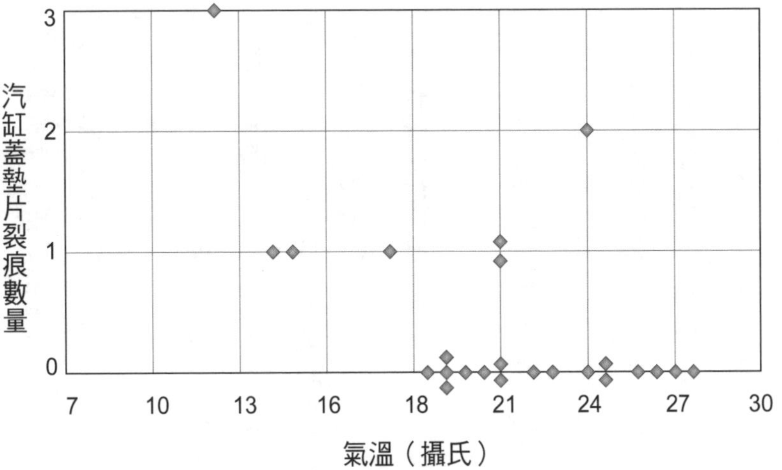

▲所有賽事的氣溫與墊片裂痕數量數據圖

＊決策樹由一個決策圖和可能的結果（包括資源成本和風險）組成，用來創建到達目標的規劃。是一個利用像樹一樣的圖形或決策模型的決策支持工具，包括隨機事件結果，資源代價和實用性。

這些氣溫與引擎故障數據取自美國航太總署發射「挑戰號」太空梭時做出的悲慘決定，只是把太空探索的細節改成賽車罷了。傑克頓時一臉茫然，挑戰號的事故原因並非是墊片破裂，而是O型環故障。O型環是一種橡膠條，可將狀似飛彈、推動太空梭的火箭助推器的外殼接合處密封起來。低溫會導致O型環橡膠硬化，密封效用降低。

研究課題的人物改編自美國航太總署的經理和工程師，還有火箭助推器承包商莫頓賽奧科公司（Morton Thiokol），情節改編自挑戰號發射前一晚召開的緊急電話會議。一九八六年一月二十七日的氣象報告預測，發射日當天，佛羅里達會出現異常低溫。電話會議結束後，美國航太總署和賽奧科公司認為可以繼續進行。一月二十八日，O型環沒能完全密封火箭助推器外殼接合處，燃燒的燃料從接合處噴發到外面，挑戰號進行任務才短短七十三秒就發生爆炸，全體七名太空人死亡。

卡特賽車隊研究課題的影響也很大，學生竟然也跟緊急電話會議的工程師一樣，認為可以繼續進行，教授以熟練的教法揭露該研究課題帶來的教訓。

「美國航太總署或賽奧科公司皆沒人要求提供十七個沒發生問題的數據點，他們和你們一樣。」教授解釋道：「那些數據顯然存在，而他們也跟我們一樣有過討論。假如我是你們的話，可能會說：『可是在課堂上，老師通常會把學生需要的資料發給學生。』不過，小組會議的時候，通常是負責做 PowerPoint 投影片的人把數據放在大家眼前，而我們通常只使用對方放在我們眼前的數據。我認為我們做得不好，沒有去問：『若我們想做出必要的決定，憑那些數據就行了嗎？』」

負責調查挑戰號事故的美國國家委員會做出結論，**只要納入沒發生故障的飛行狀況，就能得知O型環損壞與氣溫之間的關聯**。芝加哥大學組織心理學教授寫道，數據缺漏是非常基本的錯誤，是電話會議上「全體與會者共通的專業缺點」所致。[2]「反對低溫天氣發射的論點原本可以量化表示，卻沒做到。」教授表示，那些工程師教育程度不佳。

在美國航太總署看來，美國社會生物學者黛安．沃恩（Diane Vaughan）撰寫的《挑戰號發射決策》（*The Challenger Launch Decision*）明確描繪出該場悲劇的因果。書中寫道：「有一點比較令人吃驚，我們發現他們確實有相關數據，賽奧科公司有幾位工程師想延後發射日，他們沒想到某些圖表要是製作出來的話，就能提供必要的相關量化數據，用以支持他們的立場。」

世界各地的商業教授傳授卡特賽車隊研究課題三十年之久，原因就在於該研究課題提供了鮮明的教訓，**在數據不完整時就做出結論是很危險的，僅仰賴眼前的資料也很愚蠢**。

現在要提出最後一件令人訝異的事情，他們全都弄錯了，**挑戰號的決策並不是沒做到定**

量分析所致，美國航太總署真正犯下的錯誤其實是太過仰賴定量分析。

挑戰號點火前，連接助推器垂直部分的接合處O型環遭擠壓變形。點火時，燃燒的燃料從助推器下方噴射出來，構成接合處的多片金屬外殼會瞬間被扯斷，接合處的橡膠製O型環立刻膨脹，填滿空隙，讓接合處保持密封狀態。O型環碰到低溫，橡膠就會硬化，無法那麼快膨脹。O型環周圍的溫度愈低，接合處沒密封的瞬間就愈久，燃燒的燃料就有可能穿破助推器外殼噴射出來。

即使如此，氣溫通常無關緊要，畢竟O型環有特殊隔熱填縫劑保護，一開始就能阻擋燃燒的燃料直接燒到O型環。隔熱填縫劑的效用絕佳，十七次的飛行都沒出現O型環問題，就像卡特賽車隊十七次賽事都沒出現引擎問題。無論氣溫是高是低，那些飛行情況都沒資訊顯示O型環可能會如何故障，畢竟燃燒的燃料甚至無法直接燒到O型環，引發問題。

然而有時，接合處組裝時，填縫劑裡會形成多個小孔。在O型環出問題的七次飛行當中，燃燒的燃料從防護填縫劑的孔洞噴出來，直接燒到O型環。唯有這七個數據點顯示O型環有可能會因此損壞或故障。

卡特賽車隊每次出現的墊片裂痕問題都一模一樣，但這七次的太空梭飛行出現的O型環問題卻可分成兩種。第一種是火蝕。有五次飛行點火時，從助推器下方噴射的燃料直接燒到

O型環，橡膠表面遭火蝕。這不算是生死攸關的狀況，O型環的橡膠仍綽綽有餘，可充分發揮作用，火蝕跟氣溫毫無關聯。

第二種是漏氣。點火時，橡膠環若未立刻膨脹，接合處就無法澈底密封，燃燒的燃料會「漏氣」，可能會穿破助推器外殼噴射出來。漏氣確實是生死攸關的狀況，而工程師之後也會得知，低溫會導致O型環橡膠硬化，漏氣問題會大幅惡化。挑戰號之前的兩次飛行都有漏氣問題，但還是平安返航。

在發射前召開的緊急電話會議，賽奧科公司有多位工程師反對發射，但他們實際上沒有O型環故障事件的二十四個相關數據點可以發揮，這情況跟卡特賽車隊課題的陳述是一樣的。哈佛大學生起碼還有七個數據點，但工程師連七個數據點都沒有，只有兩個數據點。

那麼，下一頁的圖表傳達出什麼訊息？

說來諷刺，時任莫頓賽奧科公司火箭助推器專案總監，艾倫・麥當諾（Allan McDonald）對我說：「只看支持美國航太總署發射前立場的相關數據點，這樣沒有說服力。」他們沒有漏掉九九・四%的必然性，工程師也並非真的教育程度不高。

賽奧科公司工程師提出的其他重要資訊原本可以幫助美國航太總署避免這場災難，**可惜那些資訊並未量化**，所以美國航太總署的經理人並未採納。卡特賽車隊的課題讓大家領悟到一點，只要工程師查看合適的數據，答案就觸手可及。在現實世界，合適的數據裡頭根本無答案可言。挑戰號決策其實有灰色地帶，那是棘手的問題，充滿不確定性，還超乎先前的經驗範疇，若要求提供更多數據的話，實際上就會造成問題。

那個不光彩的緊急電話會議召集了三個地點的三十四位工程師，而且每位經理本身也是工程師。在兩次發生漏氣問題的飛行過後，賽奧科公司工程師羅傑．波傑利（Roger Boisjoly）親自檢查接合處，也都有提供相片。[3] 在約攝氏二十四度的氣溫下飛行過後，波傑利在接合處O型環後方發現一條很細的淺灰色煙塵，那是O型環密封前，微量燃料燒成的，根本算不上是災難性的問題。

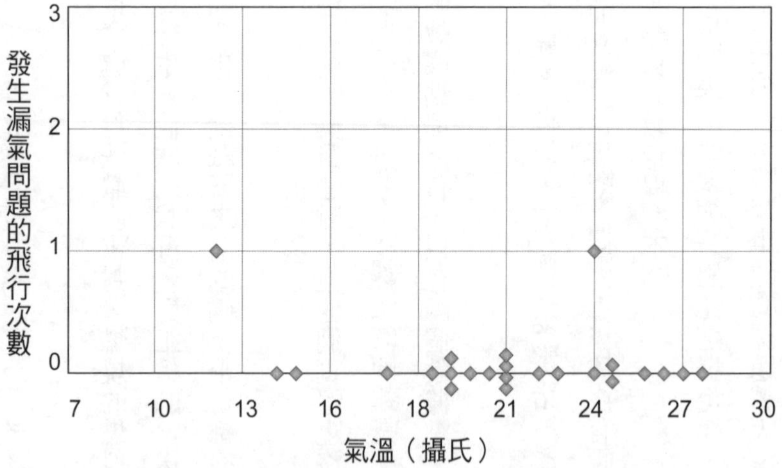

▲ 發生漏氣問題的飛行次數與氣溫的數據圖

在約攝氏十二度的氣溫下飛行過後，波傑利發現一大片的接合處上面，有墨黑色的煙塵呈扇形散開，表示那時有一堆燃燒的燃料噴發出來。在波傑利看來，氣溫約攝氏十二度下的發射情況之所以看起來糟糕許多，是因為低溫導致O型環硬化，點火時，O型環的膨脹密封速度較慢。波傑利的看法沒錯，卻沒數據可以證明。波傑利後來在作證時如此表明：「他們要我把我的疑慮用量化表示，我說沒辦法。雖然我沒有數據可以量化情況，但我確實說過，我知道情況不理想。」

幸好美國航太總署坐擁格外強大的技術文化，制定出一套量化又嚴謹的「飛行就緒度審查流程」。美國航太總署採取了高成效的對抗式討論，類似超級預測小組進行的討論。經理會拷問工程師，迫使工程師在主張其論點時要提供支持的數據。這套流程的效用十分顯著。太空梭是有史以來最複雜的機器，二十四次的飛行全都平安返航。[4]然而，在緊急電話會議上，這種量化的文化卻引著他們誤入歧途。

麥當諾和賽奧科公司的兩位副總聽從工程師的建議，一開始在電話上是贊同不發射的決定。[5]挑戰號的狀況都已經搞定了，所以這等於是長達十一小時的決策逆轉。美國航太總署官員詢問賽奧科公司的工程師，哪個確切的氣溫範圍可以安全飛行，工程師建議設下約攝氏十二度的限制，這是根據先前經驗而制定的下限。

美國航太總署賴瑞・穆洛（Larry Mulloy）經理大吃一驚，他還以為太空梭的狀況都已經搞定了，以為攝氏零下六度度至三十七度的氣溫都能安全發射。最後一刻才設下約攝氏十二度的限制，簡直是制定全新的發射技術準則。這件事從來沒討論過，更沒有量化數據支持，也就是說，突如其來的冬季低溫導致太空探索無法進行。穆洛為此沮喪不已，後來還說這件事「很蠢」。

那些工程師是怎麼算出那個數據的？美國航太總署某位經理反思：「他們說，因為之前攝氏十二度也飛過，我覺得沒道理啊，那是依照慣例，並非根據科技。」[6] 他們再次要求波傑利提供數據來支持其主張，「我說，我手上有的就是簡報的這些資料，沒別的了。」

電話會議陷入僵局，賽奧科公司的某位副總要求休息五分鐘，他們要「離線召開幹部會議」。賽奧科公司在會中做出結論，他們沒其他數據可提供。半小時後，賽奧科公司回到電話會議，帶來了新的決定：繼續進行發射作業。賽奧科公司的官方文件寫道：「在主O型環漏氣的預測上，氣溫數據並非決定性的因素。」

後來，美國航太總署與賽奧科公司的電話會議與會者跟調查人員談過並訪談他人，當時他們反覆提起「工程立場沒說服力」，這是其中一人的用語。他們的聲明反覆出現以下的用語：「無法量化」、「支持的數據很主觀」、「技術工作做得不好」、「決定性的數據不夠充分」。畢竟美國航太總署這機構可是會把以下的文具裱框掛在任務評估室：「我們相信上帝，凡人請憑數據說明。」（In God We Trust, All Others Bring Data）[7]

麥當諾對我說：「工程師會有疑慮，多半只是根據他們拍的幾張接合處相片，被扯斷的接合處有煙塵在裡頭。一次是在低溫的時候，一次是氣溫相當溫暖的時候。波傑利認為當中的差異肯定透露出一些內情，但那是定性評量。」美國航太總署的穆洛後來表示，他要是把賽奧科公司的論點向上呈報，「肯定會覺得無地自容」。沒有可靠的量化案例，「我就無法為其辯護」。

在熟悉的數據種類不存在的情況下，那些幫助美國航太總署如此成功的工具突然間起了反作用，黛安・沃恩稱之為該機構DNA裡頭的「固有技術文化」：當推論少了數據支持，就一律不予採納。**美國航太總署的經理面對不熟悉的難題時，放不下熟悉的工具。**

經驗老道的組織在高壓下，容易僵化且不知變通

美國心理學者與組織行為專家卡爾・魏克（Karl Weick）發現，空降消防員和「快打」

野外消防員的殉職有著共通的獨特行為：**就算丟掉工具就能逃離襲來的野火，他們還是緊守著工具不放**。魏克認為這種行為的背後藏著更大的現象。[8]

一九四九年，美國蒙大拿州曼恩峽谷發生火災，美國作家諾曼．麥克林（Norman Maclean）撰寫的《青年與野火》（*Young Men and Fire*）一書使得這場災難廣為人知。在該起火災中，空降消防員乘降落傘而下，準備面對一場「十點火」，意思是他們會在隔天早上十點控制住火勢。

然而，野火越過峽谷，從一處樹木叢生的山坡躍至消防員所在的陡坡，經由枯草以每秒約三公尺的速度往上追逐消防員。[9] 消防隊長華格納．道奇（Wagner Dodge）朝隊員大喊，要隊員放棄工具設備。兩名隊員立刻放棄工具，全速翻過山脊，跑到安全處。其他人帶著工具跑，被野火給趕上。一名消防員不逃了，他坐了下來，筋疲力盡，他根本沒卸下沉重的工具。總計十三名消防員犧牲性命。曼恩峽谷的悲劇帶來安全訓練的革新，但只要野地消防員放不下工具，就還是會輸給野火。[10]

一九九四年，科羅拉多州的暴風王山，快打消防員和空降消防員也面臨了類似曼恩峽谷的處境，火勢越過峽谷，突然從他們下方的一處櫟林冒了出來。某位倖存者表示，峽谷裡的聲音「就像噴射機在起飛」[11]，最後有十四名男女輸給了火牆。根據屍體搜索任務的分析報告，「犧牲者還穿戴著裝備」、「犧牲者還握著電鋸把手不放」，他距離安全區只差七十六公尺。倖存者昆汀．羅茲（Quentin Rhoades）已經往上坡跑了兩百七十四公尺，「那時我才發現肩膀還扛著電鋸！我失去理性，竟然開始找地方放電鋸，希望電鋸不會被燒到。我記得自己當時想著，不會吧，我竟然要放下電鋸」。美國林務署與內政部土地管理局分別做了分析報告，結果發現消防員只要一開始就放下工具逃跑，就能毫髮無傷活下來。[12]

一九九〇年代發生的四起大火，有二十三名優秀的野地消防員不願聽從命令放下工具，因而喪生。羅茲雖然最後放下了電鋸，卻還是覺得自己做了反常的舉動。魏克在海軍士兵身上也發現類似的現象，士兵忽視命令，棄船時不願脫下鋼頭鞋，所以不是溺死，就是把救生筏給刺出孔洞；戰鬥機毀損，飛行員不聽從命令彈射逃生；世界知名高空鋼索表演者卡爾．瓦倫達（Karl Wallenda）在三十六公尺的空中搖搖欲墜，他沒抓住腳下的鋼索，而是先抓住平衡桿，墜落死亡。他墜落時一時沒抓住平衡桿，在空中又抓了一次。魏克寫道：「放下工具代表的是忘掉所學、調整適應、靈活應對。人不願放下工具，前述若干戲劇化的事件因而變成悲劇。」[13] 在他看來，消防員就是一件警惕的例證，更是一種象徵，代表著他在研究時學到的教訓：**就算可靠的方法會造成令人困惑的決策，那些往往可靠的組織還是會緊守著可靠的方法**。

魏克發現一個共通點，無論是飛機失事還是火災事故，那些經驗老道的團體在高壓下變得僵化不知變通，「退回他們最熟知的東西」，沒有為求應對不熟悉的情況而做出調整。他們表現得像是集體的刺猬，把不熟悉的情況扭轉成熟悉的舒適圈，彷彿設法憑意志，把新的情況變成以前實際經驗過的情況。對野地消防員而言，消防員的工具就是他們最熟知的東西。魏克寫道：「消防工具確立了消防員這種特定團體成員身分，消防工具首先就是消防員被派到現場的原因。確立消防員的本質時，工具扮演著主要的角色，怪不得放下工具會引發生存危機。」正如麥克林一針見血地指出：「**叫消防員放下消防工具，等於是叫他忘掉自己是消防員。**」

魏克解釋，野地消防員有堅定的「做得到」文化，而放下工具並不屬於那種文化，因為消防員放下工具就會失去掌控感。在昆汀．羅茲的消防員自我當中，電鋸占了很大一部分，所以他甚至沒意識到自己還扛著電鋸，如同他不會刻意去意識到自己的手臂還在。繼續扛著電鋸變得極其荒謬以後，羅茲還是覺得「不會吧，竟然要放棄電鋸。」羅茲覺得無地自容，就像賴瑞．穆洛所言，**最後一刻逆轉發射決策卻沒有量化論據，會覺得無地自容。**在美國航太總署，採納定性論據好比是被告知，要忘掉自己是工程師。

社會生物學者黛安訪問美國航太總署和賽奧科公司負責火箭助推器的工程師，結果發現航太總署知名的「做得到」文化，就是相信一切都會沒問題，因為「我們遵照每一道程序進行」，因為「飛行就緒度審查流程是採取積極主動的對抗式討論」，因為「我們按照規章行事」。航太總署的工具就是其熟悉的程序。以前，規定向來都很管用。然而，挑戰號的事情超乎他們習以為常的範疇，**原本「做得到」的文化應該換成魏克所稱的「設法應付」的文化。他們必須見機行事才是，而不是丟出不合既有成規的資訊**。

羅傑．波傑利提出不可量化的論點，說低溫的天氣「不理想」，航太總署的文化自然會認為這種說法是情緒化的論點。波傑利的論點是從解讀一張相片而來，不符合平常的量化標準，所以才會被視為無法接受的證據，遭到忽視。根據沃恩的觀察，火箭助推器小組的「做得到」態度「奠基於服從」。直至悲劇發生後才發現，電話會議上的其他工程師都贊同波傑利的看法，但也自知無法整合出量化的論點，所以只好保持沉默，而他們的沉默被視為無異議。日後，挑戰號電話會議上的某位工程師表示：「若我沒數據可以支持自己的觀點，那麼老闆的意見就比我高明。」

經驗老道的專業人士，尤其難以放下熟悉的工具，他們仰賴的是魏克所稱的「過度學習行為」，也就是說，**他們會反覆做同樣的事情來因應同樣的挑戰，最後他們的行為會變成自動自發的習慣，甚至再也認不出那是特定情況才使用的工具**。以空難事故的研究調查為例，即使情況起了劇烈的變化，「機組人員還是決定繼續按照原計畫進行，這是很常見的行為模式」[14]。

魏克跟世界頂尖的快打野地消防員保羅．葛里森（Paul Gleason）聊過，葛里森對魏克說，他領導的團隊能力與其說是決策力，不如說是理解力。葛里森解釋：「若我處於決策模式，就是在我的領地，我會以自己的決策為榮，會為自己的決策辯護，誰質疑我的決策，我都聽不進去。若我處於理解模式，那大家就會更互動交流，我會把對方的話給聽進去，我可以做出改變。」[15] 葛里森採用的是魏克所稱的「抓住輕撫過的預感」（hunches held lightly）。雖然葛里森對隊員下了果斷的指示，但若有顯而易見的基本原理和補充說明，團隊會對火災有集體的理解，計畫就能隨時修改。

挑戰號電話會議當晚，後續程序在不確定的情況下顯得至關重要，於是航太總署的穆洛請賽奧科公司把最終的發射建議和理據做成書面文件並簽署。以前，最後一刻的簽核向來是口頭約定。當時與穆洛同在會議室，賽奧科公司的艾倫．麥當諾，拒絕印出文件簽名，於是改由麥當諾在猶他州的某位上司負責簽署文件並傳真。就連要求提供數據的穆洛肯定也對該決策感到不安，同時也覺得航太總署的終極工具——神聖的流程——具有保護作用。該流程**雖有能力替某決策辯護，卻沒能運用所有可用資訊並做出正確決策，因而引起的疑慮漸深。**

航太總署的經理如前文提及的消防員，跟自己的工具合為一體。正如麥當諾所言，只查看量化數據的話，其實會贊同航太總署的立場，以為氣溫與故障兩者毫無關聯。航太總署的一般量化標準是被緊守著的工具，卻不適合用在這工作上。那晚他們應該要放下工具的。

事後諸葛總是容易許多。一群經理人習慣了決定性的技術資訊，卻缺乏技術資訊，而工程師覺得沒有技術資訊就不該發表意見。數十年後，某位在挑戰號前後都飛過太空梭的太空人成為航太總署的任務安全保證總監，他說出了「我們相信上帝，凡人請憑數據說明」這名牌在他眼中的意義：「字裡行間暗示，『你對事情發表的意見，我們不感興趣。若你有數據，我們會聽，但這裡沒要你提出意見。』」[16]

物理學家與諾貝爾獎得主理查．費曼（Richard Feynman）是負責調查挑戰號事故的調查委員會成員，在某次聽證會上，航太總署的某位經理一直反覆說波傑利的數據不足證明論點，費曼為此責備該位經理。費曼說：「沒有任何數據的話，就必須用理智去推斷。」[17]

前述情況實質上就是棘手的情況。野地消防員與太空梭工程師沒有自由可為了因應艱鉅情勢而進行試誤法訓練。在魏克看來，可靠又彈性的團隊或組織好比是爵士樂團，基礎知識如音階與和音，是每一位團員都必須過度學習的，**但這些只是在動態環境下理解用的工具**。為了度過不熟悉的挑戰，沒有什麼工具是不能放下、不能重新想像、不能改變用途的。就算是最神聖不可侵犯的工具，就算是視為理所當然、變得不顯眼的工具，也是如此。當然，用說的比做容易。若工具是組織文化的核心所在，要選擇放下就格外困難了。

美軍上尉東尼．萊斯梅斯（Tony Lesmes）也說過，他在阿富汗東北部巴格拉姆空軍基地帶領的團隊，只在某人很不走運時才工作。萊斯梅斯負責指揮空軍的空降搜救隊，空降搜救隊屬於特種部隊，專門從事艱困的救援任務，例如：夜間空降至敵軍領土，救援被擊落的飛行員。把士兵、軍醫、救援潛水員、消防員、高山救援專家、傘兵結合起來，就是空降搜救隊員。空降搜救隊的徽章是一個環抱著世界的天使，還有「捨己救人」（That others may live）的字樣。

對巴格拉姆的空降搜救隊而言，沒有一天是平凡的日子。某天，他們在高山上利用繩索垂降，援救一名掉到井底的士兵；某天，他們趕去治療那些在交火中負傷的海陸隊員。空降搜救隊可隨單位出任務，但多半都是二十四小時保持警戒，等待「九行簡報」（9-line）。九行簡報是由九行文字構成的表單，提供緊急任務的基本資訊。二〇〇九年秋季某日傳來的九行簡報就是一例，類型是alpha，代表有嚴重創傷，而幾分鐘內，空降搜救隊就已在空中。

相關情報並不多。路邊炸彈在陸軍裝甲護衛車隊中間爆炸，地點是在距離直升機半小時航程的地方。有士兵重傷，但不清楚傷兵人數和傷重程度，也不曉得炸彈是否為敵軍設下的搜索救援陷阱，正等待搜救隊，準備偷襲。

空降搜救隊習慣在資訊不明的情況下出任務，但就算是空降搜救隊，這樣的資訊未免也太過含糊不清。萊斯梅斯很清楚，必須帶著重裝備才行，例如油壓剪、鑽石鋸等，畢竟「切割裝甲車不像汽車那樣容易」，他這麼對我說。重量會造成阻礙，在高海拔山區格外如此。直升機太重的話，就無法利用充分的空氣一直浮在空中。燃料限制是一項挑戰，空間是更大的挑戰。若每位隊員都要穿戴裝備，兩台直升機的內部空間分別只有一輛大廂型車的大小。他們不知道有多少士兵傷重到需要後送，需要多少空間載送。

萊斯梅斯確定的只有一件事：他想確保他們保有充分空間給可能的患者，這樣只需要前往爆炸現場一次。重傷士兵的治療與載送都需要額外時間，待在現場的時間愈久，這件任務就愈有可能引起敵軍注意，到最後搜救隊有可能還需要其他搜救隊來救。

萊斯梅斯當年二十七歲，前一年負責帶領美國國內的颶風搜救隊。阿富汗是萊斯梅斯首次延長派駐的地點，他帶領的小隊由資深隊員組成，海外派駐經驗豐富。一如往常，萊斯梅斯帶兩名隊員前往作戰中心取得資訊，協助他理解整體情況。他對我說：「有的時候，其他傢伙提出的問題真的很厲害，我平常想不到。你想要盡量分享資訊，時間不多。」然而，其他情報很少。萊斯梅斯對我說：「在好萊塢的電影裡，無人機會飛到現場上方，取得所有資訊，但那就是電影情節。」

他走了出去，走向直升機，隊員正全副武裝。這種情況不合乎平日的決策樹，他把眼前的難關全都攤開來講，問隊員：「我們要怎麼解決？」

某位隊員建議，裝備只要挪動一下，就能塞進更多東西。另一位隊員說，如果直升機需要挪出額外空間給患者，空降搜救隊的幾位隊員可以跟陸軍護衛隊一起留守在地面。某位隊員建議將傷勢最嚴重的患者後送，若需要飛第二趟，就請護衛隊離開爆炸現場，改在較不顯眼的地方會合。然而，炸彈是在車輛行進隊伍中間爆炸，地形又崎嶇。萊斯梅斯甚至不曉得護衛隊的行動力還剩下多少。

「我們想不出有什麼實在的解決方案能帶來優勢。我想要有速度優勢，想要有能力利用重量與空間援救傷兵。」萊斯梅斯對我說，「敵軍的距離、時間、限制、未知因素全都加總起來，我開始覺得我們面對最壞的情況，卻好像準備不充分，無法成功。辨識不出模式，情況超乎一般模式的範疇。」換句話說，他沒有確切的情報，要是有的話就太好了。萊斯梅斯根據手上的資訊猜測，重傷者超過三人，但不到五人。想法開始成形，可以保留更多空間給可能的患者。在這種情況下，他可以把自己從未放下的工具拋在一旁，**也就是他自己**。

萊斯梅斯向來都是隨同小隊一起處理 alpha 類型的大規模傷亡事件。他是現場指揮官，在空降搜救隊「埋首」盡力拯救患者或其斷肢時，他的角色就是以寬闊的視野看待整體情況。他會協助保護現場安全；他會跟手下、基地、直升機飛行員溝通，而飛行員會繞飛並等著接患者離開；若突然交火，他會用無線電通知飛機前來支援；他會跟該地區的軍官協調，那些軍官通常隸屬其他軍種。爆炸現場肯定會引發混亂的情緒，士兵親眼看見那些受到極度驚嚇、可能失血過多的同袍含著止痛用的芬太尼棒棒糖*，他們急著想幫忙，卻必須移防。現場必須控制住情況才行。

這次，萊斯梅斯很清楚，只要傷者人數沒有太過超出他的猜測，資深隊員就能在現場做好領導工作，同時掌管醫療救助工作。在作戰中心，萊斯梅斯可協助戰地醫院準備迎接後送患者，並協調直升機的接送事宜，他會透過無線電聽取地面同袍的回報，並視情況做出調整。這是一種取捨，但做選擇本來就要有所取捨。

萊斯梅斯在同袍面前透露他的「設想」，也就是他抓住輕撫過的預感。萊斯梅斯對我說：「我希望他們反對。」他對他們說，他打算留守基地，騰出空間給裝備和患者。直升機槳葉旋轉得越來越快，黃金時間，亦即可拯救重傷士兵的關鍵時段，正在一點一滴流逝。他

* 芬太尼（Fentanyl）是一種強效的、類鴉片止痛劑，比嗎啡效力高 50 至 100 倍。

要他們趕快開口，不管他們有什麼看法，他都會納入考量。

少數人沉默不語，有許多人提出反對。同進同出的精神是士兵最基本的工具，在有人提出之前，他們不知道這工具是可以放下的。某個人斬釘截鐵說道，指揮官的工作就是要一起出任務，指揮官應該做好自己的工作；有人顯得生氣，還有人反射性地暗示萊斯梅斯是因為害怕，他對萊斯梅斯說，你的時候來臨，那就該接受，所以以前怎麼做，現在就怎麼做。萊斯梅斯是害怕沒錯，但並不是怕自己丟了性命。萊斯梅斯對我說：「如果憾事發生，指揮官卻不在現場，該怎麼向十個家庭交代？」

他說出這句話時，我人在華盛頓特區的二戰紀念廣場，坐在他的身旁。他一直隱忍著情緒，然後哭了起來。他說：「整個結構都是奠基於訓練、熟練、團結。有些人很不高興，我完全理解。這種做法違背標準作戰程序。我是說，我的判斷受到質疑。不過，要是我去的話，我們就可能必須去現場營救兩次。」

他聽到的反對意見都流於情緒化又哲學，稱不上是戰術。他們以前曾影響他，讓他對某計畫的想法有了改變，但這次不行，他會留守，而他們該出發了。直升機藉助旋翼升空，萊斯梅斯返回作戰中心。萊斯梅斯說：「我很掙扎，也很清楚當時的情況，若發生憾事，我就要親眼看著救援直升機墜落。」

幸好營救任務大獲成功。空降搜救隊在爆炸現場治療傷者，有七名傷兵必須送進直升機，直升機裡的傷兵擠得像罐頭裡的沙丁魚。幾名傷兵必須在戰地醫院接受截肢手術，但全都活了下來。

任務結束後，那位資深的士兵承認指揮官做出的是正確決定。某位隊友有數月對此絕口不提，最後只說他很驚訝，萊斯梅斯竟那麼信任他們。最初生氣的那位士兵還是氣了好一陣子。某位隊友表示：「假如我身在那個職位，絕對會說：『好，我們一起去。』做那個決定一定很難。」[18]

「啊，我不曉得。」萊斯梅斯對我說，「有時，我對那個決定還是猶豫不決。情況有可能會出錯，那就會變成不好的決定。也許是走運吧。當時沒有一個選擇是很理想的。」

我們的談話即將結束之際，我提到魏克針對野外消防員緊守工具的現象進行研究。魏克表示，在高壓下，經驗豐富的專家會退回到他們最熟知的做法。我向萊斯梅斯建議，空降搜救隊的隊員也許只是情緒反應使然，做出熟悉的反射動作。連「同進同出的精神」這麼神聖的工具也要放下，肯定也會碰到這種時候。他點頭表示贊同：「對，嗯。」當然了，我說起來容易。他停頓了一會兒，說：「對，但所有一切都是奠基於這種精神。」

面對不尋常的挑戰，卻仍想墨守成規

挑戰號的經理犯下了墨守成規的錯誤，**他們面對不尋常的挑戰，卻還是堅持使用平常慣用的工具**。萊斯梅斯上尉放下神聖的工具，這種做法很有用。幾名隊員在情緒冷靜下來以後，也都承認萊斯梅斯做出正確決定。其他隊員則是一直無法諒解。萊斯梅斯一回想當時情況就不由得熱淚盈眶，這不太算是好決策帶來的童話故事結局。麥當諾對我說，假如當初航太總署取消發射任務，那位極力堅持中止任務的工程師可能會被視為「膽小鬼」。在太空界，膽小鬼會受到不好的對待。航太總署工程師瑪麗・薛弗（Mary Shafer）曾表示：「沒膽子活在現實世界，才會堅持百分之百安全。」[19]怪不得組織難以培養出那種精通工具，又隨時能放下工具的專家。不過，有一項組織策略能帶來幫助，聽來或許怪異，這個策略就是發送混合式訊息。

「和諧」（Congruence）是社會科學術語，用以描述機構的價值觀、目標、願景、自我概念、領導風格等要件達到文化上的「契合」。自一九八〇年代起，「和諧」就是組織理論的一大支柱。高成效的文化是既能抱持貫性且又穩固。當所有訊號都明顯指向同一方向，就會促進自我增強的一致性，而大家都喜歡一致性。

個別企業的簡介多半是朝支持和諧的方向書寫。然而，研究三百三十四家高等教育機構文化和諧性的研究員，率先系統化檢視某產業的大量組織，做出了第一份研究報告，**結果發現「和諧」不會影響到組織為求成功而採取的任何做法**。[20] 在極其和諧的機構裡，行政人員、系所主任、董事比較容易區分出和諧的文化，但和諧的文化不會影響到表現，不會影響到學生的課業和事業發展、教職員的滿意度、大學的財務健全度。

負責這項研究工作的研究員繼續研究成千上萬的事業。她發現，成效最高的領導者和組織都會有一定程度的跨能，他們實際上十分矛盾，有可能是要求嚴苛卻又培養能力，一絲不苟卻又富有創業精神，甚至是講究階級卻又注重個體。[21] 這種模糊地帶似乎不會造成損害，反倒能在決策時以獨特又寶貴的方式擴充組織的工具箱。

根據泰特洛克與梅勒斯所言，**人在思考時容許模糊地帶就能做出最準確的預測**。泰特洛克教過的研究生暨德州大學教授雪法莉・帕提（Shefali Patil）與他們兩人共同帶領專案，以期證明**文化可以建構成含有模糊地帶**，**迫使決策者採用多種工具**，**變得更有彈性**，**快速學到更多**。

在某次實驗，受試者扮演公司人資經理的角色，必須預測求職者的工作表現。[22] 人資經理要採用研究員提供的標準評估流程，藉以衡量求職者的技能。然後，研究員會告知人資經理，研究員會根據人資經理做決定的方式進行評估（並付款）。在加快版的現實生活模擬情境下，人資經理每次做出預測後，就能依據公司紀錄，得知求職者實際的工作表現。有些組別的應徵，求職者的工作表現如同標準評估流程的預測；其他組別的工作表現卻是與預測結果相差甚遠。然而，無論有何結果，就算標準程序明顯沒有效用，就算很容易就能找到更好的系統，每個經理還是會一而再、再而三遵從標準程序。

他們沒有從經驗中學習，後來用了一計妙招，情況才有所轉變。研究員把一篇捏造的《哈佛商業評論》（*Harvard Business Review*）研究文章發給墨守成規的經理，該文章說成功的團體都會把獨立與異議視為第一要務。說來神奇，經理的心態竟然變得開放，也開始學習。標準評估流程顯然需要修改或揚棄時，經理也開始意會到了。經理從經驗中學習，預測也愈來愈準確，經理從不和諧當中獲益良多。**正式又墨守成規的公司流程規定，加上決策時採用的非正式個人自主文化，以及跟慣常做事方法相左的意見，使得情況達到平衡。**

不和諧的情況在另一個面向也很有效用。人資經理採用標準評估流程卻被告知只有預測準確才重要，於是他們開始放棄該流程並制定自己的標準。在標準流程確實有用時，經理學不到東西。在這種情況下，解方就是一篇捏造的《哈佛商業評論》研究文章，並在文章中指出成功的團體都會把團結、忠誠、找出共通點視為第一要務，人資經理再次成為學習機器。

慣常的流程有價值，經理會突然間更遵守慣常的流程；慣常的流程沒價值，經理會繼續很快脫離常軌，美國航太總署原本應該這麼做的。

商學院學生經常被教導要相信和諧模式，要相信優秀的經理總是會讓各項工作要素都配合文化。在那種文化中，所有作用彼此強化，也許是走向團結，也許是走向個人主義。然而，文化其實有可能流於內部太過一致。泰特洛克對我說，有了不和諧的情況，「才能在交叉檢驗下茁壯起來」。

根據實驗證明，無論剛好是採用何種標準做法，只要藉助多股朝相反方向推進的力量，高成效解決問題的文化就能制衡標準做法。若經理習慣遵循既有流程，應鼓勵個人主義，讓經理更懂得運用「雙元的思考」，學到哪種情況應採用哪種做法；如果經理習慣臨機應變，那麼鼓勵忠誠感和團結精神就會很有用。**訣竅在於先找出主流文化，再朝相反方向推進，讓主流文化多樣化，藉此拓展組織的容許範圍**。

挑戰號發射之時，美國航太總署的「做得到」文化，已成為極端的流程課責與集體社會規範。一切都要達到和諧狀態，以期符合標準程序。流程僵化到不合常規的證據遭到摒棄，神聖到賴瑞・穆洛只要有簽名文件證明他遵照平常流程進行，就覺得受到保護。在飛行就緒度審查流程中，異議會受到重視，但在最重要的時刻，最重要的工程設計團隊卻要求離線召開幹部會議，私下找方法來遵從習慣的規章。正如某位工程師所說，沒有數據的話，「老闆的意見就比我高明」。

我跟萊斯梅斯上尉聊得愈久，就愈是覺得他認為自己要為結果負起全責，畢竟是他堅持就算是偏離標準程序，也要找出解決辦法，強大的軍隊集體文化使他無法輕易做出脫離常軌的決定。他是利用「交叉壓力的力量來促進彈性雙元的思考」，如同帕提、泰特洛克、梅勒斯的論文所述，而該篇論文的副標題是「在盲目服從與草率偏離的兩種風險之間取得平衡」。

超級預測的團隊也利用了相同的文化交叉壓力，評斷團隊的依據全看隊員的預測準確度。然而，從內部來看，優良判斷力計畫確實激起了集體文化。該計畫期望隊員發表評語，鼓勵隊員投票贊成有用的評語，隊員達到流程里程碑就要給予認可，比如說在職期間的評語達到一定數量。

挑戰號事故發生前，航太總署文化已長久利用不和諧的力量。阿波羅十一號首次登月的飛行總監基恩．克蘭茲（Gene Kranz）也是依循同一句座右銘、同一套的驗證流程：「我們相信上帝，凡人請憑數據說明。」不過，克蘭茲也習慣聽取各階層技師與工程師的意見。若克蘭茲聽到同樣的預感兩次，他不用別人提供數據，就會中斷平常的流程，進行調查。

華納・馮布朗（Wernher von Braun）在馬歇爾太空飛行中心負責帶領登月任務的火箭開發，他在航太總署僵化的流程以及非正式、個人主義文化，亦即鼓勵人員經常提出異議及跨域溝通，兩者之間取得平衡。馮布朗開始進行「星期一備忘錄」：工程師每週都要提出一頁備忘錄，說明他們碰到的重要問題。馮布朗會在頁邊空白處寫下意見，然後彙總傳閱。每個人都看得到其他部門在做的事情，也都知道提出問題有多簡單。星期一備忘錄嚴謹，但並不正式。

一九六九年登月兩天後，出了一頁打字的備忘錄，馮布朗關注當中的一小段內容，是工程師在推測某個液態氧槽意外失壓的原因。這個問題已跟這次登月任務無關，但日後飛行有可能會再度出現這個問題。馮布朗寫道：「我們要盡量精確找出問題所在，我們必須知道問題背後，有沒有更多因素需要檢查或改正。」馮布朗的做法和克蘭茲一樣，都會去找問題、找預感、找壞消息，馮布朗甚至還會獎勵那些揭露問題的人。在克蘭茲與馮布朗的時代以後，「凡人請憑數據說明」的流程文化留存下來，非正式文化與個人預感的力量就此萎縮。

一九七四年，威廉・盧卡斯（William Lucas）接管馬歇爾太空飛行中心。航太總署的某位編史長寫道，盧卡斯是個傑出的工程師，但「往往一知道有問題就發脾氣」。[24] 艾倫・麥當諾對我說，盧卡斯「那傢伙會遷怒傳話者」。盧卡斯把馮布朗的星期一備忘錄改成純粹向上溝通的一套系統，盧卡斯不會把別人的意見寫下來，也不會傳閱備忘錄。後來，備忘錄變成標準化的表單，必須填寫才行。星期一備忘錄成為流程文化的另一道僵化程序。航太總署另一位官方編史者寫道，「備忘錄的品質立刻降低」。[25]

雖然盧卡斯在挑戰號災難發生不久後就退休了，但是根深柢固的流程文化留存了下來。航太總署後來又發生致命的太空梭意外事故，二〇〇三年哥倫比亞號太空梭解體，在文化上是跟挑戰號極其相似的事故。航太總署面對不尋常的情況，還是緊守著平常的流程工具不放。哥倫比亞號災難發生後，流程課責與團體關注的規範之間那種不幸的和諧情況更加嚴重。工程師愈來愈在意自己不全然理解的技術問題，卻提不出量化的實例。工程師覺得太空梭某個部分已毀損，請國防部提供高畫質的相片，但航太總署的經理阻擋外部的協助，還向國防部道歉，說工程師未經「合適管道」就逕自聯絡。航太總署主管承諾，不會再發生違反規定的事情。

哥倫比亞號事故調查委員會做出結論，航太總署的文化「強調指揮系統、程序、遵守規定、按照規章行事。規定與程序雖是合作時不可或缺的要件，卻無意間造成負面影響」。再說一次：**「忠於階級與程序」會以災難收場**。同樣的，低階工程師有疑慮卻無法量化，他們之所以保持沉默，是因為「數據的要求很嚴格又造成阻礙」。[26]

從管理與文化層面來看，挑戰號和哥倫比亞號這兩起災難事故異常相似，調查委員會判定航太總署沒有如同「學習型組織」那般運作。由於缺乏文化交叉壓力，航太總署無法學習，就像帕提研究的受試者那樣置身於極其和諧的文化裡。

不過，航太總署還是有一些人學到了重要的文化教訓，並在時機來臨時加以應用。二〇〇三年春季，美國航太總署失去哥倫比亞號太空梭的兩個月後，必須決定是否要放棄一項備受矚目的專案，該項專案耗時四十年與七．五億美元才能完成。重力探測B衛星（Gravity Probe B）是技術上的奇蹟，用以直接檢驗愛因斯坦的廣義相對論。[27] 重力探測B衛星會發射到太空中，量測地球的質量與自轉是如何像保齡球在一大桶蜂蜜裡扭動那般，造成時空結構的扭曲。重力探測B衛星十分獨特，是航太總署史上執行最久的專案，而這種說法可不是在讚美。

航太總署創立一年後，該項專案的概念才成形。因技術問題導致發射作業延後無數次，專案分別有三次差點遭到取消。航太總署有些員工認為該項任務再也不可能實現，此外，還是某位史丹佛物理學者有技巧地遊說國會，才得以多次保住資金。

技術層面有極大的難關。該探測衛星必須是史上製造出的最圓的物體，石英陀螺儀的轉子要有如乒乓球大小，還必須是完美的球形，假如吹脹成地球大小，最高的山巔必須是兩點四公尺高才行。陀螺儀必須用液氦冷卻至攝氏零下二六八度，而探測衛星必須具備精密的推進器，可精確操控。技術開發花了二十年才做好試飛的準備。[28]

國會的人都盯著航太總署。哥倫比亞號事故才剛發生不久，要是探測衛星發射後發生引人矚目的故障事件，航太總署可是承擔不起。不過，如果重力探測B衛星的發射不得不再次延後，那可能是最後一次了。重力探測B衛星計畫經理雷克斯．格維登（Rex Geveden）對我說：「要讓這東西飛起來，壓力真的很大。」可惜，按照發射前飛行就緒度審核規定、進行準備作業的工程師發現了一項問題。

其中一個電箱的電源供應器干擾到某項重要的科學儀器。幸好電箱只有在任務一開始才會運作，用以推動陀螺儀旋轉。到時可以關閉電箱的電源，這樣就不會引發災難性的問題。然而，這問題出乎預料。若有其他缺陷導致電箱無法讓陀螺儀旋轉，實驗無法開始，那麼任務就是白費一場。

狀似保溫瓶的巨大容器裡頭的陀螺儀已裝滿液氦，已冷卻密封，準備進行發射。如果需要檢查電箱，就要從探測衛星上面拆下那些耗時三個月才裝好的零件，而延後發射的費用介於一千萬至兩千萬美元之間。有些工程師覺得拆下零件的風險高過於不碰零件，也有可能造成零件受損。史丹佛大學是主要的承包商，而史丹佛的組長「確信我們會成功」，還說「所以我極力主張我們應該要繼續進行並發射」。[29]航太總署負責重力探測B衛星的主工程師和科學主任也都推動發射任務。此外，探測衛星已移到加州的范登堡空軍基地準備進行發射，如果延後的話，探測衛星放在當地，碰到地震的機率就會增加。那到底該不該發射呢？

決定就掌握在格維登的手上。格維登對我說：「天啊，我甚至說不出那壓力有多大。」在這團混亂的局面發生以前，他有了輕撫過的預感，他對於電箱的處理方式感到不安。不過，只要電箱接在探測衛星上，就不會再有資訊進來。

格維登在一九九〇年進入美國航太總署，對當中的文化有敏銳的觀察。格維登說：「我在航太總署時，直覺認為這裡真的是注重服從的文化。」在任職初期，他參加了該署提供的團隊建立課程。第一天，講師在全班面前自問自答：「決策時最重要的原則是什麼？取得共識。」格維登對我說，「我說『那個論點，發射挑戰號的人應該不會同意』**有共識很好，但我們不應該大幅提升幸福感，應該要大幅改善決策才對**。我就是一直覺得這種文化有問題，這套體制沒有健全的張力。」[30]航太總署還是保有神聖的流程，格維登到處都看見這種集體文化把衝突推到黑暗的角落。格維登回想當時情況，說：「開會時幾乎都會有人說：『離線再談。』」莫頓賽奧科公司也是像這樣不光彩地離線召開幹部會議。

格維登就像克蘭茲與馮布朗那樣，憑自己的方法加上一劑非正式的個人主義，藉此制衡典型的正式流程文化。格維登對我說：「溝通管道必須是不正式的管道，跟指揮系統截然不同。」他想要的組織文化是只要有人一覺得不對勁，就有責任提出反對。他決定把疑慮給找出來。

他非常敬重史丹佛的電子儀器經理，那位經理以前就處理過同類型的電源供應器，並且視之為精細的技術產品。召開正式會議時，航太總署負責該專案的總工程師與總科學家都主張把電箱留在原位；正式會議過後，格維登召開非正式的個別會議。在其中一場非正式會議，格維登從航太總署團隊的某位成員那裡得知，洛克希德馬丁公司（Lockheed Martin），負責打造電箱的經理表示擔憂。如同挑戰號的O型環，電箱的已知問題可以克服，卻出乎意料，有無法預測的狀況突然發生。

格維登沒有聽從主工程師和史丹佛組長的建議，他決定中止發射，取出電箱。電箱取出後，工程師隨即發現另外三項設計問題，是設計圖階段未被發現的，比如說，有個盒子就完全用了錯誤的零件。這些意想不到的情況促使洛克希德馬丁公司回頭檢查電箱裡的每一個電路，結果總共發現二十項問題。

太空神祇彷彿要重力探測B衛星經歷每一種可能的阻礙，電箱取出一個月後，發射場附近發生地震，發射載具輕微受損，幸好探測衛星完整無缺。四個月後，二〇〇四年四月，探測衛星終於起飛。愛因斯坦認為地球旋轉會拖動周圍的時空結構，重力探測B衛星的起飛是我們首次直接檢驗愛因斯坦的理論。[31] 當時採用的技術也為後人留下更大的財富，專門為重力探測B衛星打造的元件使得數位相機和衛星技術獲得改進，精準度達公分等級的 GPS 應用在飛機自動降落系統與精準農耕上。

翌年，美國總統指派航太總署的新任署長。新任署長認為署內的個人主義和頑固爭論，必須要能成為健全的流程課責的交叉壓力。新任署長讓格維登擔任助理署長，基本上就是航太總署的營運長，是署內非政治任命的最高職位。

團隊同時具備階級與個人主義，才能存活

二〇一七年，格維登把他學到的教訓，帶到 BWX 科技（BWX Technologies）公司執行長這個新職位，該公司的業務範圍廣泛，例如，運用核能推進技術作為載人火星任務的動力。BWX 科技公司的若干決策者是退役的軍事領袖，他們緊握不放的工具就是嚴格的階級觀。因此，格維登當上執行長以後，就寫了簡短的備忘錄，說明他對團隊合作抱持的期

望。格維登對我說：「我跟他們說，在我們設法做出決策時，我希望有人對我的決策表達反對意見，這樣才代表組織很健全。我們頒布決策後，當然會希望大家遵從並支持，但我們可以先針對那些事情，從專業的角度吵一架。」

格維登強調，指揮系統和溝通管道是有差別的，而這樣的差別就代表有健全的交叉壓力。格維登說：「我提醒他們，我要跟組織各層級溝通，甚至下至一般工人，你們不能因此就變得多心或偏執。我跟他們說，你做出的決策若是屬於你的指揮系統之內，我不會中止，但我會隨時提供及接收組織各處的資訊。如果只聽取高層的意見，我就無法充分理解組織。」

格維登的說明讓我想到了女童軍執行長法蘭西絲．賀瑟貝的「圓圈管理」，**組織結構並非梯形，而是同心圓**，賀瑟貝位於圓心。資訊會從許多方向流進，圓形裡的任何人有無數的進入點可跟下一個圓形溝通，而不是只有一位上司能當溝通途徑。賀瑟貝向我解釋概念，那很像是格維登努力產生的不和諧情況，或像是萊斯梅斯上尉運用的方法。也就是說，把指揮系統和溝通管道區分開來，從而產生不和諧情況，最後形成健全的張力。

穩固的正式文化與非正式文化結合在一起，雖偶而會令人困惑，卻頗富成效。有三位心理學與管理學教授分析了長達一世紀的喜馬拉雅登山者情況，總計五千一百零四個遠征隊，結果發現遠征隊若是來自極其重視階級文化的國家，完成登頂的隊員較多，但半途死亡的隊員也較多。[32] 這股趨勢不適用於獨攀者，只適用於團隊，而研究員認為，講究階級的團隊會從明確的指揮系統獲益，卻會因單向溝通管道掩蓋問題而受害。**團隊必須同時具備階級與個人主義的要素，才能表現卓越並存活下來。**

要培養某文化的多個層面，當面反對彼此看法，這是困難的平衡舉動。太空梭工程師或空降搜救隊隊員在缺乏情報下做出的定性預感，沒有規則可言。正如實驗研究的證明，**不和諧的情況可幫助人們發現有用的線索，並在合情合理時放下傳統工具。**

卡爾．魏克提出的工具見解，讓我想起之前當研究生時有過的經驗。當時我在太平洋上的尤英號（Maurice Ewing）研究船進行研究工作。尤英號朝海床發出聲波，藉此描繪海底火山影像。我認識了幾位火山專家，他們名符其實，透過火山色鏡片看待這個世界。儘管有充分證據顯示小行星撞擊是恐龍滅絕主因，或者起碼可說是重要因素，但這些火山專家堅稱火山爆發顯然才是真正的罪魁禍首。

實際上，有某位火山專家對我說，小行星的撞擊其實只是幸運地在最後擊倒對手，火山早已對胸腹使出連擊。他似乎是把大量的大滅絕現象歸因於火山，有些是有令人信服的證據，但有些幾乎是空穴來風。我學到一點，如果你有的只是一名火山學者，那麼每一場滅絕看起來都像是火山導致的。這對世界不一定是壞事，他們本來就應該對公認的普遍看法提出質疑，這樣一來，關注狹窄範圍的專家就會在別人沒在找的地方獲得火山知識。不過，要是全部的專家都被培養成熱愛採用特定工具，那麼結果有可能會變得目光短淺，造成災難。

舉例來說，介入性心導管醫師的專長是置放可撐開血管的金屬支架，以治療胸痛。患者因胸痛就診，造影檢查時發現有一條狹窄的血管，於是醫師就置放支架撐開血管，避免心臟病發作，這樣處理十分合理，背後的邏輯令人信服，某位傑出的心臟科醫師卻稱之為「目視狹窄反射」（oculostenotic reflex），英文字源是拉丁文的「眼睛」（stenotic），是源自希臘文的「狹窄」。[33]也就是說，看見堵塞情況就會反射性地解決堵塞情況。然而，反覆進行隨機臨床試驗，對支架以及更保守的療法進行比較後發現，穩定型胸痛的患者裝支架並不會防止心臟病發作，患者壽命也絲毫不會增加。

介入性心導管醫師看見的、治療的是複雜系統的一小部分，心血管系統不是廚房水槽，而且也發現，治療一條阻塞的水管往往毫無幫助。此外，裝支架的五十名患者當中，有一人會因植入手術而產生嚴重併發症或死亡。[34]儘管有著鳥瞰般的證據，但介入性心導管醫師都表示，他們不相信裝支架竟然沒用，就算津貼跟支架手術毫無關係，也還是不敢置信。[35]叫他們不要裝支架，就好像叫他們忘掉自己是介入性心導管醫師。他們本能上採取介入手段，且往往是出於好意。

介入手段看似合乎邏輯，卻沒證據證明有所幫助，這或許可以用來解釋二〇一五年的研究發現，心臟衰竭或心跳驟停患者如果在全國心臟病會議召開期間，成千上萬的頂尖心臟科醫師都不在時入院，那麼死亡率反而會比較低。[36] 心臟科醫師麗塔・雷德堡（Rita F. Redberg）寫道：「在心臟病大會上，同行和我經常開玩笑說，誰要是心臟病發作，大會中心會是全世界最安全的地方。但這項分析卻被大會研究翻轉。」[37]

針對使用特定工具而進行的專門研究紛紛興起，現在醫界到處都有類似的慘痛發現。關節的一處軟骨，半月板撕裂修整術在全球各地都是極其普遍的骨科手術，可讓半月板回復原本的半月形。某位患者說膝蓋痛，MRI共振掃描結果顯示半月板撕裂，外科醫生自然會想要動手術解決。在芬蘭的五家骨科診所比較了半月板撕裂修整術以及「假手術」的效用。假手術就是外科醫生帶膝痛患者和撕裂的半月板到手術室、製作手術切口傷疤、假裝動手術、縫合切口、讓患者接受物理治療。結果發現假手術的效用一樣好。原來半月板撕裂患者多半毫無任何症狀，甚至永遠都不曉得自己的半月板撕裂。至於半月板撕裂又引發膝蓋痛的患者，疼痛可能並非撕裂傷引起。

無論相片的畫質有多高，看見大型拼圖裡的一片片拼圖，尚不足以克服人類面臨的種種艱鉅挑戰。就算長久以來熟知熱力學定律，卻難以預測出森林野火的蔓延擴散。就算都知道細胞怎麼運作，卻無法預測出某人將為此寫出何種的詩詞。**以蛙眼觀看個別部分並不足夠，健全的生態系統需要生物多樣性**。

就算是現在，就算努力去造就史上前所未有的專門化，還是存在著廣度的燈塔。有些人的行事依循著英國著名歷史學家湯恩比的話語：「沒有一件工具是全能的，沒有一樣東西像萬能鑰匙那樣打開所有門鎖。」他們不運用單一工具，而是順利取得整個工具間妥善保護，並在這個超級專門化的世界裡，展現跨能制勝的力量。

第12章

低效率的閒逛、業餘時光，才有突破

一九四五年一月二十三號，那天是週六。英裔美籍遺傳學家奧利弗．史密斯（Oliver Smithies）一如往常，待在多倫多的實驗室裡。他稱呼這些實驗為「週六的晨間實驗」。因沒人在旁，讓他感到輕鬆自在，從日常工作中的束縛解脫。週六時，他不必吹毛求疵、斤斤計較，反而可以嘗試些新玩意兒，進行一些平常會被視為浪費時間和器材的實驗。即使和主攻專題並無太多關聯，史密斯會做一些令他著迷的事。這可以促進大腦思考一些與工作無關的事。他這麼解讀：「在週六，不必這麼理性。」

史密斯在實驗室鑽研胰島素，而他的工作就是找到胰島素前趨物（insulin precursor）。這項研究卻真的「卡住」了。要分離分子以便進行研究的方法包含使其穿過一種特殊的溼紙巾，分子在穿過紙巾時會分開，但胰島素分子卻卡在上面。史密斯聽說，當地的兒童醫院會嘗試用潮溼的澱粉顆粒代替紙張，因為澱粉能解決黏性的問題。但這會需要他先將那些穀物切成五十片，再逐一分析以找出分子的最後落點。這根本沒完沒了，毫無希望可言。接著，他想起在他十二歲時發生的事。

史密斯在英國一個名叫哈利法克斯（Halifax）的鎮上長大。他看過他的母親幫父親的工作襯衫上漿，好讓領口變得硬挺。媽媽將每件襯衫浸入黏稠且溫熱的澱粉漿，再用熨斗燙平。史密斯幫媽媽收拾善後，他負責處理澱粉漿。他當時就注意到，澱粉漿冷卻後會凝結成果凍狀。

史密斯保管這棟建築物的所有鑰匙，於是他四處搜查存放穀物的儲藏室。他把穀物煮熟，並讓其冷卻成凝膠狀，試著以此代替紙張。當他施加電流時，胰島素分子隨著不同大小的凝膠塊而分離。「這值得研究！」那天他在他的筆記本上這樣紀錄。[1] 在隨後的幾年中，「凝膠電泳」（Gel electrophoresis）的技術純熟，並澈底改變了生物學界和化學界，從此可以分離且研究 DNA 的單一片段和人類血清的成分。

二〇一六年，當我在實驗室裡與史密斯對談時，他已年屆九十。當時他正在思考要如何分離腎臟的大小分子。「目前，這還只是一個週六的晨間理論性實驗。」他說。

史密斯和我聊起，他從實驗中感受到樂趣，我大感震驚。這不僅限於在實驗室裡，且體現在他的生活之中。他展現了我打算在本書中探討的諸多原則。從外在的角度來看，他就是一位完美的超級專家。他是位分子生物學家，儘管在他就學時，分子生物學並非是一門專門的學科。他一開始念的是醫學，直到他參加了一場演講，主講者是個具備化學與生物學專業的教授。

史密斯告訴我：「從某種意義上，他傳授了一門尚未被發明的新學科。我覺得很不可思議，然後想：『我也想這樣做，最好先來學一些化學。』」他的人生急速轉向，開始攻讀化學，甚至從未想過會落後他人。相反地：「那真的很值得，到最後我有了淵博的生物學背景知識，無論是對生物學或化學都毫無畏懼。在早期研讀分子生物學時，這些知識給了我很大的力量。」在今天聽來非常專業化的學科，實際上在當時，是一個膽大包天的組合。

訪談的當下，史密斯是北卡羅來納大學的教授。九個月後他便去世，享年九十一歲。直至生命的盡頭，他都在鼓勵學生善用水平思考，增廣見聞，並開闢自己的道路，追求契合度。他告訴我：「我試著告訴他們『別成為論文導師的複製人』。**你要將你的能力帶到截然不同的領域。運用你的能力解決新的問題，或者帶著你的問題，去嘗試全新的技術。**」

史密斯活出了這些忠告。五十多歲時，他申請學術休假，目的是在同一棟大樓，僅相隔兩層樓距離的地方，進行一場冒險，以學習如何運用DNA。他從未找到胰島素前驅物，二〇〇七年他被授予諾貝爾獎時，還是因為遺傳學，他想出了修正致病基因的方法，並可以進行動物研究。在這方面，他實屬大器晚成。我告訴史密斯，我最近與一所研究型大學的教務長談過，他使用數據分析來評估每位教職員的貢獻、聘用和晉升標準。教務長告訴我，化學家通常在獲得博士學位後二十年，成就便會急轉直下。

史密斯笑了，他說：「嗯，我最重要的論文是在我六十歲左右時發表的。」二〇一六年，一項針對一萬名研究人員職涯進行的分析研究證實，經驗與貢獻之間並無直接關係。一個人最有影響力的論文可能是他們的第一篇、第二篇、第十篇或最後一篇。（不過，研究人員確實在年輕時會更頻繁地發表論文。）[2]

當我向史密斯提到，他的襯衫上漿記憶是採用成熟技術進行水平思考的一個例子時，他補充，一九九〇年，他與另一位英國分子生物學家，埃德溫．薩瑟恩（Edwin Southern）一起共享蓋爾德納獎（Gairdner Award，某種程度可媲美諾貝爾獎）時，他也運用了童年記憶。然而從表面上看，似乎毫無關聯。史密斯說「是對模板複印機（cyclostyling）的記憶」。這是指一種使用玻璃紙和模板系統，老舊的文件複印設備。以此為發想基礎，薩瑟恩創建了「南方墨點法」（Southern blot），如今這是已普及化，用來檢測特定DNA分子的方法。橫井軍平若得知此事，會很欣慰。

然而，與中國中醫科學院的首席科學家屠呦呦所使用的成熟技術相比，這不值得一提。屠呦呦在二〇一五年成為首位（也是迄今為止唯一一位）獲得諾貝爾生理學或醫學獎的中國國民，也是首位獲得諾貝爾獎的中國女性。

屠呦呦被稱為「三無教授」：她未具中國科學院的會員資格，沒有海外的研究經驗，也沒有博士學位。據報導，在屠呦呦之前的科學家，為尋找治愈瘧疾的方法，已測試過二十四萬種的化合物。[3] 屠呦呦對現代醫學和歷史都深感興趣，並從一位四世紀的中國煉金術士所撰寫，以黃花蒿製成的藥方線索獲得啟發。[4] 沒有比這更古老的技術了，這促使她開始嘗試一種被稱為青蒿素的黃花蒿萃取物實驗（起初還是對自己進行）。如今，青蒿素被認為是醫學史上最深奧的的藥物發現之一。一項針對二〇〇〇至二〇一五年期間非洲瘧疾的研究指出，青蒿素治療成功預防患病人數高達到一・四六億。[5] 屠呦呦或許有諸多劣勢，**但她也具有門外漢的優勢，讓她可以更輕鬆地看見別人不敢去的地方**。那也是史密斯在週六早上所尋求的有利條件。

在職涯中，史密斯共寫滿且留下了一百五十本筆記本。當他帶我翻開筆記中的幾篇重要頁數，並在我伸手指點時，他一再重複：「那也是在週六時寫的。」他更回答道：「嗯，總有人會跟我說：『那你為什麼平日還要去上班！』」

刻意的業餘人士，對探索深感興趣

當然，他能取得重大突破，實屬意外。有時在週六早上的實驗中，他會不小心溶解一件重要器材。另外還有一次，史密斯用有毒的化學物質弄髒了他的鞋子。他以為自己已將其澈底清除，直到他聽見一位老婦人詢問另一位女士，是否有聞到屍臭味。史密斯表示，他的同事觀察到他有一個習性，就是對「撿各種物品來做實驗」這件事毫無抵抗力。他們不會扔掉損壞的設備或器材，而是留給他，上面貼著寫有「NBGBOKFO」標籤，意思是：「無用的東西，但對奧立佛來說很有用（no bloody good, but OK for Oliver）」[6]

在針對有創意的思想家所進行的研究中，發現他們會反覆出現充滿熱情，甚至幼稚、愛玩的特點。曼徹斯特大學物理學家安德烈．蓋姆（Andre Geim）使用了「週五黃昏實驗」（FNEs）一詞（他與史密斯毫無關係）。因為，在他開始進行一項使他榮獲二〇〇〇年的搞笑諾貝爾獎（Ig Nobel）的研究時，那天正是週五的傍晚。搞笑諾貝爾獎主要表彰乍看令人覺得荒謬，之後卻發人深省的成就。其吉祥物啟發自雕刻家奧古斯特．羅丹（Auguste Rodin）的《沉思者》（*The Thinker*）雕塑圖像，只是這位「臭傢伙」（Stinker）從基座跌落下來，並以背著地。在頒獎之前，主辦單位會事先寄信詢問對方是否願意接受該獎項，以便他們權衡聲譽問題。蓋姆因磁懸浮青蛙實驗而獲獎。（青蛙及其內部所含的水分具有反磁性，或者受到磁場排斥。）

想當然耳，週五黃昏實驗並沒有獲得資金贊助，且大多數實驗一無所獲。在青蛙實驗後，另一個週五黃昏實驗因受到壁虎趾的啟發，發明出「壁虎膠帶」（gecko tape）。

他們開始使用這種透明膠帶來黏貼石墨，使其變得愈來愈稀薄，並生產出「石墨烯」（graphite），那正是日後鉛筆芯的原料。[7] 這項低技術的實驗最終讓蓋姆和他的同事康斯坦丁．諾沃肖洛夫（Konstantin Novoselov）獲得二〇一〇年諾貝爾物理學獎。

石墨烯的厚度比人的頭髮還纖細十萬倍，卻比鋼鐵高出兩百倍的強度。[8] 石墨烯相當柔韌，比玻璃更透明無暇，更是出色的導電體。被餵食石墨烯的蜘蛛所吐出的絲，比用於防彈背心的克拉維纖維還堅韌許多。[9] 石墨烯是由一個原子那麼細的碳條組成，這種排列以前純粹只存在理論上的探討。當蓋姆和諾沃肖洛夫將他們的初步報告提交給世上最負盛名的期刊之一時，一位評論家曾表示這是不可能的，而另一位評論家則認為這並非是「十足的科學進展」。[10]

藝術史學家，莎拉．露易絲（Sarah Lewis）專門研究創意成就，並將蓋姆的思維定義為「刻意的業餘人士」（deliberate amateur）代表。她指出，「業餘人士」一詞並非侮辱，而是源自拉丁語，意為對某種特定探索感興趣的人。露易絲寫道：「創新與精通的矛盾之處在於，重大突破通常是你沿著路走時，因偏離路徑而發生的，卻如同你只是剛走上這條路一樣。」[11]

在獲得諾貝爾獎後兩年，蓋姆被要求描述他的研究風格，以便刊登在時一份科學簡報上，他這麼說：「我不得不說，這並不尋常。我不深挖探究，反而如吃草般遍地淺嘗。因此，自我拿到博士學位以來，每五年左右就會研究一個不同的主題……我不想從出生到踏入墳墓，都研究同樣的東西。有時我會開玩笑，說我對重新搜索（re-search）不感興趣，而只重在探索（search）。」[12]

偏離蓋姆所說的「筆直鐵路般的生活」是「心理上會感到不安」，但對其動機和「質疑在該領域工作的人永遠不會問的事」上具有優勢。[13]他的週五黃昏，就如史密斯的週六清晨；他們在一週之餘，結合了標準作法與廣泛的探索。他們懷抱研究物理學和生物學的諾貝爾獎得主，馬克斯．德爾布呂克（MaxDelbrück）所稱的「有限度的寬鬆原則」。[14]德爾布呂克警告人們，**請小心不要過於謹慎，否則將無意識地限制自己的探索**。

諾沃肖洛夫是蓋姆博士班的學生。其他實驗室的同事告訴蓋姆，諾沃肖洛夫「似乎在浪費自己的生命」，於是便將他找來。諾沃塞洛夫到新實驗室時，他發現與以前實驗室有相似的設備，但「這種靈活性和有機會在不同領域挑戰自己十分有趣」。[15]他在學術期刊《科學》上的個人履歷專欄標題為「追求廣度」和「分身乏術」，這聽起來確實很糟，若非在文章提及，他是如何在三十六歲時，成為諾貝爾獎四十年來最年輕的獲獎物理學家的話，他看起來似乎落於人後。

如同梵谷、法蘭西絲．賀瑟貝或一大群的年輕運動員，從外部的觀點來看，諾沃肖洛夫可能落後於他人，直到一個瞬間，他突然又並非如此。他很幸運，來到了一個將曲折蜿蜒的心思，視為一種競爭優勢的工作場域，而非成為以效率之名被毀滅的害蟲。

在崇尚贏在起跑點的迷思下，這種保護愈發罕見。在某些時候，我們都只專攻一個學位，因此急於抵達終點似乎相當合乎邏輯。幸運的是，有一些先驅正努力從追求領先優勢中取得平衡。他們想要擁有一切，蜿蜒曲折的心思隨著經驗累積而增長智慧；即使是針對專家的培訓計畫，廣泛的概念技能也讓弗林的「科學眼光」起作用，以及運用跨學科交叉學習的創意。他們希望逆轉老虎伍茲的風潮，不僅為自己，更要為所有人，甚至是在與超級專業化畫上等號的領域。他們認為，未來的探索將全依靠於此。

缺乏統合思考能力，再專業也無法突破

只需要幾分鐘的交談，就可以發現阿杜洛．卡薩德瓦博士（Arturo Casadevall）是一個看杯子半滿而非半空的那種人。他一生中最偉大的日子之一，是重力波（gravitational wave）* 被偵測到的那天，然而那並非是他的專業。他睜大了眼並描述：「十億年前，兩個黑洞在宇宙中相撞，重力波在時空中傳播了十億年。當初始信號開始時，地球上的生命還都是單細胞生物。而同時，人類就設法造了兩台干涉儀來測量。我的意思是，這是多麼了不起的成就。」

他同時也是位醫學博士，是自己的領域，微生物學與免疫學中的佼佼者。他研究愛滋病和炭疽病，並闡述了真菌性疾病如何發揮作用的重要層面。他的「H 指數」，也就是衡量科學家的生產率與被引用的頻率，最近超過了愛因斯坦 **。因此，二〇一五年當他到約翰·霍普金斯大學彭博公共衛生學院（Johns Hopkins Bloomberg School of Public Health）任教時，他的同事對此非常重視。他被視為是分子微生物學和免疫學界的交椅，提出了科學研究正陷於危機的警告。

在一次他為新同事的演講中，卡薩德瓦聲稱，科學進展的速度放慢了，而科學文獻的撤稿速度卻加快，按照比例來看，甚至超越了新研究的發表速度。他說：「若這種情況持續下

---

* 愛因斯坦依廣義相對論，於 1916 年提出重力波，即是「時空曲率」以波的形式向外傳播的擾動，而美國在 2015 年終於首度觀察到來自一場黑洞合併事件引起的重力波。

** 現在科學家發表的論文比過去要多，因此這種比較並不完全公平，但仍然使卡薩德瓦有相當重要的地位。

去，那麼幾年之內，所有文獻都將被撤回。」[16] 這是科學界的黑色幽默，但卻有憑有據。他認為，部分原因是年輕的科學家在尚未學會思考之前，就急於專攻。他們最終無法自己做出好的成果，也沒有能力點出同事糟糕（或許欺性）研究。

卡薩德瓦之所以從紐約市阿爾伯特・愛因斯坦醫學院（Albert Einstein College of Medicine）的舒適職位來到霍普金斯大學，是因為新的舞台給了他機會，得以創建他認為研究生該有的科學教育及所有教育應有的原型系統。

他與生物學暨教育學教授，貢杜拉・鮑許（Gundula Bosch）一起提倡去專業化，甚至專門針對那些計畫成為最頂尖專家的學生，與當前趨勢大相逕庭。該計畫被稱為R3計畫〔嚴格（Rigor）、責任（Responsibility），可複製性（Reproducibility）〕，從跨學科課程開始，包括哲學、歷史、邏輯、倫理、統計學、溝通和領導能力等。一門名為「我們如何知道何者為真？」的課程，便是透過歷史和其他學科來檢驗證據的課程。在「科學錯誤剖析」中，學生化為偵探，並從實際研究中尋找不當行為或使用不良方法的痕跡，同時也學習到，犯錯和意外收穫又是如何能導向重大發現。

二〇一六年的一場專業小組會議上，當卡薩德瓦描述他對跨能教育的願景時，一位共同小組成員，同時任職於極富聲望，且經常撤回文獻的《新英格蘭醫學雜誌》（*New England*

Journal of Medicine）[17]的編輯提出反駁，他覺得為已塞滿課程的醫生與科學家增加培訓時間相當荒唐。卡薩德瓦說：「我想說的是，學習時間不變，而不再把重點放在教材上。我們是否真的需要去上那些極具專業知識的課程？這些課程通常會提供大量詳細且專業，又神祕的東西，在幾週內就會被忘得一乾二淨。特別是在現今，所有資訊都可以用手機找到，人手一支載有人類所有知識的手機並四處走動，只是他們不知道如何統整資訊。我們並沒有訓練人們的思考或推理能力。」

醫生和科學家經常，甚至於完全沒有受過專屬的基本邏輯培訓。二〇一三年，一群醫學博士和科學家，為哈佛大學與波士頓大學的醫生和醫學院學生出了一道，在醫學領域不斷出現的問題：

> 若有種疾病檢測能檢驗患病率為千分之一的流行病，且其驗出假陽性的機率為5%，假設您對患者的症狀或體徵一無所知，那被發現呈陽性結果的人，實際上患有該疾病的機率是多少？[18]

正確的答案是，患者實際患病的機率約為二%（準確地說是一·九六）。只有四分之一的醫師和醫學院學生答對，最常見的答案是九五％。對將診斷測試當飯碗的專業人士而言，這應該易如反掌：在一萬人的樣本中，有十個人確實患有該病且驗出了真正的陽性，而有五％（即五百人）會得到假陽性的結果；在這五百一十位呈現陽性的人中，只有十位（即一．九六％）實際患病。這個問題不依靠直覺，也不困難。每個醫學院的學生和醫師都有解決這道問題的數學能力。因此，正如弗林對優秀的大學生進行基本推理測試時所觀察到的，**即使他們有能力，也無法使他們準備好在專業中使用更廣泛的推理工具**。

卡薩德瓦告訴我：「我想爭辯的，是至少在醫學和基礎科學的領域，在那些會向學生灌輸事實的課程上，需要的只是一些背景知識，接著便是思考工具。」而最近，「一切都以錯誤的組合進行。」

他將當前系統與中世紀的公會制度做了比較。他和一名同事寫道：「工匠和商人為維持保護專業技能與貿易活動，在中世紀時歐洲就已經出現了公會制度。雖然公會透過長期的學徒制，培訓出極度專業、保證完美的人才，他們也鼓勵保守主義並扼殺創新。」培訓和獎勵專業的措施並行，加速專業化產生，創造出滿是知識分子的群島。

有一種新興的會議形式，只邀請專精於研究特定微生物的科學家與會。與此同時，因免疫學和血液學的超級專家各自專注於每片獨立的拼圖上，所以即使免疫反應是一個綜合性的系統，他們卻無法完全理解人被紙割傷後產生的身體反應。[19]

卡薩德瓦說：「當你一整個職涯都在鑽研同一種細胞時，你就更容易獲得補助，甚至不會有任何整合知識的壓力。事實上，當你撰寫一篇有關B細胞與巨噬細胞整合作用（免疫系統的基本相互作用）*的研究補助申請書時，可能沒什麼人要看。如果這份申請書給了專門研究巨噬細胞的人，他們會說『嗯，我不知道，為什麼是B細胞？』這套系統將使你陷入困境。所有的壕溝都水平地排列在一起，卻很少人會真正抬頭，看看隔壁壕溝內的人在做什麼，而且通常都有所關聯。」**

將他所說的平行壕溝系統，替換成一些專業術語，即可適用於許多產業。我在為本書進行研究調查時，一位美國證券交易委員會的官員，因得知我正在寫有關專業化的文章，故聯繫我以確保我知道，在二〇〇八年全球金融危機中，專業化正是危機關鍵。這位官員告訴我：「保險監管機構監管保險，銀行監管機構監管銀行，證券監管機構監管證券，而消費者

* 當細菌進入傷口時，B細胞會釋出抗體附著在細菌上，並將其引入巨噬細胞，從而破壞細菌。

** 實際上，有些跨學科研究只因不夠專業化而備受忽視。科學家戴安娜．羅滕（Diana Rhoten）和史蒂芬妮．皮曼（Stephanie Pfirman）在內在高等教育新聞網（Inside Higher Ed）中寫道，女性似乎更容易從事跨學科研究。但她們卻被告知不要鼓勵年輕女性進行跨領域研究，「否則她們將永遠不受重視。」

監管機構監管消費者。但提供信貸的服務卻與所有市場息息相關。因此，我們對產品、法規進行專門化處理，卻有個問題是『誰來綜觀所有市場？』採用專門化的法規管理法，卻遺漏了系統性的問題。」

二〇一五年，卡薩德瓦發表研究，在近三十五年中，生物醫學的研究經費呈指數增長，發表新發現的速度卻緩慢下來。[20]經過數十年的進展，走在生物醫學尖端的國家，如英國和美國等，近期預期人類壽命有所下降。每年流感殺死全世界數十萬人，而人類卻依然用著一九四〇年代的繁瑣疫苗技術與之抗庭。卡薩德瓦的母親今年高齡九十三歲，服用著五種他在一九八〇年代擔任住院醫師時，就在使用的藥物。「其中兩種還比我老。」他說，而另外兩種也沒有多年輕。「我不相信我們不能做得更好。」

他停頓了一會兒，抬起頭來並向前傾身，說：「若你要寫一份跨學科的研究補助申請，只能交給非常、非常專精於A或B的其中一人。若你夠幸運，他們也許有能力看到不同領域相互作用上的關連性。大家都知道相互作用下能提供十足的進步，但誰來捍衛這件事？」

各路專家與不同背景的創造者之間的相互作用，已被證實是值得維護的事。

創造力，就是種「想法的進出口貿易」

美國西北大學和史丹佛大學的研究人員，分析了能成功激發創意的人脈網路，他們自認發現了「通用」的設定。[21] 無論是經濟學或生態學方面的研究小組，還是撰寫和製作百老匯音樂劇的團隊，能使兩者欣欣向榮的產業系統都具有多管道的邊界。

對成功的團體而言，專業人士的人脈網路如同沃土，人才可輕鬆地在團隊間遊走，跨越組織與學科的界線，因而找到全新的合作者。反之，催生出失敗團隊的人脈網路被分裂成幾個孤立的小群體，而由同一個人不斷地在其中進行協調。或許相當高效率且舒適，但顯然不是催化創造力的引擎。研究人脈的西北大學物理學家，路易斯·阿瑪洛（Luís A. Nunes Amaral）表示：「將成功團隊與失敗團隊進行比較時，整個人脈網路看起來大不相同。」[22] 阿瑪洛備註，這並非只是比較個別團體，而是一個更大，能促進成功團體形成的生態系統。

在任何時期，無論是異常熱銷還是異常平淡，百老匯的商業命運都與特定出名的人較無關係，而是與合作者能否靈活地融合和搭配有關。[23] 在一九二〇年代，百老匯曾與知名作曲家如科爾·波特（Cole Porter）、歐文·柏林（Irving Berlin），喬治·蓋希文（George Gershwin），羅傑斯與漢默斯坦（Rodgers and Hammerstein）（儘管尚未合作）合作過數十場演出，而新節目的總失敗率卻異常地高達九〇%。那是一個停滯不前的時期，反覆合作的對象很多，但卻極少有跨界的現象。

遇到新的協作者，能讓創作者「將一個領域的慣例想法帶入全新領域，並將之視為突然的新發明。」社會學家布萊恩・烏齊（Brian Uzzi）表示。他是阿瑪洛的合作夥伴，依他所言，**人類的創造力基本上就是種「想法的進出口貿易」**。[24]

烏齊以文件記錄了一種始於一九七〇年代，在物理和社會科學領域的進出口趨勢，即在前網際網路時代，成功的團隊往往擁有更多來自遠方的成員。擁有不同機構成員的團隊，比沒有的團隊更有可能獲得成功，而擁有不同國籍成員的團隊也同樣具有優勢。

與進出口模式一致，無論他們之後是否回國，在國外工作過的科學家，都比沒有海外經驗的科學家更有可能在科學領域產生更大的影響力。記錄了這種趨勢的經濟學家認為，原因之一可能是移民的「套利」機會，[25]**意即有機會將想法從一個市場中帶到另一個更罕見且更有價值的市場**。*這呼應了史密斯的忠告，要用新技能解決舊問題，或用舊技能解決新的問題。如嘻哈音樂、百老匯音樂劇和美國歷史傳記，這種典型風格的非典型組合，並非只是娛樂圈僥倖成功的戰略。

烏齊和一個小組分析了來自各個科學領域的一千八百萬篇論文，為了解非典型知識組合是否重要。[26] 若某篇論文引用極少出現，或從未有過的其他領域研究，那些篇論文就會被歸類為使用非典型的知識組合。[27] 大多數論文多是純粹依靠過往知識的傳統組合，也就是說，他們引用了經常出現在其他研究論文參考文獻中的著作。在近十年來，大量的科學家使用的這些「熱門」論文，不只有知識豐富的常規組合，也注入了非典型的知識組合。

有個獨立的國際團隊分析超過五十萬篇研究論文。若該論文引用了之前從未出現過的另兩種期刊文章，便將其歸類為「新穎」。僅有十分之一的論文組成了新的組合，而更只有二十分之一的論文生成了多種新組合。該團隊後續追蹤新穎論文一段時間，研究其影響力。他們看到具有新知識組合的論文，更有可能在不知名的期刊上發表，也更有可能在發表時被忽略。他們起步緩慢，但三年後，具有新知識組合的論文超越了常規論文，並開始成為其他科學家的引用文獻。在出版十五年後，有多種新知識組合的研究，更可能躍身進入被引用最多次的論文前百分之一排名中。

回顧前述：在不同知識之間架起橋樑的研究，不太可能獲得資助，也不太可能出現在著

* 創意研究者西蒙頓研究日本的革新歷史時，發現因日本對世界反覆徘徊在極度封閉與非常開放之間，因而在移民潮之後帶動了從小說、詩歌寫作到陶瓷和醫學領域創造力的猛烈發展。[28]

名期刊上，更不可能在出版時備受重視。**從長遠來看，卻也更有可能會成為人類知識圖書館裡的熱門文章。**[29]

只追求高效率，突破的機會只會微乎其微

卡薩德瓦以身作則。與他聊過一次，會發現內容可能包含《安娜．卡列尼娜》（*Anna Karenina*）、《聯邦論》（*Federal Papers*）、艾薩克．牛頓（Isaac Newton）和哥特佛萊德．萊布尼茲（Gottfried Leibniz）既是哲學家又是科學家的事實、為何羅馬帝國無法更具革新性，以及關於希臘詩人荷馬在《奧德賽》（*Odyssey*）中對曼托爾（Mentor）這個角色的描述。他面帶微笑地說：「我努力做到這點。我總是建議他人，每天都要讀一些自己專業之外的書。而大多數人會說：『我沒有時間讀那些書。』我說：『不，你有時間，而且這件事重要多了。』你的世界會變得更遼闊，或許在某個時機點，你就能將其連結起來。」

卡薩德瓦的其中一個研究專案就來自於他讀到的一篇新聞文章，該文章講述一台機器人被送入車諾比核災事故現場，在災難發生三十年後當地仍受到嚴重污染。文章恰好提到機器

人回來時夾帶一些黑色黴菌，這種黴菌像是一種粗糙的浴簾布，並帶有輻射廢棄物的反應。「為什麼是黴菌？」卡薩德瓦反問，「然後一件事會導致另一件事的發生。」他和他的同事們有了一個非凡的發現：這種黴菌並非是透過放射性物質，而是將輻射當作成長的養分。[39]

卡薩德瓦確信，他在實驗室以外的經歷，以及這些經驗幫助他成就今天的自己。在他十一歲時，他和家人逃離古巴並來到皇后區。他十六歲那年，在麥當勞找到了第一份工作，並在那工作到二十歲。這項工作經歷仍紀錄在他的簡歷上，他去霍普金斯學院面試時，他也確實談到這件事。他告訴我：「那是一次很棒、很值得的工作經歷，我學到了很多東西。」比如面對壓力的能力。他的弟弟也曾在麥當勞工作，甚至遇到歹徒挾持，曾被短暫扣為人質。卡薩德瓦回憶：「他在證人席上待了兩天，律師還取笑他的口音。在那之後他便準備去念法學院，現在他是一名成功的審判律師。」

離開麥當勞之後，卡薩德瓦到銀行擔任櫃員。「那時我也被阻止了！」他的父親希望他有一些可以依靠的技能，因此他的辦公室牆上掛著社區大學害蟲防治的學位證書，就在他獲選成為享有盛譽的國家醫學科學院院士證書旁。

卡薩德瓦在他的專業領域中聲名顯赫。他毫不費力就能獲得研究補助，並經常成為協助判斷他人是否獲得資助的科學家之一。若專業化的現狀持續下去，他便是贏家。然而，他認為試著打破這一點，是他一生中最重要的工作。他相信，**基礎科學愈是從曲折蜿蜒的探索轉為追求效率，解決人類最大挑戰的機會將會微乎其微。**

波爾加在與女兒進行象棋實驗的過程中宣稱，若將他追求狹義專業和高效的教育體系用於培訓象棋選手之外的上千名孩子，「癌症和愛滋病的問題」更有可能得到解方。卡薩德瓦是見證創新歷史的學生。在愛滋病毒爆發成傳染病之後，他成為了醫生和科學家，對這個說法，他絕不可能毫不反對。

「我在上醫學院時，我被告知沒有任何反轉錄病毒能引起人類疾病，反轉錄病毒是某些動物腫瘤中蘊含的一種新奇珍品。一九八一年，出現了一種無人能解的新疾病。一九八四年，這種病毒被發現是一種逆轉錄病毒，也就是HIV。一九八七年，人類有了第一種療法。一九九六年，出現了有效的療法，人們不再死於這種疾病。那是怎麼發生的？是因為公司突然急於製造解藥嗎？不。若真的回過頭來分析，在此之前，我們的社會就花了一些辛苦賺來的錢，來研究動物的反轉錄病毒。因此，直到發現HIV是反轉錄病毒時，你已經知道，如果干擾蛋白酶的生成（一種酵素）則可使其失去活性。因此，當愛滋病病毒到來時，社會對反轉錄病毒進行的投資已然獲得了大量知識，而在當時這些知識是沒有用的。若你要花費一國的所有研究經費投入到阿茲海默症的研究中，你很有可能永遠無法找到解方。但阿茲海默症的解答可能來自小黃瓜中錯誤折疊的蛋白質。但你要如何為小黃瓜寫研究計畫？你又打算要寄給誰看？如果有人對小黃瓜中的折疊蛋白感興趣，認為這是一個很好的科學問題，那就別管他們了。讓他們儘管去折磨黃瓜吧。」

突破界限的嘗試，必須保持低效率

卡薩德瓦最重要的觀點，**是創新的系統應有意識地保持廣度和極低的效率**。他正在打一場硬戰。

二〇〇六年，我剛開始從事新聞工作時，便參加了由德州參議員凱・貝利・哈奇森（Kay Bailey Hutchison）主持的美國參議院科學與太空小組委員會的政策聽證會。[31]哈奇森仔細閱讀一堆科學家的研究建議，然後大聲朗讀標題。若標題與創造新的商業技術沒有直接的相關性，她就將其從中剔除，並詢問會議室，這種事情究竟對本國超越印度和中國有什麼幫助。

被哈奇森分類為干擾創新技術的學科包括生物學、地質學、經濟學和考古學。可想而知，她會如何評價法國微生物學家路易斯・巴斯德（Louis Pasteur，他起先是一名藝術家）在患有霍亂的雞身上所做的事，而這促使他開始研製實驗室的疫苗。或是愛因斯坦的異想天開，研究時間在高低引力之下是否會有時差，這是相當有用且不可少的技術，例如手機使用的全球定位衛星，就是透過調整重力使其時間與地球上的時鐘同步。

一九四五年，前麻省理工學院院長萬尼瓦爾・布希（Veanvar Bush）在第二次世界大戰期間監督美國軍事科學，包括青黴素的批量生產和曼哈頓計畫。他應羅斯福總統的要求撰寫了一份報告，在報告中他解釋了成功的創新文化。報告的標題為「科學，無盡的邊界」，並因此創建了國家科學基金會，從都卜勒雷達（Doppler radar）、光纖、網絡瀏覽器和ＭＲＩ核磁共振成像，該基金會資助了三代取得巨大成功的科學發現。布希寫道：「廣泛的科學進步是自由智慧的自由發揮，由他們探索未知事物的好奇心而定，選擇課題並開展工作。」

近年來，每年獲頒諾貝爾獎時，都會出現一種奇怪的現象，獲獎者都會解釋，他們都有可能到今日都無法有所突破。[32]二〇一六年，日本生物學家大森義典（Yoshinori Ohsumi）不祥地為他的諾貝爾獎演講畫下句點：「真正的科學發現，通常是由無法預測和預料到的小發現所觸發……卻有愈來愈多科學家被要求即時提供證據，證明研究成果能具有應用性。」追求贏在起跑點的熱潮又回到原點。研究者必須以超高效率追求如此狹隘的專業目標，以便他們在開始探索之前就能說出自己會發現什麼。

和卡薩德瓦一樣，大森也知道實際應用是最終目標，但問題是該如何以最好的方式達成目標。注重實際應用的機構並不在少數，在本書中出現了一些。為什麼要將整個研究專業化？智慧的「自由發揮」聽起來效率極低，就像在受訓中足球員的自由發揮一樣，他們總是要鑽研特定技能。但當有人真正花時間去研究突破是如何發生，或探究二〇一四年德國世界盃冠軍球隊的球員是如何成長並發展時，才會發現「這些球員的團隊練習相對而言較少……但玩遊戲的比例更高。」[33]

就本質而言，所有超級專業化都是提高效率的良好動力，這是增進運動技能、組裝產品、學習演奏樂器或研究新技術的最有效方法。但同時也需要低效率的培育。類似於波爾加的智慧，用如雷射光集中似的有效率培育法，只限於在狹隘、和善的學習環境。

「當你在突破界限時，很多時候都只是在嘗試。這必須是效率極低的事情。」卡薩德瓦告訴我：「我們失去的正是交談和綜合資訊的時間。人們隨便買個午飯並帶進辦公室裡，因為他們覺得吃午餐很沒有效率，但通常那是反思和建立連結的最佳時間。」

美國企業家比爾・戈爾（Bill Gore）曾是化學工程師。他發現，公司最有影響力的創意作品，都是在面臨危急時發生，因為此時紀律戒條已飛出窗外。他並因此離開杜邦公司

（DuPont）而創立了發明出 Gore-Tex 技術的公司。他曾說：「對話通常都會在停車場內發生。」這讓他確信，「閒逛時光」是一種不可或缺的企業文化。[34]

結語
一個人的跨能勝過各式專家的團隊

當我開始撰寫和談論那些成為佼佼者的運動員，通常並非及早進入專業的相關數據時，我所面對的反應，尤其是來自父母的反應，可分為兩類：1. 單純懷疑，認為不可能；2.「那麼，有什麼能一言以蔽之的建議嗎？」有哪句話，可以同時說明擁抱廣度和體驗之旅的重要性？如同梵谷、蓋姆或賀瑟貝這樣的人，抵達一個專為你而優化的地方？如同那些跨能人才歷經的道路一樣，我對廣度與專業化的探索毫無效率可言，而只想用一句就能說明一切的這件事，在讀完本書後就不復存在。

回想流行媒體告訴我們，那些關於創新和自我探索的故事，看起來就像是一趟從頭到尾都井然有序的旅程。有點類似用以激勵人心，在描述優秀運動員心路歷程的新聞，敘述時都顯得簡潔明朗，一旦深入探究，故事通常會變得更為複雜。對老虎伍茲成名的著名看法，簡化了繞遠路、廣度和嘗試所扮演的角色。這個版本很有吸引力，因為它是一個簡潔有力的處方籤，降低了不確定性，也提高了效率。畢竟，誰不想要贏在起跑點？嘗試並非是一個簡潔的方法，卻很常見，且具有優點，比起那些經典勵志海報只是動動嘴皮子，需要更多容忍失敗的能力。突破本身就有很大的差異。

創意研究員西蒙頓表示，傑出的創作者作品愈多、愈愚蠢，獲得如超新星般成功的機會就愈大。[1] 美國發明大王湯瑪斯．愛迪生（Thomas Edison）擁有一千多項專利，大多數的專利根本不值得一談，有更多的專利被駁回。他經歷無數次的失敗，但他的成功之作：普及化的燈泡、留聲機、電影放映機的前身，皆令人為之驚嘆。夾在名劇《李爾王》（*King Lear*）和《馬克白》（*Macbeth*）之間，英國大文豪莎士比亞寫了《雅典的泰門》（*Timon of Athens*）。雕塑家瑞秋．懷特（Rachel Whiteread）獲得了與蓋姆被頒獲搞笑諾貝爾獎與諾貝爾獎雙重獎項的相似壯舉：她是有史以來第一位獲得英國年度最佳藝術作品透納獎（Turner Prize）的女人，並在同一年成為代表英國最差藝術家的「反透納獎得主」。[2]

我在為撰寫任天堂文章而研究電子遊戲的歷史，我注意到，當今一名美國心理治療師霍華德．斯科特．華沙（Howard Scott Warshaw）曾是雅達利公司的電子遊戲設計師。他運用極為受限的技術，並以極為靈活的方式製作了科幻遊戲《亞爾的複仇》（*Yar's Revenge*）。在一九八〇年代初，這款號稱最暢銷，原名 Atari 2600 的遊戲機，使雅達利成為美國歷史上成長最快的公司。同年，華沙設計了知名電影《*E.T.*》的雅達利改編版遊戲。他再次嘗試了有限的技術。這款遊戲卻慘敗，被公認為是電玩史上最大的商業失敗，這樣的指責也讓雅達利連夜倒閉。*

這就是走在毫無規則可言的體驗之路上會遇到的狀況。原創作者往往會大吃一驚，用棒球術語來比喻，他們會擊出大滿貫，而真正的棒球也不一定能做到這件事。如同商管作家麥克．西蒙斯（Michael Simmons）所言：「棒球比賽的分數是被分配且受限的。當你揮桿時，無論與球的配合度有多好，你一次最多也只能得到四分。」[3] 在更廣闊的世界中，「每過一段時間，當你上台領獎時，你可以贏得一千分。」** 這並不是指所有突破都只能靠運氣，雖然好運有加分，但更多時候是困難重重且無法持續。到他人未境之地也是一個棘手的問題，因為沒有明確的公式或完美的回饋系統可以遵循。如同在股市，若想要達到高點，就必須忍受許多低點的到來。正如 InnoCentive 創始人艾爾夫．賓漢告訴我的：「重大突破和謬

* E.T. 這款遊戲傳奇性的失敗，因而催生了「一九八三年偉大的電子遊戲葬禮」傳奇。傳聞雅達利在新墨西哥州的一個垃圾掩埋場中埋葬了數百萬份副本。二〇一四年，該場地因拍攝紀錄片進行了挖掘工程，實際上確實埋葬了包含 E.T. 在內的遊戲副本，但絕非有數百萬之多。

** 每個球季最多球數累計為 1000 球。

誤一開始看起來都很雷同。」

我著手探討的，**是在這個愈來愈需要超級專業化的系統中，如何獲取和培植跨界能力，並體驗多樣化和探索跨學科領域**：在你尚未了解自己之前，是否就已經決定好你要做的事。

在本書的開端，我探討了運動員和音樂家的案例，因為他們幾乎是及早專業化的代名詞。但在運動員逐漸成為菁英的過程中，初期廣泛的經驗和延後專攻才是常態。音樂家透過令人難以置信的多樣途徑來達成卓越巔峰，但對於技能發展而言，早期的超專業化通常非必要，且對即興演奏來說更不需要。在體育運動中，許多成年人是因龐大的經濟利益讓及早專業化，變成看似必要的選擇。

斯維亞托斯拉夫·里赫特（Sviatoslav Richter）是二十世紀最偉大的鋼琴家之一，他二十二歲時才開始上正規課程，[4] 史蒂夫·納什（Steve Nash）是一個相對來說，身材普通的加拿大人，直到十三歲他才開始打籃球，而他兩次獲得美國職籃NBA的MVP獎項。[5] 在我提筆的當下，我正聽著一位專業的小提琴家演奏，她十八歲才開始學拉琴。當然，因為年紀太大，在她開始學琴之前，就被勸說別這麼做。現在她將成人初學者作為重點教學對象。即使是最成功且相對較為和善的領域，狹隘的專家仍無法輕鬆適應。

這裡倒是有一句建言可以提供：**不要認為會落於人後**。兩位羅馬歷史學家曾記載，凱撒大帝（Julius Caesar）在很小的時候，曾在西班牙見到了亞歷山大大帝（Alexander the Great）的雕像，並淚流滿面。傳言他這麼說：「亞歷山大大帝征服了許多國家，而我一直都沒有做過任何值得被紀念的事。」

不久，這種擔憂就被拋諸腦後，成為回憶。凱撒掌管羅馬共和國，在他被自己的朋友謀殺前，他成為了一名獨裁者。[6] 如同大多數表現突出的年輕運動員一樣，他早早達到了巔峰。**你該比較的是今日與昨日的自己，而非那些與你截然不同的年輕人**。每個人進步的速度大不相同，甚至你可能也不清楚未來的確切方向，所以覺得自己落於人後並無濟於事。相反地，正如赫米妮雅·依博拉教授所建議，要積極追求契合度，請開始規畫你的實驗計畫，也許是你專屬的週五黃昏或週六晨間的實驗。

在你的生涯之旅與規畫中，要像米開朗基羅面對一塊大理石時一樣，願意不停學習並隨時調整，甚至在有所需要時，放棄先前的目標並改變方向。研究從技術創新到漫畫創作領域的創作者報告顯示，**擁有各式專家的團隊也無法完全取代跨能人才的個人貢獻**。即使離開職場或一整個產業，你的經驗也都不是種浪費。

最後，請記住，專業化本身並沒有任何問題。在某個時間點，我們都會只專攻一個學位。最初燃起我對這個主題感興趣的火花，來自我讀到有關病毒的文章，和看了主題演講。

這些演講認為，早期的超專業化是種生活手段，可以省去被浪費的各種經驗和試錯的時間。我希望能為這類的探討添加一些想法，因為在無數領域進行過的研究皆顯示，蜿蜒曲折的思維與個人經歷是力量的泉源，而贏在起跑點這件事被過度高估了。正如一個世紀前，美國最高法院法官奧利弗．溫德爾．霍姆斯（Oliver Wendell Holmes）在交流思想時寫下：「這是個實驗，人的一生就是個實驗（It is an experiment, as all life is an experiment）。」[7]

謝辭

我將寫書視為某種八百公尺賽跑，到中段時會是種折磨，但當你盡最大的努力之後，在回顧時會這麼說：「嗯，其實並沒有那麼糟糕。」就算很糟，你還是要再做一次。

當我在寫這本書時，經歷了許多很酷的事。比如，我學到了一種說話腔調。還有在我用腦過度的某天，一隻北美紅雀、一隻冠藍鴉、一隻黃鸝鳥出現在我的窗台邊，這些鳥都是大聯盟棒球隊的代表鳥類，這種事前所未見。

首先，感謝河源出版（Riverhead）的團隊，尤其是我的編輯，柯特妮．楊（Courtney Young）。在我們一開始同意要做這本書時，柯特妮說了一些話有點嚇到我：「要不是我和你很熟，我會很擔心。（嘆氣）」接下來的過程中，她都像是一位訓練運動員的優秀教練。她讓我自我指導，參加各種活動，當我在兩年後帶著篇幅過長的手稿浮出水面時，她便換檔，因我的渴望而快速且頻繁地回饋意見，讓我刪減書稿並修出雛形。（「喔，我喜歡。他現在聽起來沒有這麼像一個魔法精靈了。」柯特妮的回饋內容可能有點被誇大描寫了。）更適切地說，她是位跨能人士，她曾差一點就成為工程師。

謝謝我的經紀人，克里斯．里斯－藍姆（Chris Parris- Lamb）。他在紐約馬拉松賽跑中獲得了第兩百三十五名，這很重要，但比不上他的動畫比賽重要。截至目前為止我認為，這可以讓作者獲得自由的時間。用體育術語來比喻，我和經紀人的合作方式，就像是選拔出最棒的運動員，然後想辦法擺脫他。

謝謝每位參與我如折磨般查證工作的人，尤其是艾蜜莉．克里格爾（Emily Krieger）和德魯．貝利（Drew Bailey），以及撥冗受訪的每一位受訪者，讓我可以反覆拷問他們已經告訴我的事。感謝川俁正治（Masaharu Kawamata）和泰勒．沃克（Tyler Walker）協助完成日文翻譯。

感謝《異數》（*Outlier*）作者葛拉威爾（Malcolm Gladwell），我們第一次見面是在一場麻省理工學院斯隆體育分析會議（MIT Sloan Sports Analytics Conference）的辯論上，題目為「一萬小時對上運動基因」（10, 000-hours vs. The Sports Gene）（影片在 youtube 上可以搜尋得到）這成就了一場絕佳的討論，而我相信我們都帶了新的觀點回家。隔天他邀我一起去間歇訓練，接著又開始了一場有關老虎伍茲與費德勒的討論（在做暖身操時）。這場討論放在我的腦中某處，並在我參與提爾曼獎學金時浮現。我無法肯定，若少了這些，我會繼續探討這個主題。如同心理學家霍華德・格魯伯所言：「想法不會真的消失，當有所需時它就會被啟動。」

這本書是我遇過，挑戰組織能力的最好機會。要搞懂需要蒐集哪些資訊、要把這些放在哪個段落，讓我不知所措。有句引言不停跳入我的腦中：「達到成功，就如同在與一隻猩猩摔角，不能在你覺得累時放棄，而是只在猩猩累時停下。」

不管蒐集到什麼資料，還能不停找到更多資料，我很是驕傲。也感謝支持我的家人朋友，並接受我對許多問題，都說「希望明年可以」。相信我，不是我不想買我喜歡的門票，如同許多權力遊戲迷所知，我的家訓是：「我書將至。」

這些支持我的人：我的哥哥，丹尼爾（Daniel），他在我第4章的想法仍亂無章法時，熱切地堅持我必須寫下來；姊姊查爾娜（Charna），她可能買下了我上一本書的每一版印刷；我的父母，馬克（Mark）和伊芙（Eve），他們總是等到我做了什麼荒唐事之後才發表意見，而非在事前就禁止我，讓我在抽樣階段過得多采多姿。感謝安德烈王子，當你讀到這時你會知道就是在說你；還有我的姪女思加莉特・庫法克斯・艾波斯坦 - 帕瓦爾（Sigalit Koufax Epstein- Pawar），和她的父親阿米亞（Ameya）。也感謝安卓莉亞（Andrea）和約翰（John）在精神與卡路里上的支持，和整個懷斯與格理家族（Wess and Gree）。

特別感謝莉茲・歐赫林（Liz O'Herrin）和麥克・克里斯曼（Mike Christman）邀請我參與提爾曼基金會，及史提芬・梅斯勒（Steve Mesler）邀請我參加「教室裡的冠軍計畫」（Classroom Champions）；謝謝我的好朋友凱文・理查茲（Kevin Richards），若不是他，我現在可能會是位科學類作家。還有，哈利・喀麥隆（Harry Mbang），他從未在半夜起來，跑到某間特定書店。感謝查克比（Chalkbeat）一家，請繼續努力游泳。

特別感謝岡田徹（Toru Okada）、愛麗絲（Alice）、娜塔夏・羅斯土娃（Natasha Rostova）、卡圖連（Katurian K. Katurian）、彼得和孟娜・可墨爾（Petter and Mona Kummel）、奈特・瑞佛（Nate River）、貝薩（Gbessa）、貝諾・馮・阿奇波帝（Benno von Archimboldi）、托尼・偉伯斯特（Tony Webster），桑妮（Sonny）的哥哥、托尼・隆曼（Tony Loneman）、湯米三人組、醫生、莫里斯（Maurice）、布萊登・查寧（Braiden Chaney）、史蒂芬・福羅里達（Stephen Florida），以及其他許多教會我寫作的角色，若我漏掉了誰，希望你能原諒。

我現在的感受，有點像是小說人物伊尼果・蒙托亞（Inigo Montoya）終於完成復仇的感覺：接下來該如何？但比起恐懼，我感到更多的是興奮，比我開始為本書進行研究前還要更為振奮。在上一本書的謝辭中，我寫了一段關於伊莉莎白的註解當作結尾：「如果我再寫一本書，我相信也會把那本書獻給她。」（即使她在自己的書上，是輪流把書獻給約翰和我。）在我第二本書完成之際，可以肯定地說，若我能再寫另一本書，我也會將書獻給她。

參考文獻

前言

1. the boy could balance on his father's palm: G. Smith, "The Chosen One," Sports Illustrated, December 23, 1996. (Additionally, Earl Woods included a photograph of this in the source cited below.)

2. "It is very difficult to communicate how to putt": The primary source on Tiger's childhood in this section is: E. Woods (with P. McDaniel, foreword by Tiger Woods), Training a Tiger: Raising a Winner in Golf and Life (New York: Harper Paperbacks, 1997).

3. taught psychological warfare: J. Benedict and A. Keteyian, Tiger Woods (New York: Simon & Schuster, 2018).

4. "He has a larger forum than any of them": Smith, "The Chosen One."

5. "I was always very much more interested"; "We had no plan A": R. Jacob, "Ace of Grace," Financial Times, January 13, 2006, online ed.

6. "became unbearable"; "he would have just upset me anyway": R. Stauffer, The Roger Federer Story: Quest for Perfection (Chicago: New Chapter Press, 2007 [Kindle ebook]).

7. "pully"; "if they nudged him"; "just don't cheat"; "Mehr CDs": J. L. Wertheim, Strokes of Genius (New York: Houghton Mifflin Harcourt, 2009 [Kindle ebook]).

8. "being invincible"; "His story is completely different": Stauffer, The Roger Federer Story.

9. study of thirty violinists: K. A. Ericsson, R. T. Krampe, and C. Tesch- Römer, "The Role of Deliberate Practice in the Acquisition of Expert Performance," Psychological Review 100, no. 3 (1993): 363– 406.

10. "we have to check": A. Gawande, The Checklist Manifesto (New York: Metropolitan Books, 2010).

11. "slow bakers": For an excellent look at how Great Britain altered its talent pipelines, see: O. Slot, The Talent Lab (London: Ebury Press, 2017).

12. ramp up technical practice in one area: Examples of studies—including those cited in the introduction—from a range of sports and countries documenting the trend of sampling and delayed specialization include (the first paper here is the source for data in the charts showing practice hours): K. Moesch et al., "Late Specialization: The Key to Success in Centimeters, Grams, or Seconds (CGS) Sports," Scandinavian Journal of Medicine and Science in Sports 21, no. 6 (2011): e282– 90; K. Moesch et al., "Making It to the Top in Team Sports: Start Later, Intensify, and Be Determined!," Talent Development and Excellence 5, no. 2 (2013): 85–100; M. Hornig et al., "Practice and play in the Development of German Top- Level Professional Football Players," European Journal of Sport Science 16, no. 1 (2016): 96– 105 (epub ahead of print, 2014); A. Güllich et al., "Sport Activities Differentiating Match- Play Improvement in Elite Youth Footballers— A2-Year Longitudinal Study," Journal of Sports Sciences 35, no. 3 (2017): 207– 15 (epub ahead of print, 2016); A. Güllich, "International Medallists' and Nonmedallists' Developmental Sport Activities— A Matched- Pairs Analysis," Journal of Sports Sciences 35, no. 23 (2017): 2281– 88; J. Gulbin et al., "Patterns of Performance Development in Elite Athletes," European Journal of Sport Science 13, no. 6 (2013): 605– 14; J. Gulbin et al., "A Look Through the Rear View Mirror: Developmental Experiences and Insights of High Performance Athletes," Talent Development and Excellence 2, no. 2 (2010): 149– 64; M. W. Bridge and M. R. Toms, "The Specialising or Sampling Debate," Journal of Sports Sciences 31, no. 1 (2013): 87–96; P. S. Buckley et al., "Early Single-Sport Specialization," Orthopaedic Journal of Sports Medicine 5, no. 7 (2017): 2325967117703944; J. P. Difiori et al., "Debunking Early Single Sports Specialization and Reshaping the Youth Sport Experience: An NBA Perspective," British Journal of Sports Medicine 51, no. 3(2017): 142–43; J. Baker et al., " Sport- Specific Practice and the Development of Expert Decision- Making in Team Ball Sports," Journal of Applied Sport Psychology 15, no. 1 (2003): 12– 25; R. Carlson, "The Socialization of Elite Tennis Players in Sweden: An Analysis of the Players' Backgrounds and Development," Sociology of Sport Journal 5 (1988): 241– 56; G. M. Hill, "Youth Sport Participation of Professional Baseball Players," Sociology of Sport Journal 10 (1993): 107– 14.; F. G. Mendes et al., "Retrospective Analysis of Accumulated Structured Practice: A Bayesian Multilevel Analysis of Elite Brazilian Volleyball Players," High Ability Studies (advance online publication, 2018); S. Black et al., "Pediatric Sports Specialization in Elite Ice Hockey Players," Sports Health: A Multidisciplinary Approach (advance online publication, 2018). (France, which won the 2018 World Cup, overhauled its youth development decades ago to emphasize unstructured play at the expense of formal competitions, and to make room for late bloomers. A top youth footballer in France might play half as many formal games as an American peer. When French kids in the national development system do have formal games, coaches are barred from talking for most of the competition so that they cannot micromanage young players. "There is no remote [control] for the players. . . . Let them play," as Ludovic Debru, who helped design the youth system, put it at the 2018 edition of the Aspen Institute's Project Play Summit.)

13. "In an era of sports specialization": J. Brewer, "Ester Ledecka Is the Greatest Olympian at the Games, Even If She Doesn't Know It," Washington Post, February 24, 2018, online ed.

14. "I was doing so many different sports": J. Drenna, " Vasyl Lomachenko: 'All Fighters Think About Their Legacy. I'm No Different,' " Guardian, April 16, 2018, online ed.

15. "young people are just smarter": M. Coker, "Startup Advice for Entrepreneursfrom Y Combinator," VentureBeat, March 26, 2007.

16. a tech founder who is fifty: P. Azoulay et al., "Age and High- Growth Entrepreneurship," NBER Working Paper No. 24489 (2018).

17. "No one imagined silos like that": G. Tett, The Silo Effect: The Peril of Expertise and the Promise of Breaking Down Barriers (New York: Simon & Schuster, 2015 [Kindle ebook]).

18. if they were admitted during a national cardiology meeting: A. B. Jena et al., "Mortality and Treatment Patterns Among Patients Hospitalized with Acute Cardiovascular Conditions During Dates of National Cardiology Meetings," JAMA Internal Medicine

175, no. 2 (2015): 237– 44. See also: R.F. Redberg, “Cardiac Patient Outcomes during National Cardiology Meetings,” JAMA Internal Medicine 175, no.2 (2015): 245.

第1章

1. go along with the plan: The lives of the Polgar sisters have been chronicled in a number of books and articles. For the details in this chapter, in addition to an interview with Susan Polgar, the most useful sources were: Y. Aviram (director), The Polgar Variant (Israel: Lama Films, 2014); S. Polgar with P. Truong, Breaking Through: How the Polgar Sisters Changed the Game of Chess (London: Everyman Chess, 2005); C. Flora, “The Grandmaster Experiment,” Psychology Today, July 2005, online ed.; P. Voosen, “Bringing Up Genius: Is Every Healthy Child a Potential Prodigy?,” Chronicle of Higher Education, November 8, 2015, online ed.; C. Forbes, The Polgar Sisters (New York: Henry Holt, 1992).
2. “met a very interesting person”: Polgar with Truong, Breaking Through.
3. “gray average mass”: People staff, “Nurtured to Be Geniuses, Hungary’s Polgar Sisters Put Winning Moves on Chess Masters,” People, May 4, 1987.
4. “Chess is very objective”: L. Myers, “Trained to Be a Genius, Girl, 16, Wallops Chess Champ Spassky for $110,000,” Chicago Tribune, February 18, 1993.
5. “absolute category”: Aviram, The Polgar Variant.
6. problems like cancer and AIDS: W. Hartston, “A Man with a Talent for Creating Genius,” Independent, January 12, 1993.
7. “complete lack of connection”: “Daniel Kahneman— Biographical,” Nobelprize .org, Nobel Media AB 2014. I had the pleasure of discussing Kahneman’s life and work with him over lunch in December 2015. Additional detail can be found in his book Thinking, Fast and Slow (New York: Farrar, Straus & Giroux, 2011).
8. impressed him “enormously”: The still- relevant book that impressed Kahneman is: Paul E. Meehl, Clinical Versus Statistical Prediction (Minneapolis: University of Minnesota Press, 1954). Meehl sparked an enormous amount of research showing that

experts often gain confidence but not skill with experience. An excellent review of some of that work is: C. F. Camerer and E. J. Johnson, "The Process- Performance Paradox in Expert Judgment: How Can Experts Know So Much and Predict So Badly?," in Toward a General Theory of Expertise, ed. K. A. Ericsson and Jacqui Smith (Cambridge: Cambridge University Press, 1991).

9. In 2009, Kahneman and Klein: D. Kahneman and G. Klein, "Conditions for Intuitive Expertise: A Failure to Disagree," American Psychologist 64, no. 6 (2009): 515– 26.

10. "kind" learning environments: Robin Hogarth's fantastic book on learning environments is Educating Intuition (Chicago: University of Chicago Press, 2001).

11. "a more productive carrier": L. Thomas, The Youngest Science (New York: Penguin, 1995), 22.

12. In a 1997 showdown: Kasparov was on the cover of the May 5, 1997, Newsweek, with the headline, "The Brain's Last Stand."

13. "Today the free chess app": Kasparov and his aide-de-camp Mig Greengard were kind enough to answer my questions. Additional information came from a lecture Kasparov gave at Georgetown University on June 5, 2017, and Kasparov and Greengard's book Deep Thinking (New York: PublicAffairs, 2017).

14. "you can get a lot further": S. Polgar and P. Truong, Chess Tactics for Champions (New York: Random House Puzzles & Games, 2006), x.

15. "Human creativity was even more paramount"; "My advantage in calculating": Kasparov and Greengard, Deep Thinking.

16. "freestyle chess": For an excellent discussion of human-computer chess partnerships, see: T. Cowen, Average is Over (New York: Dutton, 2013).

17. His teammate, Nelson Hernandez: Hernandez kindly engaged in an extended back- and- forth, explaining to me the nuances of freestyle chess and providing me with documentation about tournaments. He estimated that Williams's Elo rating in traditional chess would be about 1800.

18. In 2007, National Geographic TV: The program was "My Brilliant Brain."

19. The first took place in the 1940s: A. D. de Groot, Thought and Choice in Chess (Amsterdam: Amsterdam University Press,

2008).

20. added a wrinkle: Chase and Simon's chunking theory: W. G. Chase and H. A. Simon, "Perception in Chess," Cognitive Psychology 4 (1973): 55– 81.

21. if rigorous training had not begun by age twelve: F. Gobet and G. Campitelli, "The Role of Domain- Specific Practice, Handedness, and Starting Age in Chess," Developmental Psychology 43 (2007): 159– 72. For the different rates at which individuals progress, see: G. Campitelli and F. Gobet, "The Role of Practice in Chess: A Longitudinal Study," Learning and Individual Differences 18, no. 4 (2007): 446– 58.

22. Treffert studied savants: Treffert shared with me videos from his library of documentation on savants. His book Islands of Genius (London: Jessica Kingsley Publishers, 2012) is a great account of his research.

23. "What I heard seemed so unlikely": A. Ockelford, "Another Exceptional Musical Memory," in Music and the Mind, ed. I. Deliège, and J. W. Davidson (Oxford: Oxford University Press, 2011). Other sources on savants and atonal music: L. K. Miller, Musical Savants (Hove, East Sussex: Psychology Press, 1989); B. Hermelin et al., "Intelligence and Musical Improvisation," Psychological Medicine 19 (1989): 447– 57.

24. when artistic savants are briefly shown pictures: N. O'Connor and B. Hermelin, "Visual and Graphic Abilities of the Idiot-Savant Artist," Psychological Medicine 17 (1987): 79– 90. (Treffert has helped replace the term " idiot- savant" with "savant syndrome.") See also: E. Winner, Gifted Children: Myths and Realities (New York: BasicBooks, 1996), ch. 5.

25. AlphaZero programmers touted: D. Silver et al., "Mastering Chess and Shogi by Self- Play with a General Reinforcement Learning Algorithm," arXiv (2017): 1712.01815.

26. "In narrow enough worlds": In addition to an interview with Gary Marcus, I used video of his June 7, 2017, lecture at the AI for Good Global Summit in Geneva, as well as several of his papers and essays: "Deep Learning: A Critical Appraisal," arXiv: 1801.00631; "In Defense of Skepticism About Deep Learning," Medium, January 14, 2018; "Innateness, AlphaZero, and Artificial Intelligence," arXiv: 1801.05667.

27. IBM's Watson: For a balanced take on Watson's challenges in healthcare— from one critic calling it "a joke," to others suggesting it falls far short of the original hype but does indeed have value— see: D. H. Freedman, "A Reality Check for IBM's AI Ambitions," MIT Technology Review, June 27, 2017, online ed.

28. "The difference between winning at Jeopardy!": The oncologist is Dr. Vinay Prasad. He said this to me in an interview, and also shared it on Twitter.

29. a report in the esteemed journal Nature: J. Ginsberg et al., "Detecting Influenza Epidemics Using Search Engine Query Data," Nature 457 (2009): 1012– 14.

30. double the prevalence: D. Butler, "When Google Got Flu Wrong," Nature 494 (2013): 155– 56; D. Lazer et al., "The Parable of Google Flu: Traps in Big Data Analysis," Science 343 (2014): 1203– 5.

31. "the essence of their job": C. Argyris, "Teaching Smart People How to Learn," Harvard Business Review, May– June 1991.

32. subtitle of Schwartz's paper: B. Schwartz, "Reinforcement-Induced Behavioral Stereotypy: How Not to Teach People to Discover Rules," Journal of Experimental Psychology: General 111, no. 1 (1982):23–59.

33. "Big-C creator": E. Winner, "Child Prodigies and Adult Genius: A Weak Link," in The Wiley Handbook of Genius, ed. D. K. Simonton (Malden, MA: John Wiley & Sons, 2014).

34. Accountants and bridge and poker players: A useful source, in addition to Kahneman and Klein's "adversarial collaboration" paper, and Hogarth's Educating Intuition, is: J. Shanteau, "Competence in Experts: The Role of Task Characteristics," Organizational Behavior and Human Decision Processes 53 (1992): 252– 62.

35. "robust statistical regularities": Kahneman, Thinking, Fast and Slow.

36. research in the game of bridge: P. A. Frensch and R. J. Sternberg, "Expertise and Intelligent Thinking: When Is It Worse to Know Better?" in Advances in the Psychology of Human Intelligence, vol. 5, ed. R. J. Sternberg (New York: PsychologyPress, 1989).

37. experienced accountants; "cognitive entrenchment"; "having one foot outside": E. Dane, "Reconsidering the Trade- Off Between Expertise and Flexibility," Academy of Management Review 35, no. 4 (2010): 579– 603. For a general discussion of

expert flexibility and inflexibility: P. J. Feltovich et al., "Issues of Expert Flexibility in Contexts Characterized by Complexity and Change," in Expertise in Context, ed. P. J. Feltovich et al. (Cambridge, MA: AAAI Press/ MIT Press, 1997); and F. Gobet, Understanding Expertise (Basingstoke: Palgrave Macmillan, 2016).

38. Nobel laureates are at least: R. Root- Bernstein et al., "Arts Foster Scientific Success: Avocations of Nobel, National Academy, Royal Society and Sigma Xi Members," Journal of Psychology of Science and Technology 1, no. 2 (2008): 51– 63; R. Root-Bernstein et al., "Correlations Between Avocations, Scientific Style, Work Habits, and Professional Impact of Scientists," Creativity Research Journal 8, no. 2 (1995): 115– 37.

39. "To him who observes them from afar": S. Ramón y Cajal, Precepts and Counsels on Scientific Investigation (Mountain View, CA: Pacific Press Publishing Association, 1951).

40. those who did not make a creative contribution: A. Rothenberg, A Flight from Wonder: An Investigation of Scientific Creativity (Oxford: Oxford University Press, 2015).

41. "rather than obsessively focus[ing]": D. K. Simonton, "Creativity and Expertise: Creators Are Not Equivalent to Domain-Specific Experts!," in The Science of Expertise, ed. D. Hambrick et al. (New York: Routledge, 2017 [Kindle ebook]).

42. "When we were designing": Steve Jobs's 2005 commencement address at Stanford: https:// news.stanford.edu/ 2005/ 06/ 14/ jobs- 061505.

43. "no one else was familiar": J. Horgan, "Claude Shannon: Tinkerer, Prankster, and Father of Information Theory," IEEE Spectrum 29, no. 4 (1992): 72– 75. For more depth on Shannon, see J. Soni and R. Goodman, A Mind at Play (New York: Simon & Schuster, 2017).

44. "career streams"; "traveled on an eight- lane highway": C. J. Connolly, "Transition Expertise: Cognitive Factors and Developmental Processes That Contribute to Repeated Successful Career Transitions Amongst Elite Athletes, Musicians and Business People" (PhD thesis, Brunel University, 2011)

第2章

1. a thirty- year- old paper: R. D. Tuddenham, "Soldier Intelligence in World Wars I and II," American Psychologist 3, no. 2 (1948): 54– 56.

2. Should Martians alight on Earth: J. R. Flynn, Does Your Family Make You Smarter? (Cambridge: Cambridge University Press, 2016), 85.

3. "cradle to the grave": J. R. Flynn, What Is Intelligence? (Cambridge: Cambridge University Press, 2009).

4. When Flynn published his revelation: J. R. Flynn, "The Mean IQ of Americans: Massive Gains 1932 to 1978," Psychological Bulletin 95, no. 1 (1984): 29– 51; J. R. Flynn, "Massive IQ Gains in 14 Nations," Psychological Bulletin 101, no. 2 (1987): 171–91. For an excellent primer on the Flynn effect and response, see I. J. Deary, Intelligence: A Very Short Introduction (Oxford: Oxford University Press, 2001).

5. tests that gauged material: In addition to interviews with Flynn, his books were helpful— particularly the hundred pages of appendices in Are We Getting Smarter? (Cambridge: Cambridge University Press, 2012).

6. both separate day from night: M. C. Fox and A. L. Mitchum, "A Knowledge-Based Theory of Rising Scores on ' Culture- Free' Tests," Journal of ExperimentalPsychology 142, no. 3 (2013): 979– 1000.

7. When a group of Estonian researchers: O. Must et al., "Predicting the Flynn Effect Through Word Abstractness: Results from the National Intelligence Tests Support Flynn's Explanation," Intelligence 57 (2016): 7– 14. I first saw these results in St. Petersburg, Russia, at the 2016 annual conference of the International Society for Intelligence Research. The ISIR invited me to give the annual Constance Holden Memorial Address. Four attempts at getting a visa later, I arrived. The event was full of vigorous but civil debate, including over the Flynn effect, and was an excellent background resource.

8. "The huge Raven's gains": J. R. Flynn, What Is Intelligence?

9. Even in countries: E. Dutton et al., "The Negative Flynn Effect," Intelligence 59 (2016): 163– 69. And see Flynn's Are We Getting Smarter? on, for example, trends in Sudan.

10. Alexander Luria: Luria's fascinating book is the major source for this section: Cognitive Development: Its Cultural and Social Foundations (Cambridge, MA: Harvard University Press, 1976).

11. He learned the local language: E. D. Homskaya, Alexander Romanovich Luria: A Scientific Biography (New York: Springer, 2001).

12. "eduction": Flynn's Does Your Family Make You Smarter? and chap. 22 of R. J. Sternberg and S. B. Kaufman, eds., The Cambridge Handbook of Intelligence (Cambridge: Cambridge University Press, 2011).

13. forest for the trees: An in-depth description of the "seeing the trees" phenomenon in a different context can be found in sections about "weak central coherence" in U. Frith, Autism: Explaining the Enigma (Malden, MA: Wiley- Blackwell, 2003).

14. The Kpelle people: S. Scribner, "Developmental Aspects of Categorized Recall in a West African Society," Cognitive Psychology 6 (1974): 475– 94. For more on work that extended Luria's findings, see: M. Cole and S. Scribner, Culture and Thought (New York: John Wiley & Sons, 1974).

15. The word "percent": Google Books Ngram Viewer search for "percent." See also: J. B. Michel et al., "Quantitative Analysis of Culture Using Millions of Digitized Books," Science 331 (2011): 176– 82.

16. They do very well on Raven's: Flynn, Does Your Family Make You Smarter?

17. provides peace of mind: S. Arbesman, Overcomplicated (New York: Portfolio, 2017), 158– 60.

18. "cognitively flexible": C. Schooler, "Environmental Complexity and the Flynn Effect," in The Rising Curve, ed. U. Neisser (Washington, DC: American Psychological Association, 1998). And see: A. Inkeles and D. H. Smith, Becoming Modern: Individual Change in Six Developing Countries (Cambridge, MA: Harvard University Press, 1974).

19. "No historian who takes in the sweep of human history": S. Pinker, The Better Angels of our Nature (New York: Penguin, 2011).

20. more slowly for women: Flynn, Are We Getting Smarter?.

21. "the traits that earn good grades": Flynn, How to Improve Your Mind (Malden, MA: Wiley- Blackwell, 2012). Flynn kindly provided me with the test and answer key.

22. econ professors have been shown: R. P. Larrick et al., "Teaching the Use of Cost- Benefit Reasoning in Everyday Life," Psychological Science 1, no. 6 (1990): 362– 70; R. P. Larrick et al., "Who Uses the Cost- Benefit Rules of Choice?," Organizational Behavior and Human Decision Processes 56 (1993): 331– 47. (Hogarth's "what strikes me" quote in the footnote is from his Educating Intuition, p. 222).

23. Chemists, on the other hand: J. F. Voss et al., "Individual Differences in the Solving of Social Science Problems," in Individual Differences in Cognition, vol. 1, ed. R. F. Dillon and R. R. Schmeck (New York: Academic Press, 1983); D. R. Lehman et al., "The Effects of Graduate Training on Reasoning," American Psychologist 43, no. 6 (1988): 431– 43.

24. "is intended as an introduction": "The College Core Curriculum," University of Chicago, https:// college.uchicago.edu/ academics/ college- core- curriculum.

25. registration filled up in the first minute: M. Nijhuis, "How to Call B.S. on Big Data: A Practical Guide," The New Yorker, June 3, 2017, online ed.

26. "Computational thinking is using abstraction": J. M. Wing, "Computational Thinking," Communications of the ACM 49, no. 3 (2006): 33– 35.

27. narrow vocational training: B. Caplan, The Case Against Education (Princeton, NJ: Princeton University Press, 2018), 233– 35.

28. a career unrelated to their major: J. R. Abel and R. Deitz, "Agglomeration and Job Matching among College Graduates." Regional Science and Urban Economics 51 (2015): 14– 24.

29. "No tool is omnicompetent": A. J. Toynbee, A Study of History, vol. 12, Reconsiderations (Oxford: Oxford University Press, 1964), 42.

30. "Everyone is so busy doing research": Center for Evidence- Based Medicine video, "Doug Altman— Scandal of Poor Medical Research," https:// www.youtube.com/ watch? v= ZwDNPldQO1Q.

31. like Fermi- izing, can go a long way: In addition to the Larrick and Lehman studies above, see: D. F. Halpern, "Teaching Critical

Thinking for Transfer Across Domains," American Psychologist 53, no. 4 (1998): 449– 55; W. Chang et al., "Developing Expert Political Judgment," Judgment and Decision Making 11, no. 5 (2016): 509– 26.

32. "how Fermi estimation can cut": "Case Studies: Bullshit in the Wild," Calling Bullshit, https:// callingbullshit.org/ case_ studies. html.

第3章

1. The citations for this chapter will be extensive but necessarily abbreviated. Explanation: The most extensive research on life and music at the ospedali was conducted by Jane L. Baldauf- Berdes. Some of her work can be found in books, like Women Musicians of Venice (Oxford: Oxford University Press, 1996), which she barely completed before she died of cancer. She was still very much in the thick of her work. In the course of reporting, I learned that she left her research files to the David M. Rubenstein Rare Book and Manuscript Library at Duke University. Thanks to the library and its staff, I had access to forty-eight boxes full of Baldauf- Berdes's research material, from translations of original documents and photographs of antique instruments, to rosters of musicians and correspondence with other historians. Her passion for the topic bursts from those boxes. A few details in this chapter that come from her research are, I believe, published here for the first time. I only hope she would be glad that some curious writer came along and made a little use of it. I would like to dedicate this chapter to Jane L. Baldauf-Berdes.

2. exploding from its traditional bounds: J. Kerman and G. Tomlinson, Listen (Brief Fourth Edition). (Boston: Bedford/ St. Martin's, 2000), chaps. 7 and 9. (Vivaldi as "undisputed champion" is from p. 117.)

3. full weight of entertainment: This is from pp. 118– 38 of the modern publication of a contemporaneous account that provided an important source throughout the chapter on eighteenth- century music in Europe: P. A. Scholes, ed., Dr. Burney's Musical Tours in Europe, vol. 1, An Eighteenth- Century Musical Tour in France and Italy (Oxford: Oxford University Press, 1959).

4. dominated for a century: E. Selfridge- Field, "Music at the Pietà Before Vivaldi," Early Music 14, no. 3 (1986): 373– 86; R.

Thackray, "Music Education in Eighteenth Century Italy," reprint from Studies in Music 9 (1975): 1– 7.

5. "Only in Venice": E. Arnold and J. Baldauf- Berdes, Maddalena Lombardini Sirmen (Lanham, MD: Scarecrow Press, 2002).

6. reserved for men: J. Spitzer and N. Zaslaw, The Birth of the Orchestra (Oxford: Oxford University Press, 2004), 175. Also: Scholes, ed., Burney's Musical Tours in Europe, vol. 1, 137.

7. "They sing like angels": A. Pugh, Women in Music (Cambridge: Cambridge University Press, 1991).

8. "The sight of girls": Hester L. Piozzi, Autobiography, Letters and Literary Remains of Mrs. Piozzi (Thrale) (Tredition Classics, 2012 [Kindle ebook]).

9. "feminine instruments"; "first of her sex": Arnold and Baldauf- Berdes, Maddalena Lombardini Sirmen.

10. "angelic Sirens": Coli's writing appeared in 1687 in Pallade Veneta, a (largely forgotten) periodical that carried commentary in letter form. The best source on the periodical is: E. Selfridge- Field, Pallade Veneta: Writings on Music in Venetian Society, 1650– 1750 (Venice: Fondazione Levi, 1985).

11. "the premier violinist in Europe"; "unsurpassed": J. L. Baldauf- Berdes, "Anna Maria della Pietà: The Woman Musician of Venice Personified," in Cecilia Reclaimed, ed. S. C. Cook and J. S. Tsou (Urbana: University of Illinois Press, 1994).

12. An expense report: This is from another remarkable source, a book of scanned original documents compiled by Micky White, a British former sports photographer and Vivaldi enthusiast who moved to Venice and made it her mission to pore over the Pietà's immense archives: M. White, Antonio Vivaldi: A Life in Documents (with CD-ROM) (Florence: Olschki, 2013), 87.

13. ordered by the Senate: Baldauf- Berdes, "Anna Maria della Pietà."

14. "I had brought with me": Rousseau was a musical autodidact. His quotes come from his famous autobiographical work, The Confessions.

15. "Missing are the fingers": The anonymous poem (c. 1740) was translated by Baldauf- Berdes and M. Civera from R. Giazotto, Vivaldi (Turin: ERI, 1973).

16. "My request was granted": Lady Anna Riggs Miller, Letters from Italy Describing the Manners, Customs, Antiquities,

Paintings, etc. of that Country in the Years MDCCLXX and MDCCLXXI, vol. 2 (Printed for E. and C. Dilly, 1777), 360– 61.

17. some trinket left: D. E. Kaley, "The Church of the Pietà" (Venice: International Fund for Monuments, 1980).

18. An eighteenth- century roster: From one of the many lists of musicians and instruments that Baldauf- Berdes compiled from archival research. This particular one is in Box 1 of 48 in the Baldauf- Berdes collection at Duke's Rubinstein Library.

19. "penitential mood": Baldauf- Berdes, Women Musicians of Venice (Oxford: Oxford University Press, 1996).

20. "It was really curious": Scholes, ed., Burney's Musical Tours in Europe, vol. 1.

21. "acquiring skills not expected of my sex": Arnold and Baldauf- Berdes, Maddalena Lombardini Sirmen.

22. Pelegrina della Pietà: One of the many orphans listed on a Pietà roster, she is also expertly discussed by Micky White in a BBC Four film called Vivaldi's Women.

23. "all styles": R. Rolland, A Musical Tour Through the Land of the Past (New York: Henry Holt, 1922).

24. "Vivaldi had at his disposal": M. Pincherle, "Vivaldi and the'Ospitali' of Venice," Musical Quarterly 24, no. 3 (1938): 300–312.

25. "might never have been composed at all": D. Arnold. "Venetian Motets and Their Singers," Musical Times 119 (1978): 319–21. (The specific piece discussed is Exsultate, jubilate, but the author uses it as representative of Mozart's sacred music.)

26. Napoleon's troops: Arnold and Baldauf- Berdes, Maddalena Lombardini Sirmen.

27. went entirely unidentified: In a research proposal written for the Gladys Krieble Delmas Foundation in 1989, Baldauf- Berdes chronicled this and other instances of the figlie being forgotten. The series she intended to publish, unfortunately, was one of those she was never able to complete.

28. left the world having been: Baldauf- Berdes, "Anna Maria della Pietà."

29. "able indigents": G. J. Buelow, ed., The Late Baroque Era (Basingstoke: Macmillan,1993).

30. "how to choose": R. Lane, "How to Choose a Musical Instrument for My Child," Upperbeachesmusic.com, January 5, 2017.

31. he didn't really like the first two instruments: M. Steinberg, "Yo-Yo Ma on Intonation, Practice, and the Role of Music in Our

Lives," Strings, September 17, 2015, online ed.

32. A study of music students: J. A. Sloboda et al., "The Role of Practice in the Development of Performing Musicians," British Journal of Psychology 87 (1996): 287– 309. See also: G. E. McPherson et al., "Playing an Instrument," in The Child as Musician, ed. G. E. McPherson (Oxford: Oxford University Press, 2006) ("[I]t was discovered some of the most successful young learners were those who had been through a range of musical instruments"); and J. A. Sloboda and M. J. A. Howe, "Biographical Precursors of Musical Excellence," Psychology of Music 19 (1991): 3– 21 ("The exceptional children practiced much less than the average children on their first chosen instrument but much more than the average children on their third instrument").

33. "a mismatch between the instruments": S. A. O'Neill, "Developing a Young Musician's Growth Mindset," in Music and the Mind, ed. I. Deliège and J. W. Davidson (Oxford: Oxford University Press, 2011).

34. "It seems very clear": Sloboda and Howe, "Biographical Precursors of Musical Excellence."

35. A study that followed up: A. Ivaldi, "Routes to Adolescent Musical Expertise," in Music and the Mind, ed. Deliège and Davidson.

36. "Despite the ever- increasing number": P. Gorner, "Cecchini's Guitar Truly Classical," Chicago Tribune, July 13, 1968. (Studs Terkel interviewed Cecchini the day before the performance. That fantastic conversation about music can be found here: http://jackcecchini.com/Interviews.html).

37. "There was no connection": T. Teachout, Duke: A Life of Duke Ellington (New York: Gotham Books, 2013).

38. America's preeminent composer: Kerman and Tomlinson, Listen, 394.

39. "John played anything": L. Flanagan, Moonlight in Vermont: The Official Biography of Johnny Smith (Anaheim Hills, CA: Centerstream, 2015).

40. "I got a wonderful piano teacher": F. M. Hall, It's About Time: The Dave Brubeck Story. (Fayetteville: University of Arkansas Press, 1996).

41. "with a drawn knife"; "I wonder if": M. Dregni, Django: The Life and Music of a Gypsy Legend (Oxford: Oxford University

Press, 2004 [Kindle ebook]). Two other sources provided particularly important details about Django's life: C. Delaunay, Django Reinhardt (New York: DaCapo, 1961) (on the back cover, James Lincoln Collier, author of The Making of Jazz, identifies Django as "without question, the single most important guitarist"); and a special Django issue of Guitar Player magazine (November 1976) devoted to legendary musicians recounting their time with him.

42. creativity erupted: The 5-CD set "Django Reinhardt— Musette to Maestro 1928– 1937: The Early Work of a Guitar Genius" (JSP Records, 2010) includes recordings of a young Reinhardt both before and after his injury.

43. Jimi Hendrix, who kept an album of Django's: Jacob McMurray, senior curator at Seattle's Museum of Pop Culture, kindly confirmed this with the museum's permanent collection.

44. sepia- toned YouTube clip: "Django Reinhardt Clip Performing Live (1945)," YouTube, www.youtube.com/ watch? v= aZ308aOOX04. (The date on the You-Tube video is incorrect. The clip is from the 1938 short film "Jazz 'Hot.' ")

45. "one of osmosis" (and other Berliner quotes): P. F. Berliner, Thinking in Jazz (Chicago: University of Chicago Press, 1994).

46. "as if the brain turned off": C. Kalb, "Who Is a Genius?," National Geographic, May 2017.

47. "Well, I can't read either": Guitar Player, November 1976.

48. "a concept that went against conservatory training": Dregni, Django.

49. "I can't improvise at all": A. Midgette, "Concerto on the Fly: Can Classical Musicians Learn to Improvise," Washington Post, June 15, 2012, online ed.

50. "My complete self- taught technique" and detail about hitting siblings with violins: S. Suzuki, Nurtured by Love, trans. W. Suzuki (Alfred Music, 1993 [Kindle ebook]).

51. household rules: J. S. Dacey, "Discriminating Characteristics of the Families of Highly Creative Adolescents," Journal of Creative Behavior 23, no. 4 (1989): 263– 71. (Grant referenced the study in: "How to Raise a Creative Child. Step One: Back Off," New York Times, Jan. 30, 2016.)

第4章

1. "Okay? You're going to an Eagles game": The classroom scene is from video, transcript, and analysis from the Trends in International Mathematics and Science Study (TIMSS). The particular video is "M-US2 Writing Variable Expressions."

2. "three dollars for a hot dog": The teacher briefly misspoke and said "two." It is corrected for clarity.

3. "using procedures"; "making connections": J. Hiebert et al., "Teaching Mathematics in Seven Countries," National Center for Education Statistics, 2003, chap. 5.

4. bansho: E.R.A. Kuehnert et al. "Bansho: Visually Sequencing Mathematical Ideas," Teaching Children Mathematics 24, no. 6 (2018): 362–69.

5. "Students do not view mathematics as a system": L. E. Richland et al., "Teaching the Conceptual Structure of Mathematics," Educational Psychology 47, no. 3 (2012): 189–203.

6. tested sixth graders in the South Bronx: N. Kornell and J. Metcalfe, "The Effects of Memory Retrieval, Errors and Feedback on Learning," in Applying Science of Learning in Education, V.A. Benassi et al., ed. (Society for the Teaching of Psychology, 2014); J. Metcalfe and N. Kornell, "Principles of Cognitive Science in Education," Psychonomic Bulletin and Review 14, no. 2 (2007): 225–29.

7. "hypercorrection effect": T. S. Eich et al., "The Hypercorrection Effect in Younger and Older Adults," Neuropsychology, Development and Cognition. Section B, Aging, Neuropsychology and Cognition 20, no. 5 (2013): 511–21; J. Metcalfe et al., "Neural Correlates of People's Hypercorrection of Their False Beliefs," Journal of Cognitive Neuroscience 24, no. 7 (2012): 1571–83.

8. Oberon and Macduff: N. Kornell and H. S. Terrace, "The Generation Effect in Monkeys," Psychological Science 18, no. 8 (2007): 682–85.

9. "Like life": N. Kornell et al., "Retrieval Attempts Enhance Learning, but Retrieval Success (Versus Failure) Does Not Matter," Journal of Experimental Psychology: Learning, Memory, and Cognition 41, no. 1 (2015): 283–94.

10. Spanish vocabulary learners: H. P. Bahrick and E. Phelps, “Retention of Spanish Vocabulary over 8 Years,” Journal of Experimental Psychology: Learning, Memory, and Cognition 13, no. 2 (1987): 344– 49.

11. Iowa State researchers read: L. L. Jacoby and W. H. Bartz, “Rehearsal and Transfer to LTM,” Journal of Verbal Learning and Verbal Behavior 11 (1972): 561– 65.

12. “produce misleadingly high levels”: N. J. Cepeda et al., “Spacing Effects in Learning,” Psychological Science 19, no. 11 (2008): 1095– 1102.

13. In 2007, the U.S. Department of Education: H. Pashler et al., “Organizing Instruction and Study to Improve Student Learning,” National Center for Education Research, 2007.

14. an extraordinarily unique study: S. E. Carrell and J. E. West, “Does Professor Quality Matter?,” Journal of Political Economy 118, no. 3 (2010): 409– 32.

15. A similar study was conducted at Italy’s Bocconi University: M. Braga et al., “Evaluating Students’ Evaluations of Professors,” Economics of Education Review 41 (2014): 71– 88.

16. “desirable difficulties”: R. A. Bjork, “Institutional Impediments to Effective Training,” in Learning, Remembering, Believing: Enhancing Human Performance, ed. D. Druckman and R. A. Bjork (Washington, DC: National Academies Press,1994), 295–306.

17. “Above all, the most basic message”: C. M. Clark and R. A. Bjork, “When and Why Introducing Difficulties and Errors Can Enhance Instruction,” in Applying the Science of Learning in Education, ed. V. A. Benassi et al. (Society for the Teaching of Psychology, 2014 [ebook]).

18. said in national surveys: C. Rampell, “Actually, Public Education is Getting Better, Not Worse,” Washington Post, September 18, 2014.

19. School has not gotten worse; “jobs that pay well”: G. Duncan and R. J. Murnane, Restoring Opportunity (Cambridge, MA: Harvard Education Press, 2014 [Kindle ebook]).

20. In a study using college math problems: D. Rohrer and K. Taylor, "The Shuffling of Mathematics Problems Improves Learning," Instructional Science 35 (2007): 481– 98.

21. butterfly species identification to psychological- disorder diagnosis: M. S. Birnbaum et al., "Why Interleaving Enhances Inductive Learning," Memory and Cognition 41 (2013): 392– 402.

22. naval air defense simulations: C. L. Holladay and M.A. Quiñones, "Practice Variability and Transfer of Training," Journal of Applied Psychology 88, no. 6 (2003): 1094– 1103.

23. In one of Kornell and Bjork's interleaving studies, 80 percent of students: N. Kornell and R. A. Bjork, "Learning Concepts and Categories: Is Spacing the'Enemy of Induction'?," Psychological Science 19, no. 6 (2008): 585– 92.

24. a particular left- hand jump across fifteen keys: M. Bangert et al., "When Less of the Same Is More: Benefits of Variability of Practice in Pianists," Proceedings of the International Symposium on Performance Science (2013): 117– 22.

25. O'Neal should practice from a foot in front: Bjork makes this suggestion in Daniel Coyle's The Talent Code (New York: Bantam, 2009).

26. hallmark of expert problem solving: See, for example: M.T.H. Chi et al., "Categorization and Representation of Physics Problems by Experts and Novices," Cognitive Science 5, no. 2 (1981): 121– 52; and J. F. Voss et al., "Individual Differences in the Solving of Social Science Problems," in Individual Differences in Cognition, vol. 1, ed. R. F. Dillon and R. R. Schmeck (New York: Academic Press, 1983).

27. reviewed sixty- seven early childhood education programs: D. Bailey et al., "Persistence and Fadeout in Impacts of Child and Adolescent Interventions," Journal of Research on Educational Effectiveness 10, no. 1 (2017): 7– 39.

28. The motor- skill equivalent: S. G. Paris, "Reinterpreting the Development of Reading Skills," Reading Research Quarterly 40, no. 2 (2005): 184–202.

第5章

1. Giordano Bruno: A. A. Martinez, “Giordano Bruno and the Heresy of Many Worlds,” Annals of Science 73, no. 4 (2016): 345–74.

2. Johannes Kepler inherited: Sources that give excellent background on the worldviews that Kepler inherited, and his transformative analogies, are: D. Gentner et al., “Analogical Reasoning and Conceptual Change: A Case Study of Johannes Kepler,” Journal of the Learning Sciences 6, no. 1 (1997): 3– 40; D. Gentner, “Analogy in Scientific Discovery: The Case of Johannes Kepler,” in Model- Based Reasoning: Science, Technology, Values, ed. L. Magnani and N. J. Nersessian (New York: Kluwer Academic/ Plenum Publishers, 2002), 21– 39; D. Gentner et al., “Analogy and Creativity in the Works of Johannes Kepler,” in Creative Thought: An Investigation of Conceptual Structures and Processes, ed. T. B. Ward et al. (Washington, DC: American Psychological Association, 1997).

3. maybe the planets were like magnets: D. Gentner and A. B. Markman, “Structure Mapping in Analogy and Similarity,” American Psychologist 52, no. 1 (1997): Also, Kepler read a new publication on magnetism: A. Caswell, “Lectures on Astronomy,” Smithsonian Lectures on Astronomy, 1858 (British Museum collection).

4. “the moon’s dominion over the waters”: J. Gleick, Isaac Newton (New York: Vintage, 2007).

5. no concept of gravity as a force; “Ye physicists” : A. Koestler, The Sleepwalkers: A History of Man’s Changing Vision of the Universe (New York: Penguin Classics, 2017).

6. “I especially love analogies”: B. Vickers, “Analogy Versus Identity,” in: Occult and Scientific Mentalities in the Renaissance, ed. B. Vickers (Cambridge: Cambridge University Press, 1984).

7. “action at a distance”: Gentner et al., “Analogy and Creativity in the Works of Johannes Kepler.”; E. McMullin, “The Origins of the Field Concept in Physics,” Physics in Perspective 4, no. 1 (2002): 13– 39.

8. Suppose you are a doctor: M. L. Gick and K. J. Holyoak, “Analogical Problem Solving,” Cognitive Psychology 12 (1980): 306–55.

9. There once was a general; small- town fire chief; "might well have supposed"; " ill- defined" problems: M. L. Gick and K. J. Holyoak, "Schema Induction and Analogical Transfer," Cognitive Psychology 15 (1983): 1– 38.

10. An experiment on Stanford international relations students; college football coaches: T. Gilovich, "Seeing the Past in the Present: The Effect of Associations to Familiar Events on Judgments and Decisions," Journal of Personality and Social Psychology 40, no. 5 (1981): 797– 808. Kahneman had a personal experience: Kahneman's story is in his Thinking, Fast and Slow (New York: Farrar, Straus & Giroux, 2011). With background on the inside and outside views, it is also in D. Kahneman and D. Lovallo, "Timid Choices and Bold Forecasts," Management Science 39, no. 1 (1993): 17– 31.

11. investors from large private equity firms: D. Lovallo, C. Clarke, and C. Camerer, "Robust Analogizing and the Outside View," Strategic Management Journal 33,no. 5 (2012): 496– 512.

12. qualities of the specific horse: M. J. Mauboussin, Think Twice: Harnessing the Power of Counterintuition (Boston: Harvard Business Review Press, 2009).

13. the more internal details: L. Van Boven and N. Epley, "The Unpacking Effect in Evaluative Judgments: When the Whole Is Less Than the Sum of Its Parts," Journal of Experimental Social Psychology 39 (2003): 263– 69.

14. "natural causes": A. Tversky and D. J. Koehler, "Support Theory," Psychological Review 101, no. 4 (1994): 547– 67.

15. 90 percent of major infrastructure projects: B. Flyvbjerg et al., "What Causes Cost Overrun in Transport Infrastructure Projects?" Transport Reviews 24, no.1 (2004): 3– 18.

16. a massive underestimate: B. Flyvbjerg, "Curbing Optimism Bias and Strategic Misrepresentation in Planning," European Planning Studies 16, no. 1 (2008): 3– 21. The ￡1 billion price tag: S. Brocklehurst, "Going off the Rails," BBC Scotland, May 30, 2014, online ed.

17. the movie business: Lovallo, Clarke, and Camerer, "Robust Analogizing and the Outside View."

18. Netflix came to a similar conclusion: T. Vanderbilt, "The Science Behind the Netflix Algorithms That Decide What You'll Watch Next," Wired.com, August 7, 2013; and C. Burger, "Personalized Recommendations at Netflix," Tastehit .com, February 23,

2016.

19. Lovallo and Dubin gave some students: F. Dubin and D. Lovallo, “The Use and Misuse of Analogies in Business,” Working Paper (Sydney: University of Sydney, 2008).

20. In 2001, the Boston Consulting Group: A short discussion about the impetus for BCG’s exhibits is: D. Gray, “A Gallery of Metaphors,” Harvard Business Review, September 2003.

21. Gentner and colleagues gave the Ambiguous Sorting Task: B. M. Rottman et al., “Causal Systems Categories: Differences in Novice and Expert Categorization of Causal Phenomena,” Cognitive Science 36 (2012): 919– 32.

22. In one of the most cited studies: M. T. H. Chi et al., “Categorization and Representation of Physics Problems by Experts and Novices,” Cognitive Science 5, no.2 (1981): 121– 52.

23. “What matters to me”: Koestler, The Sleepwalkers.

24. 1 percent of the national budget: N. Morvillo, Science and Religion: Understanding the Issues (Malden, MA: Wiley- Blackwell, 2010).

25. “If I had believed we could ignore these eight minutes”: Koestler, The Sleepwalkers.

26. When Dunbar started: An excellent background source on Dunbar’s work is: K. Dunbar, “What Scientific Thinking Reveals About the Nature of Cognition,” in Designing for Science, ed. K. Crowley et al. (Mahwah, NJ: Lawrence Erlbaum Associates, 2001).

27. “When all the members”: K. Dunbar, “How Scientists Really Reason,” in The Nature of Insight, ed. R. J. Sternberg and J. E. Davidson (Cambridge, MA: MIT Press, 1995), 365– 95.

第6章

1. The boy’s mother appreciated: Details of Van Gogh’s life come from several main sources, including translated letters written by and to Van Gogh. More than nine hundred letters (that is, every surviving one) are available at the incredible Vincent van

Gogh: The Letters website (vangoghletters.org), courtesy of the Van Gogh Museum and the Huygens Institute for the History of the Netherlands. Without another incredible source, I would not have known which letters to read: Steven Naifeh and Gregory White Smith, Van Gogh: The Life (New York: Random House, 2011). Naifeh and Smith took the extraordinary step of creating a searchable database of sources at vangoghbiography.com/ notes.php. It was extremely helpful. Two other written sources that were helpful: N. Denekamp et al., The Vincent van Gogh Atlas (New Haven, CT: Yale University Press and the Van Gogh Museum, 2016); and J. Hulsker, The Complete Van Gogh (New York: Harrison House/ H. N. Abrams, 1984). Finally, two exhibitions: "Van Gogh's Bedrooms" at the Art Institute of Chicago (2016), and the impressionism and post- impressionism collections at the Hermitage Museum in St. Petersburg, Russia.

2. "None of it registered": Naifeh and Smith, Van Gogh: The Life.

3. "absolutely nothing of them": Van Gogh letter to brother Theo, June 1884.

4. "own desires"; "happier and calmer"; "push on": Naifeh and Smith, Van Gogh: The Life.

5. "must sit up": Van Gogh letter to brother Theo, September 1877.

6. "up in Hell": Émile Zola, Germinal, trans. R. N. MacKenzie (Indianapolis: Hackett Publishing, 2011).

7. "the bars of his cage": Van Gogh letter to brother Theo, June 1880.

8. "I'm writing to you while drawing": Van Gogh letter to brother Theo, August 1880.

9. Guide to the ABCs of Drawing: Naifeh and Smith, Van Gogh: The Life.

10. "you are no artist"; "you started too late": Van Gogh letter to brother Theo, March 1882 (trans. Johanna van Gogh-Bonger).

11. "[He] made an astonishing discovery": Naifeh and Smith, Van Gogh: The Life.

12. "Painting has proved less difficult": Van Gogh letter to brother Theo, August 1882. The painting that Van Gogh made that day is Beach at Scheveningen in Stormy Weather. The painting was stolen from the Van Gogh Museum in 2002, but recovered more than a decade later.

13. An ecstatic review: The review, by G.- Albert Aurier, was titled "Les isolés: incent van Gogh."

14. life expectancy in the Netherlands: The exact figure is 39.84 and comes from the online publication Our World in Data (ourworldindata.org).

15. Gauguin . . . at the age of thirty-five: The Great Masters (London: Quantum Publishing, 2003).

16. “failed on an epic scale”: J. K. Rowling, text of speech, “The Fringe Benefits of Failure, and the Importance of Imagination,” Harvard Gazette, June 5, 2008, online ed.

17. Nobel laureate economist Theodore Schultz: T. W. Schultz, “Resources for Higher Education,” Journal of Political Economy 76, no. 3 (1968): 327– 47.

18. found a natural experiment: O. Malamud, “Discovering One’s Talent: Learning from Academic Specialization,” Industrial and Labor Relations 64, no. 2 (2011): 375– 405.

19. Scots quickly caught up: O. Malamud, “Breadth Versus Depth: The Timing of Specialization in Higher Education,” Labour 24, no. 4 (2010): 359– 90.

20. more mistakes: D. Lederman, “When to Specialize?,” Inside Higher Ed, November 25, 2009.

21. “The benefits to increased match quality”: Malamud, “Discovering One’s Talent.”

22. Steven Levitt . . . leveraged his readership: S. D. Levitt, “Heads or Tails: The Impact of a Coin Toss on Major Life Decisions and Subsequent Happiness,” NBER Working Paper No. 22487 (2016).

23. “the willingness to jettison”: Levitt, in the September 30, 2011, Freakonomics Radio program, “The Upside of Quitting.”

24. “Teachers tend to leave schools”: C. K. Jackson, “Match Quality, Worker Productivity, and Worker Mobility: Direct Evidence from Teachers,” Review of Economics and Statistics 95, no. 4 (2013): 1096– 1116.

25. Psychologist Angela Duckworth conducted the most famous study: A. L. Duckworth et al., “Grit: Perseverance and Passion for Long- Term Goals,” Journal of Personality and Social Psychology 92, no. 6 (2007): 1087– 1101. (The entire incoming class comprised 1,223 freshman cadets, so Duckworth surveyed nearly every one.) Table 3 gives a nice summary of the amount of variance accounted for by grit in results from West Point, the Scripps National Spelling Bee, Ivy League students’ grades, and adult educational attainment. Additionally, Duckworth made her work very accessible in her book, Grit: The Power of Passion and Perseverance (New York: Scribner, 2016).

26. Duckworth learned that: An incisive piece on grit and the Whole Candidate Score is: D. Engber, "Is 'Grit' Really the Key to Success?," Slate, May 8, 2016.

27. "I worry I've contributed": A. Duckworth, "Don't Grade Schools on Grit," New York Times, March 26, 2016.

28. "necessarily limited": Duckworth et al., "Grit: Perseverance and Passion for Long- Term Goals." 32 of 1,308: M. Randall, "New Cadets March Back from 'Beast Barracks' at West Point," Times Herald- Record, August 8, 2016.

29. "young and foolish": R. A. Miller, "Job Matching and Occupational Choice," Journal of Political Economy 92, no. 6 (1984): 1086– 1120.

30. "tasks we don't have the guts to quit": S. Godin, The Dip: A Little Book That Teaches You When to Quit (and When to Stick) (New York: Portfolio, 2007 [Kindle ebook]).

31. twenty- year mark: G. Cheadle (Brig. Gen. USAF [Ret.]), "Retention of USMA Graduates on Active Duty," white paper for the USMA Association of Graduates, 2004.

32. A 2010 monograph; "institution that taught its cadets": This monograph is one in a six- part series about officer development and retention: C. Wardynski et al., "Towards a U.S. Army Officer Corps Strategy for Success: Retaining Talent," Strategic Studies Institute, 2010.

33. Ash Carter visited West Point: A. Tilghman, "At West Point, Millennial Cadets Say Rigid Military Career Tracks Are Outdated," Military Times, March 26, 2016.

34. talent- based branching: D. Vergun, "Army Helping Cadets Match Talent to Branch Selection," Army News Service, March 21, 2017.

35. American adults at large: You can compare your grit score to other adults at https:// angeladuckworth.com/ grit- scale/.

36. "Olympic athletes need to understand": S. Cohen, "Sasha Cohen: An Olympian's Guide to Retiring at 25," New York Times,

February 24, 2018.

37. A recent international Gallup survey: Gallup's State of the Global Workplace report, 2017.

第7章

1. Frances Hesselbein grew up: Information about Hesselbein's life comes from multiple interviews with her, as well as her books, and corroboration from others who know her. Her book, My Life in Leadership (San Francisco: Jossey-Bass, 2011), was a particularly useful source and contains the "a doctor, a lawyer, an aviatrix" quote.
2. "any company in America": E. Edersheim, "The Woman Drucker Said Was the Best CEO in America," Management Matters Network, April 27, 2017.
3. "I would pick Frances": J. A. Byrne, "Profiting from the Nonprofits," Business Week, March 26, 1990.
4. Presidential Medal of Freedom: When President Bill Clinton presented the medal to Hesselbein, he made a humorous point of asking her to come "forward" to receive the award, as she did not like the use of hierarchical words like "up" and "down."
5. Phil Knight: Good Morning America, April 26, 2016.
6. "wasn't much for setting goals": Phil Knight, Shoe Dog (New York: Scribner, 2016).
7. "Nor did I ever attend again": These and other details of Darwin's life can be found in The Autobiography of Charles Darwin. free version with annotation can be found at Darwin-online.org.uk.
8. recommended him for an unpaid position: There is a wealth of information, like the invitation from professor J. S. Henslow (in a letter on August 24, 1831), publicly available at the University of Cambridge's Darwin Correspondence Project (www.darwinproject.ac.uk).
9. "died a natural death"; "It seems ludicrous"; "If his father had given him any choice": The Autobiography of Charles Darwin.
10. "I would never have to wonder": Bio at www.michaelcrichton.com.
11. "end of history illusion": J. Quoidbach, D. T. Gilbert, and T. D. Wilson, "The End of History Illusion," Science 339, no. 6115

(2013): 96–98.

12. the results of ninety-two studies: B.W. Roberts et al., "Patterns of Mean-Level Change in Personality Traits Across the Life Course," Psychological Bulletin 132, no. 1 (2006): 1-25. See also: B. W. Roberts and D. Mroczek, "Personality Trait Change in Adulthood," Current Directions in Psychological Science 17, no. 1 (2009): 31–35. For a nice (and free) review of personality research intended for a broad audience, see M. B. Donnellan, "Personality Stability and Change," in Noba Textbook Series: Psychology, ed. R. Biswas-Diener and E. Diener (Champaign, IL: DEF Publishers, 2018), nobaproject.com.

13. Psychologist Walter Mischel and his research team: W. Mischel, The Marshmallow Test (New York: Little, Brown, 2014 [Kindle ebook]).

14. Shoda has repeatedly made a point: Shoda used the occasion of winning a research award to make the point again. A June 2, 2015, press release from the University of Washington announcing the award noted, "While pleased by the honor, Shoda expressed concern about media coverage of the study over the years, and the incorrect notion that parents could predict their children's fate by doing the study themselves." He added that "the relationships we are finding are far from perfect. And there is a lot of room for change."

15. "if-then signatures"; "The gist of such findings": Y. Shoda et al., eds., Persons in Context: Building a Science of the Individual (New York: Guilford Press, 2007 [Kindle ebook]).

16. "If you are conscientious": T. Rose, The End of Average: How We Succeed in a World That Values Sameness (New York: HarperOne, 2016 [Kindle ebook]).

17. a replication of the marshmallow test: T. W. Watts et al., "Revisiting the Marshmallow Test," Psychological Science 29, no. 7 (2018): 1159– 77.

18. Ibarra began; "We discover the possibilities": H. Ibarra, Working Identity (Boston: Harvard Business Review Press, 2003).

19. "painless path to a new career": P. Capell, "Taking the Painless Path to a New Career," Wall Street Journal Europe, January 2, 2002.

20. Paul Graham . . . high school graduation speech: "What You'll Wish You'd Known," www.paulgraham.com/ hs.html.

21. William Wallace showed: W. Wallace, "Michelangelo: Separating Theory and Practice," in Imitation, Representation and Printing in the Italian Renaissance, ed. R. Eriksen and M. Malmanger (Pisa and Rome: Fabrizio Serra Editore, 2009).

22. grew to dislike painting; half . . . left unfinished: The Complete Poems of Michelangelo, trans. J. F. Nims (Chicago: University of Chicago Press, 1998): poem 5 (painting); p. 8 (half unfinished).

23. "I couldn't play the instruments": "Haruki Murakami, The Art of Fiction No. 182." The Paris Review, 170 (2004).

24. "ringing double": H. Murakami, "The Moment I Became a Novelist," Literary Hub, June 25, 2015.

25. "led to a revelation": Bio at patrickrothfuss.com.

26. "I was just not interested in thinking about it": Interview with Maryam Mirzakhani, Guardian, August 12, 2014, republished with permission of the Clay Mathematics Institute.

27. "It is like being lost in a jungle": A. Myers and B. Carey, "Maryam Mirzakhani, Stanford Mathematician and Fields Medal Winner, Dies," Stanford News, July 15, 2007.

28. "My passion for the sport": "A new beginning," Chrissiewellington.org, March 12, 2012.

29. "A warm feelin' come over my body": H. Finster, as told to T. Patterson, Howard Finster: Stranger from Another World (New York: Abbeville Press, 1989).

第8章

1. more than one- third: K. R. Lakhani, "InnoCentive.com (A)," HBS No. 9- 608- 170, Harvard Business School Publishing, 2009. See also: S. Page, The Difference (Princeton, NJ: Princeton University Press, 2008).

2. "more savage": T. Standage, An Edible History of Humanity (New York: Bloomsbury, 2009).

3. offered a reward: "Selected Innovation Prizes and Rewards Programs," Knowledge Ecology International, KEI Research Note, 2008: 1. 174 a whole sheep: J. H. Collins, The Story of Canned Foods (New York: E. P. Dutton, 1924).

4. fed the English troops at Waterloo: Standage, An Edible History of Humanity.

5. "I think it helped me": Cragin's presentation at Collaborative Innovation: Public Sector Prizes, June 12, 2012, Washington, D.C., The Case Foundation and The Joyce Foundation.

6. "three evenings": J. Travis, "Science by the Masses," Science 319, no. 5871 (2008): 1750– 52.

7. "the further the problem was": C. Dean, "If You Have a Problem, Ask Everyone," New York Times, July 22, 2008. See also: L. Moise interview with K. Lakhani, "5 Questions with Dr. Karim Lakhani," InnoCentive Innovation Blog, Jul 25, 2008.

8. "exploration [of new solutions]": K. R. Lakhani et al., " Open Innovation and Organizational Boundaries," in A. Grandori, ed., Handbook of Economic Organization (Cheltenham: Edward Elgar, 2013).

9. "our research shows": S. Joni, "Stop Relying on Experts for Innovation: A Conversation with Karim Lakhani," Forbes, October 23, 2013, online ed.

10. "need more creative solutions": Kaggle Team, "Profiling Top Kagglers: Bestfitting, Currently #1 in the World," No Free Hunch (official Kaggle blog), May 7, 2018.

11. "Swanson is the first physical scientist": Copy of University of Chicago Office of Public Relations memo (No. 62-583) for December 17, 1962.

12. "The disparity between the total quantity": D. R. Swanson, "On the Fragmentation of Knowledge, the Connection Explosion, and Assembling Other People's Ideas," Bulletin of the American Society for Information Science and Technology 27, no. 3 (2005): 12– 14.

13. In 1960, the U.S. National Library of Medicine: K. J. Boudreau et al., "Looking Across and Looking Beyond the Knowledge Frontier," Management Science 62, no. 10 (2016): 2765–83.

14. "eleven neglected connections": D. R. Swanson, "Migraine and Magnesium: Eleven Neglected Connections," Perspectives in Biology and Medicine 31, no. 4 (1988): 526– 57.

15. " 'home field' ": L. Moise interview with K. Lakhani, "5 Questions with Dr. Karim Lakhani."

16. She came upon a paper: the paper was F. Deymeer et al., " Emery- Dreifuss Muscular Dystrophy with Unusual Features," Muscle and Nerve 16 (1993): 1359– 65.

17. In 1999, she got an email from Italy: The Italian research team soon published their results (and thanked Jill): G. Bonne et al., "Mutations in the Gene Encoding Lamin A/ C Cause Autosomal Dominant Emery- Dreifuss Muscular Dystrophy," Nature Genetics 21, no. 3 (1999): 285– 88.

第 9 章

1. During two centuries of closed- borders isolation: Several sources on the history of Nintendo were of particular importance: F. Gorges with I. Yamazaki, The History of Nintendo, vol. 1, 1889– 1980 (Triel- sur- Seine: Pix'N Love, 2010). F. Gorges with I. Yamazaki, The History of Nintendo, vol. 2, 1980– 1991 (Trielsur- Seine: Pix'N Love, 2012); E. Voskuil, Before Mario: The Fantastic Toys from the Video Game Giant's Early Days (Châtillon: Omaké Books, 2014); J. Parish, Game Boy World 1989 (Norfolk, VA: CreateSpace, 2016); D. Sheff, Game Over: How Nintendo Conquered the World (New York: Vintage, 2011).

2. "I didn't want to leave Kyoto": For source note on Yokoi's quotes, see footnote on p. 192. 193 "snow melts in sunlight": Gorges with Yamazaki, The History of Nintendo, vol. 2, 1980– 1991.

3. "lateral thinking": E. de Bono, Lateral Thinking: Creativity Step by Step (New York: HarperCollins, 2010).

4. delicately embossed the screen: Yokoi's often simple patents are a treasure trove of invention history. This patent (U.S. no. 4398804) and others can be found using Google Patents.

5. 118.7 million units: B. Edwards, "Happy 20th b-day, Game Boy," Ars Technica, April 21, 2009.

6. "It was difficult"; " 'snowman' "; "grim expression": shmuplations.com (translation), "Console Gaming Then and Now: A Fascinating 1997 Interview with Nintendo's Legendary Gunpei Yokoi," techspot.com, July 10, 2015.

7. the "candle problem": For an excellent description, see D. Pink, Drive (New York: Riverhead, 2011).

8. "Electronics was not Yokoi's strong point": Satoru Okada's foreword in Before Mario. "design and interface": IGN staff, "Okada

on the Game Boy Advance," IGN .com, Sep. 13, 2000.

9. "If I can speak": M. Kodama, Knowledge Integration Dynamics (Singapore: World Scientific): 211.

10. "simply innovated in a different way": C. Christensen and S. C. Anthony, "What Should Sony Do Next?," Forbes, August 1, 2007, online ed.

11. focused frogs and visionary birds: F. Dyson, "Bird and Frogs," Notices of the American Mathematical Society 56, no. 2 (2009): 212– 23. (Dyson may be a math frog, but he is also an excellent writer.)

12. multilayer optical film: M. F. Weber et al., "Giant Birefringent Optics in Multilayer Polymer Mirrors," Science 287 (2000): 2451– 56; and R. F. Service, "Mirror Film Is the Fairest of Them All," Science 287 (2000): 2387– 89.

13. blue morpho: R. Ahmed et al., "Morpho Butterfly- Inspired Optical Diffraction,

14. Diffusion, and Bio- chemical Sensing," RSC Advances 8 (2018): 27111– 18.

15. 202 "It's in front of you literally every day": Ouderkirk's talk at TEDxHHL, October 14, 2016.

16. set out to study inventors at 3M: W. F. Boh, R. Evaristo, and A. Ouderkirk, "Balancing Breadth and Depth of Expertise for Innovation: A 3M Story," Research Policy 43 (2013): 349– 66.

17. "nobody ever told me": Ouderkirk's talk at TEDxHHL, October 14, 2016.

18. the state of Iowa alone: G. D. Glenn and R. L. Poole, The Opera Houses of Iowa (Ames: Iowa State University Press, 1993). For a broader discussion of this phenomenon, see R. H. Frank, Luxury Fever (New York: The Free Press, 1999), ch. 3.

19. relationship between R& D spending and performance: B. Jaruzelski et al., "Proven Paths to Innovation Success," Strategy+ Business, winter 2014, issue 77 preprint.

20. They analyzed fifteen years of tech patents: E. Melero and N. Palomeras, "The Renaissance Man Is Not Dead! The Role of Generalists in Teams of Inventors," Research Policy 44 (2015): 154– 67.

21. comic books: A. Taylor and H. R. Greve, "Superman or the Fantastic Four?

22. Knowledge Combination and Experience in Innovative Teams," Academy of Management Journal 49, no. 4 (2006): 723– 40.

23. Wertham manipulated: C. L. Tilley, "Seducing the Innocent: Fredric Wertham and the Falsifications That Helped Condemn Comics," Information and Culture 47, no. 4 (2012): 383- 413.

24. specialized surgeons get better outcomes: M. Maruthappu et al., "The Influence of Volume and Experience on Individual Surgical Performance: A Systematic Review," Annals of Surgery 261, no. 4 (2015): 642– 47; N. R. Sahni et al., "Surgeon Specialization and Operative Mortality in the United States: Retrospective Analysis," BMJ 354 (2016): i3571; A. Kurmann et al., "Impact of Team Familiarity in the Operating Room on Surgical Complications," World Journal of Surgery 38, no. 12 (2014): 3047– 52; M. Maruthappu, "The Impact of Team Familiarity and Surgical Experience on Operative Efficiency," Journal of the Royal Society of Medicine 109, no. 4 (2016): 147– 53.

25. analyzed its database of major flight accidents: "A Review of Flightcrew- Involved Major Accidents of U.S. Air Carriers, 1978 Through 1990," National Transportation Safety Board, Safety Study NTSB/ SS-94/ 01, 1994.

26. University of Utah professor Abbie Griffin: A. Griffin, R. L. Price, and B. Vojak, Serial Innovators: How Individuals Create and Deliver Breakthrough Innovations in Mature Firms (Stanford, CA: Stanford Business Books, 2012 [Kindle ebook]).

27. "could be considered a professional outsider": D. K. Simonton, Origins of Genius (Oxford: Oxford University Press, 1999).

28. "unwilling to spend more time on the subject"; Howard Gruber: H. E. Gruber, Darwin on Man: A Psychological Study of Scientific Creativity (Chicago: University of Chicago Press, 1981).

29. at least 231 scientific pen pals; experiments with seeds: T. Veak, "Exploring Darwin's Correspondence," Archives of Natural History 30, no. 1 (2003): 118– 38.

30. "bewildering miscellany": H. E. Gruber, "The Evolving Systems Approach to Creative Work," Creativity Research Journal 1, no.1 (1988): 27–51.

31. "a lot of apps open in my brain": R. Mead, "All About the Hamiltons," The NewYorker, February. 9, 2015.

第10章

1. The bet was on: Yale history professor Paul Sabin's book The Bet (New Haven, CT: Yale University Press, 2013) gives fascinating background and analysis. A shorter sample of that analysis is C. R. Sunstein, "The Battle of Two Hedgehogs," New York Review of Books, December 5, 2013.
2. "population growth curve": P. Ehrlich, Eco- Catastrophe! (San Francisco: City Lights Books, 1969).
3. "green revolution": G. S. Morson and M. Schapiro, Cents and Sensibility (Princeton, NJ: Princeton University Press, 2017 [kindle ebook]).
4. the food supply per person increased: This and other statistics in the paragraph (share of undernourished citizens; death rate from famine; birth rates; population growth trajectory) come from the incredible online publication Our World in Data, founded by University of Oxford economist Max Roser. The supply of calories per person per day, for example, can be found here: https://slides.our worldindata.org/ hunger- and- food- provision/#/ kcalcapitaday-by- world- regions-mg-png.
5. United Nations projects: United Nations, Department of Economic and Social Affairs, Population Division, "World Population Prospects: The 2017 Revision, Key Findings and Advance Tables," Working Paper No. ESA/ P/ WP/ 248.
6. "now the population bomb has detonated": P. R. Ehrlich and A. H. Ehrlich, The Population Explosion (New York: Simon & Schuster, 1990).
7. When economists later examined: K. Kiel et al., "Luck or Skill? An Examination of the Ehrlich- Simon Bet," Ecological Economics 69, no. 7 (2010): 1365– 67.
8. Tetlock decided to put: Tetlock gives the results of his work in great (and witty) detail in Expert Political Judgment: How Good Is It? How Can We Know? (Princeton, NJ: Princeton University Press, 2005).
9. "curiously inverse relationship": Tetlock, Expert Political Judgment.
10. Superforecasters' online interactions: P. E. Tetlock et al., "Bringing Probability Judgments into Policy Debates via Forecasting Tournaments," Science 355 (2017): 481– 83.

11. " Forecasts of dollar- euro exchange rates": G. Gigerenzer, Risk Savvy (New York: Penguin, 2014).

12. "active open- mindedness"; "myside" ideas: J. Baron et al., "Reflective Thought and Actively Open- Minded Thinking," in Individual Differences in Judgment and Decision Making, ed. M. E. Toplak and J. A. Weller (New York: Routledge, 2017 [Kindle ebook]).

13. never mind seriously entertain them: J. A. Frimer et al., "Liberals and Conservatives Are Similarly Motivated to Avoid Exposure to One Another's Opinions," Journal of Experimental Social Psychology 72 (2017): 1– 12.

14. study during the run-up to the Brexit vote: Online Privacy Foundation, "Irrational Thinking and the EU Referendum Result" (2016).

15. skin cream and gun control: D. Kahan et al., "Motivated Numeracy and Enlightened Self- Government," Behavioural Public Policy 1, no. 1 (2017): 54– 86.

16. Not science knowledge, science curiosity: D. M. Kahan et al., "Science Curiosity and Political Information Processing," Advances in Political Psychology 38, no. 51 (2017): 179– 99.

17. "Depth can be inadequate": Baron et al., "Reflective Thought and Actively Open- Minded Thinking."

18. first four models: H. E. Gruber, Darwin on Man: A Psychological Study of Scientific Creativity, 127.

19. "views therein advocated": The Autobiography of Charles Darwin.

20. "In one of the most remarkable interchanges": J. Browne, Charles Darwin: A Biography, vol. 1, Voyaging (New York: Alfred A. Knopf, 1995), 186.

21. Einstein was a hedgehog: For one of many references to Einstein's hedgehoginess, see Morson and Schapiro, Cents and Sensibility.

22. "A consensus seems to exist": G. Mackie, "Einstein's Folly," The Conversation, November 29, 2015.

23. Niels Bohr . . . replied: C. P. Snow, The Physicists, (London: Little, Brown and Co., 1981). Einstein also expresses this idea in: H. Dukas and B. Hoffmann eds., Albert Einstein, The Human Side: Glimpses from His Archives (Princeton, NJ: Princeton

University Press, 1979), 68.

24. In four straight years: W. Chang et al., "Developing Expert Political Judgment: The Impact of Training and Practice on Judgmental Accuracy in Geopolitical Forecasting Tournaments," Judgment and Decision Making 11, no. 5 (2016): 509– 26.

第11章

1. It was early afternoon in fall: Professor Max Bazerman kindly allowed me to observe the Carter Racing case study at the Harvard Business School over the course of two days in October 2016. (The case study was created in 1986 by Jack W. Brittain and Sim B. Sitkin.)

2. "professional weakness shared by all": F. Lighthall, "Launching the Space Shuttle Challenger: Disciplinary Deficiencies in the Analysis of Engineering Data," IEEE Transactions on Engineering Management 38, no. 1 (1991): 63– 74. Boisjoly's "away from goodness" quote is from transcripts of the Feb 25, 1986 hearing of the presidential commission.

3. Boisjoly had personally inspected: R. P. Boisjoly et al. "Roger Boisjoly and the Challenger Disaster," Journal of Business Ethics 8, no. 4 (1989): 217– 230. Boisjoly's"away from goodness" quote is from transcripts of the Feb 25, 1986 hearing of the presidential commision.

4. most complex machine ever built: J. M. Logsdon, "Was the Space Shuttle a Mistake?," MIT Technology Review, July 6, 2011.

5. McDonald and two Thiokol VPs: Transcripts of presidential commission hearings, which provided information and quotes in this chapter are available at https://history.nasa.gov/rogersrep/genindex.htm. Allan McDonald also gives a fascinating account of the investigation and the return of the shuttle to flight in Truth, Lies, and O-Rings (Gainesville: University Press of Florida, 2009).

6. "They said because they had flown": From Diane Vaughan's book, which includes a fascinating exploration of "the normalization of deviance" in decision making: The Challenger Launch Decision: Risky Technology, Culture, and Deviance at NASA (Chicago: University of Chicago Press, 1996).

7. "In God We Trust, All Others Bring Data": A number of background interviews with current and former NASA managers and engineers—especially during a visit to NASA's Johnson Space Center in 2017— provided helpful context. NASA's own APPEL Knowledge Services portal was extremely helpful. It is an incredible repository of information that links to NASA's voluminous "Lessons Learned System."

8. Karl Weick noticed something unusual: K. E. Weick, "The Collapse of Sensemaking in Organizations: The Mann Gulch Disaster," Administrative Science Quarterly 38, no. 4 (1993): 628-52.; K. E. Weick, "Drop Your Tools: An Allegory for Organizational Studies," Administrative Science Quarterly 41, no. 2 (1996): 301– 13; K. E. Weick, "Drop Your Tools: On Reconfiguring Management Education," Journal of Management Education 31, no. 1 (2007): 5– 16.

9. eleven feet per second: R. C. Rothermel, "Mann Gulch Fire: A Race That Couldn't Be Won," Department of Agriculture, Forest Service, Intermountain Research Station, General Technical Report INT- 299, May 1993.

10. wildland firefighters continued to lose races with fires: K. E. Weick, "Tool Retention and Fatalities in Wildland Fire Settings," in Linking Expertise and Naturalistic Decision Making, ed. E. Salas and G. A. Klein (New York: Psychology Press, 2001 [Kindle ebook]).

11. "like a jet during take off": USDA, USDI, and USDC, South Canyon Fire Investigation (Report of the South Canyon Fire Accident Investigation Team), U.S. Government Printing Office, Region 8, Report 573- 183, 1994.

12. "still wearing his backpack"; "then I realized I still had my saw"; twentythree . . . perished beside them: Weick, "Tool Retention and Fatalities in Wildland Fire Settings."

13. grabbed it again in the air; "proxy for unlearning"; "regress to what they know best"; "existential crisis": Weick, "Drop Your Tools: An Allegory for Organizational Studies."

14. "a common pattern": J. Orasanu and L. Martin, "Errors in Aviation Decision Making," Proceedings of the HESSD '98 (Workshop on Human Error, Safety and System Development) (1998): 100– 107; J. Orasanu et al., "Errors in Aviation Decision Making," Fourth Conference on Naturalistic Decision Making, 1998.

15. "If I make a decision": Weick, "Tool Retention and Fatalities in Wildland Fire Settings."

16. “Between the lines, it suggested”: M. Kohut, “Interview with Bryan O’Connor,” NASA’s ASK (Academy Sharing Knowledge) magazine, issue 45 (January 2012).

17. “you have to use reason”: transcript, Hearings of the Presidential Commission on the Space Shuttle Challenger Accident Vol. 4, February 25, 1986.

18. “must have been really hard”: Several members of the 48th Rescue Squadron provided invaluable background and corroboration.

19. “live in the real world”: C. Grupen, Introduction to Radiation Protection (Berlin: Springer, 2010), 90. Shafer’s entire original message is preserved at https://yarchive.net/ air/ perfect_ safety.html. But in the first study: K. S. Cameron and S. J. Freeman, “Cultural Congruence, Strength, and Type: Relationships to Effectiveness,” Research in Organizational Change and Development 5 (1991): 23– 58.

20. effective leaders and organizations had range: K. S. Cameron and R. E. Quinn, Diagnosing and Changing Organizational Culture, 3rd Edition (San Francisco: Jossey- Bass, 2011).

21. In one experiment: S. V. Patil et al., “Accountability Systems and Group Norms: Balancing the Risks of Mindless Conformity and Reckless Deviation,” Journal of Behavioral Decision Making 30 (2017): 282– 303.

22. Gene Kranz: G. Kranz, Failure Is Not an Option (New York: Simon & Schuster, 2000). See also: M. Dunn,“Remaking NASA one step at a time,” Associated Press, October 12, 2003.

23. “Monday Notes”; William Lucas . . . “often grew angry”: S. J. Dick, ed., NASA’s First 50 Years (Washington, DC: NASA, 2011 [ebook]). Also, von Braun’s weekly notes are archived at https:// history.msfc.nasa.gov/ vonbraun/ vb_ weekly_ notes.html.

24. “the quality of the notes fell”: R. Launius, “Comments on a Very Effective Communications System: Marshall Space Flight Center’s Monday Notes,” Roger Launius’s Blog, February 28, 2011.

25. “proper channels”; “stringent and inhibiting”: Columbia Accident Investigation Board, “History as Cause: Columbia and Challenger,” in Columbia Accident Investigation Board Report, vol. 1, August 2003.

26. Gravity Probe B: Stanford University maintains an archive with copious information (both technical and written for the public) on GP-B, at einstein.stanford.edu. For a scientific deep dive, a special issue of the journal Classical and Quantum Gravity was devoted to GP-B (vol. 32, no. 22 [November 2015]).

27. technology took twenty years: T. Reichhardt, "Unstoppable Force," Nature 426 (2003): 380– 81.

28. "was confident that we could succeed": NASA Case Study, "The Gravity Probe B Launch Decisions," NASA, Academy of Program/ Project and Engineering Leadership.

29. "a healthy tension in the system": Geveden also discusses healthy tension in R. Wright et al., eds., NASA at 50: Interviews with NASA's Senior Leadership (Washington, DC: NASA, 2012).

30. first direct test: J. Overduin, "The Experimental Verdict on Spacetime from Gravity Probe B," in Vesselin Petkov, ed., Space, Time, and Spacetime (Berlin: Springer, 2010).

31. Himalayan mountain climbers: E.M. Anicich et al., "Hierarchical Cultural Values Predict Success and Mortality in High-Stakes Teams," Proceedings of the National Academy of Sciences of the United States of America 112, no. 5 (2015): 1338–43.

32. "oculostenotic reflex": Eric Topol is the cardiologist who coined that term. (For a patient who is actually having a heart attack, a stent can be lifesaving.)

33. one in fifty patients: K. Stergiopoulos and D. L. Brown, "Initial Coronary Stent Implantation With Medical Therapy vs Medical Therapy Alone for Stable Coronary Artery Disease: Meta- analysis of Randomized Controlled Trials," Archives of Internal Medicine 172, no. 4 (2012): 312-19.

34. cannot believe that stenting: G. A. Lin et al., "Cardiologists' Use of Percutaneous Coronary Interventions for Stable Coronary Artery Disease," Archives of Internal Medicine 167, no. 15 (2007): 1604– 09.

35. were less likely to die: A. B. Jena et al., "Mortality and Treatment Patterns among Patients Hospitalized with Acute Cardiovascular Conditions during Dates of National Cardiology Meetings," JAMA Internal Medicine 175, no. 2 (2015): 237– 44. See also: A. B. Jena et al., "Acute Myocardial Infarction during Dates of National Interventional Cardiology Meetings," Journal of the American Heart Association 7, no. 6 (2018): e008230.

36. "At large cardiology conventions": R. F. Redberg, "Cardiac Patient Outcomes during National Cardiology Meetings," JAMA Internal Medicine 175, no. 2 (2015): 245.

37. compared the surgery with "sham surgery": R. Sihvonen et al., "Arthroscopic Partial Meniscectomy Versus Sham Surgery for a Degenerative Meniscal Tear," New England Journal of Medicine 369 (2013): 2515– 24. Hyperlinks to several other studies with supporting findings can be found in: D. Epstein, "When Evidence Says No, But Doctors Say Yes," ProPublica, February 22, 2017.

第12章

1. "Very promising!": Smithies discussed some of his work and notebook pages in his publicly available Nobel Lecture, "Turning Pages" (December 7, 2007). The University of North Carolina maintains an extraordinary online archive of digitized versions of more than sixty years of Smithies's notebooks, along with audio recordings of Smithies himself going through them and providing commentary. (Smithies told me that one should always have a notebook, even on Saturday.) The archive was a wonderful resource for interview preparation, and can be found at smithies.lib.unc.edu/ notebooks.

2. A 2016 analysis of ten thousand researchers' careers: A. Clauset et al., " Data- Driven Predictions in the Science of Science," Science 355 (2017): 477– 80.

3. had reportedly tested 240,000 compounds: P. McKenna, "Nobel Prize Goes to Modest Woman Who Beat Malaria for China," New Scientist, November 9, 2011, online ed.

4. a fourth- century Chinese alchemist: Alchemist and herbalist Ge Hong wrote A Handbook of Prescriptions for Emergencies in the fourth century, during the Jin dynasty. Tu gives background in her Nobel Lecture: " Artemisinin— A Gift from Traditional Chinese Medicine to the World" (December 7, 2015). She shares a photo of a sixteenth-century copy of the handbook in: Y. Tu, "The Discovery of Artemisinin (Qinghaosu) and Gifts from Chinese Medicine," Nature Medicine 17, no. 10 (2011): 1217– 20.

5. A study on the decline of malaria: Bhatt et al., "The Effect of Malaria Control on Plasmodium falciparum in Africa Between 2000 and 2015," Nature 526 (2015): 207– 11.

6. the label NBGBOKFO: G. Watts, "Obituary: Oliver Smithies," Lancet 389 (2017): 1004. Scotch tape to rip thin layers of graphite: Geim details the discovery in his aptly titled Nobel Lecture, "Random Walk to Graphene" (December 8, 2010). Among the cleverly titled lecture sections: "Zombie Management," "Better to Be Wrong Than Boring," and "Legend of Scotch Tape."

7. stronger than steel: C. Lee et al., "Measurement of the Elastic Properties and Intrinsic Strength of Monolayer Graphene," Science 321 (2008): 385– 8.

8. Spiders fed graphene: E. Lepore et al., "Spider Silk Reinforced by Graphene or Carbon Nanotubes," 2D Materials 4, no. 3 (2017): 031013.

9. "sufficient scientific advance": J. Colapinto, "Material Question," The New Yorker, December 2014, online ed.

10. "deliberate amateur"; "paradox of innovation": Sarah Lewis's fascinating book on creativity: The Rise: Creativity, the Gift of Failure, and the Search for Mastery (New York: Simon & Schuster, 2014).

11. "It is rather unusual": "U. Manchester's Andre Geim: Sticking with Graphene— For Now," ScienceWatch newsletter interview, August 2008.

12. "never bother to ask": Lewis, The Rise.

13. "principle of limited sloppiness": Max Delbrück interviews with Carolyn Harding in 1978, California Institute of Technology Oral History Project, 1979.

14. "seems to be wasting his life,"; "this flexiblity": E. Pain, "Sharing a Nobel Prize at 36," Science, online ed. career profiles, February 25, 2011.

15. "If this continues unabated": A. Casadevall, "Crisis in Biomedical Sciences: Time for Reform?," Johns Hopkins Bloomberg School of Public Health Dean's Lecture Series, February 21, 2017, www.youtube.com/ watch? v= 05Sk- 3u90Jo. See also: F. C. Fang et al., "Misconduct Accounts for the Majority of Retracted Scientific Publications," Proceedings of the National Academy of Sciences of the USA 109, no. 42 (2012): 17028– 33.

16. retraction- prone journal: "Why High- Profile Journals Have More Retractions," Nature, online ed., September 17, 2014.

17. If a test to detect a disease: A. K. Manrai et al., "Medicine's Uncomfortable Relationship with Math," JAMA Internal Medicine 174, no. 6 (2014): 991– 93.

18. "The guild system in Europe arose"; growth industry of conferences: A. Casadevall and F. C. Fang, "Specialized Science," Infection and Immunity 82, no. 4 (2014): 1355– 60.

19. biomedical research funding rose exponentially: A. Bowen and A. Casadevall, "Increasing Disparities Between Resource Inputs and Outcome, as Measured by Certain Health Deliverables, in Biomedical Research," Proceedings of the National Academy of Sciences of the USA 112, no.36 (2015): 11335– 40.

20. Life expectancy . . . recently declined: J. Y. Ho and A. S. Hendi, "Recent Trends in Life Expectancy Across High Income Countries," BMJ (2018), 362:k2562.

21. researchers analyzed the networks: R. Guimerà et al., "Team Assembly Mechanisms Determine Collaboration Network Structure and Team Performance," Science 308 (2005): 697– 702.

22. "The entire network looks different": "Dream Teams Thrive on Mix of Old and New Blood," Northwestern Now, May 3, 2005.

23. The commercial fate of Broadway: B. Uzzi and J. Spiro, "Collaboration and Creativity," American Journal of Sociology 111, no. 2 (2005): 447– 504.

24. "import/ export business of ideas": "Teaming Up to Drive Scientific Discovery," Brian Uzzi at TEDxNorthwesternU, June 2012.

25. migrants' "arbitrage" opportunities: C. Franzoni et al., "The Mover's Advantage: The Superior Performance of Migrant Scientists," Economic Letters 122, no. 1 (2014): 89– 93; see also: A. M. Petersen, "Multiscale Impact of Researcher Mobility," Journal of the Royal Society Interface 15, no. 146 (2018): 20180580.

26. Uzzi and a team analyzed: B. Uzzi et al., "Atypical Combinations and Scientific Impact," Science 342 (2013): 468– 72.

27. classified a paper as "novel": J. Wang et al., "Bias Against Novelty in Science," Research Policy 46, no. 8 (2017): 1416– 36.
28. history of innovation in Japan: D. K. Simonton, "Foreign Influence and National Achievement: The Impact of Open Milieus on Japanese Civilization," Journal of Personality and Social Psychology 72, no. 1 (1997): 86– 94.
29. work that builds bridges: K. J. Boudreau et al., "Looking Across and Looking Beyond the Knowledge Frontier: Intellectual Distance, Novelty, and Resource Allocation in Science," Management Science 62, no. 10 (2016): 2765– 83.
30. nourishing itself with radiation: E. Dadachova et al., "Ionizing Radiation Changes the Electronic Properties of Melanin and Enhances the Growth of Melanized Fungi," PLoS ONE 2, no. 5 (2007): e457.
31. I sat in on funding policy hearings: For example: D. Epstein, "Senatorial Peer Review," Inside Higher Ed, May 3, 2006; and: D. Epstein, "Science Bill Advances," Inside Higher Ed, May 19, 2006. Interestingly, in those hearings, New Hampshire senator (and engineering PhD) John Sununu, normally a strident budget hawk, stood precisely opposite Hutchison and advocated funding research with no clear application. "If you can identify an economic benefit you shouldn't be funding it," he said. "That's what we have a venture capital community for."
32. A curious phenomenon: Clauset et al., " Data- Driven Predictions in the Science of Science."
33. "these players performed": M. Hornig et al., "Practice and Play in the Development of German Top- Level Professional Football Players," European Journal of Sport Science 16, no. 1 (2016): 96– 105.
34. "dabble time": J. Gifford, 100 Great Business Leaders (Singapore: Marshall Cavendish Business, 2013).

結語

1. the more work eminent creators produced: There is an excellent discussion of this research (including Edison's patents) in chapter 10 of S. B. Kaufman and C. Gregoire, Wired to Create (New York: Perigee, 2015). An interesting analysis of Shakespeare's plays based on "popularity" scores is D. K. Simonton, "Popularity, Content, and Context in 37 Shakespeare Plays," Poetics 15 (1986):

493– 510.

2. Rachel Whiteread achieved a feat: W. Osgerby, “Young British Artists,” in ART: The Whole Story, ed. S. Farthing (London: Thames & Hudson, 2010).

3. “Baseball has a truncated outcome distribution”: M. Simmons, “Forget the 10, 000- Hour Rule,” Medium, October 26, 2017.

4. started formal lessons at twenty- two: W. Moskalew et al., Svetik: A Family Memoir of Sviatoslav Richter (London: Toccata Press, 2015).

5. did not get a basketball until he was thirteen years old: “My Amazing Journey—Steve Nash,” NBA.com, 2007– 08 Season Preview.

6. Julius Caesar: C. Pelling, Plutarch and History (Swansea: Classical Press of Wales, 2002).

7. “It is an experiment”: Abrams v. United States, 250 U.S. 616 (1919) (Holmes dissenting opinion).

翻轉學 翻轉學系列 037

跨能致勝

顛覆一萬小時打造天才的迷思，最適用於 AI 世代的成功法

Range: Why Generalists Triumph in a Specialized World

作　　者　大衛・艾波斯坦（David Epstein）
譯　　者　林力敏、張家綺、葉婉智、姚怡平
總 編 輯　何玉美
主　　編　林俊安
責任編輯　鄒人郁
封面設計　張天薪
內文排版　黃雅芬

出版發行　采實文化事業股份有限公司
行銷企畫　陳佩宜・黃于庭・馮羿勳・蔡雨庭・曾睦桓
業務發行　張世明・林踏欣・林坤蓉・王貞玉・張惠屏
國際版權　王俐雯・林冠妤
印務採購　曾玉霞
會計行政　王雅蕙・李韶婉・簡佩鈺
法律顧問　第一國際法律事務所　余淑杏律師
電子信箱　acme@acmebook.com.tw
采實官網　www.acmebook.com.tw
采實臉書　www.facebook.com/acmebook01

I S B N　978-986-507-139-4
定　　價　450 元
初版一刷　2020 年 8 月
劃撥帳號　50148859
劃撥戶名　采實文化事業股份有限公司
104 台北市中山區南京東路二段 95 號 9 樓
電話：(02)2511-9798　傳真：(02)2571-3298

國家圖書館出版品預行編目資料

跨能致勝：顛覆一萬小時打造天才的迷思，最適用於 AI 世代的成功法 / 大衛・艾波斯坦著；林力敏、張家綺、葉婉智、姚怡平譯 – 台北市：采實文化，2020.8
432 面；14.8×21 公分 . --（翻轉學系列；37）
譯自：Range: Why Generalists Triumph in a Specialized World
ISBN 978-986-507-139-4（平裝）
1. 學習方法 2. 成功法
521.1　　109006269

采實出版集團
ACME PUBLISHING GROUP